企业纳税
实务指导丛书

企业所得税书系

企业所得税纳税筹划
88经典案例

王振 著

Qiye Suodeshui Nashui Chouhua
88 Jingdian Anli

东北财经大学出版社
Dongbei University of Finance & Economics Press

大连

图书在版编目（CIP）数据

企业所得税纳税筹划88经典案例 / 王振著. —大连：东北财经大学出版社，
2017.7

（企业纳税实务指导丛书·企业所得税书系）

ISBN 978-7-5654-2731-2

Ⅰ. 企… Ⅱ. 王… Ⅲ. 企业所得税-税收筹划-案例-中国 Ⅳ. F812.424

中国版本图书馆CIP数据核字（2017）第068590号

东北财经大学出版社出版

（大连市黑石礁尖山街217号 邮政编码 116025）

网 址：http://www.dufep.cn

读者信箱：dufep@dufe.edu.cn

大连住友彩色印刷有限公司印刷 东北财经大学出版社发行

幅面尺寸：185mm×260mm 字数：304千字 印张：16.25 插页：1

2017年7月第1版 2017年7月第1次印刷

责任编辑：田玉海 责任校对：贝 元

封面设计：冀贵收 版式设计：钟福建

定价：58.00元

教学支持 售后服务 联系电话：（0411）84710309

版权所有 侵权必究 举报电话：（0411）84710523

如有印装质量问题，请联系营销部：（0411）84710711

前　言

在市场经济发达国家，纳税筹划是纳税人耳熟能详的事情，而在我国，纳税筹划还有待于深入，人们对此有极大的兴趣，但又有所顾忌。实际上，依法纳税是纳税人的基本义务，而与义务相对应，纳税筹划则是纳税人的基本权利。

企业作为创造财富的基本社会单位，其合法的纳税筹划不仅对企业自身有益，更对社会具有积极的意义。

基于以上认识，作者结合多年以来的工作实践，几经修改，总结、提炼出本书，旨在为企业节减税负、创造财富。

本书共分为三部分内容。第一部分为导言，从总体上介绍了企业所得税纳税筹划的要领。第二部分是本书的主体，从九大方面着手，总结了88种纳税筹划的具体思路，并通过一系列的经典案例，逐一分析、介绍了各种纳税筹划的思路和具体操作方法。最后，第三部分以附录形式归纳总结了财政部、国家税务总局的部分企业所得税优惠政策和"营改增"后的增值税税率，供企业在处理涉税业务时参考。

纳税筹划是致用之学，不仅需要清晰的理论框架，更需要较强的操作性。本书来源于实践，应用于实践，是一本操作性很强的实务书。在海量的企业真实案例中，归集成功的筹划经验和失败的纳税教训，萃取精华，对现实中的涉税实务提出有针对性的解决方案。通过分析和归纳，总结出88个主题的纳税筹划案例。希望使读者不仅能掌握纳税筹划的具体做法，更能够得到思路上的启迪，进而在经营中能够根据自身的实际情况，灵活、合理地进行纳税筹划操作，实现企业合法计税、合理纳税、睿智节税。

近年来，国家税法规定、优惠政策变化较快，本书几经调整修改，力求以最新、最及时的素材为企业提供有益的参考。但随着时间的推移和税收政策的改变，某些具体筹划方案可能适用条件以及筹划效果发生改变，但其思路、逻辑仍是有效和有意义的，需要读者灵活应用。

"营改增"试点全面实施后，以往的增值税纳税筹划策略需要进行一定的修正，并且新政策还产生了一些纳税筹划方法，虽然企业直接缴纳的是增值税，但最终对企业所得额也有影响，因此本书选取了几个经典案例收录进来。

本书编写过程中，参考并借鉴了国内已出版和发表的有关企业所得税纳税筹划方面的著述；全国各地的税务专家为本书的写作提供了有益的帮助，他们是：高允斌先生、蔡昌教授、安仲文教授、杨莹莹教授、田雷博士、凌辉贤先生；张晓东博士、周学仁博士、曲春青博士、屈超博士以其精湛的专业知识提供了多方面的建议；东北财经大学出版社的资深编辑田玉海先生为本书设计框架，勾勒铺陈，将本书打磨成器，在此一并表示感谢。

由于编写时间仓促和作者的水平有限，书中错漏之处在所难免，恳请广大读者批评指正，任何意见欢迎致函 wangzhen@china.com。

作　者
2017年夏

目　录

三、销售中的纳税筹划

四、投融资纳税筹划

五、并购重组纳税筹划

六、技术改造纳税筹划

七、利用政策的纳税筹划

八、外贸企业纳税筹划

九、"营改增"后八大纳税筹划

导言　企业所得税纳税筹划要领

> 企业所得税的纳税筹划可以从纳税人身份、适用税率、税前扣除和税收优惠等方面入手，应税收入、成本费用、资本性支出是筹划重点。

企业所得税是指国家对企业的生产经营所得和其他所得依法征收的一种税。现行企业所得税的法律规范是2008年1月1日起实施的《中华人民共和国企业所得税法》（以下简称《企业所得税法》）以及《中华人民共和国企业所得税法实施细则》（以下简称《企业所得税法实施细则》）。修订后的《企业所得税法》贯彻的原则是"简税制、宽税基、低税率、严征管"。

企业所得税的纳税筹划可以从纳税人身份、适用税率、税前扣除和税收优惠等方面入手，其中应税收入、成本与费用、资本性支出的筹划是重点。

1.纳税人身份及适用税率的纳税筹划

在中华人民共和国境内，企业和其他取得收入的组织，包括依照中国法律、行政法规在中国境内成立的企业、事业单位、社会团体以及其他取得收入的组织（统称企业），为企业所得税的纳税人。企业所得税的纳税人不包括个人独资企业和合伙企业。

企业所得税纳税人身份、适用税率的筹划主要是通过不同纳税人之间的合并、分立，在集团公司内部设立子公司或分公司，以达到规避高税率、享受税收优惠的目的。

（1）企业合并的纳税筹划

企业合并包括新设合并和吸收合并，是指被合并企业（指一家或多家不需要经过法律清算程序而解散的企业）将其全部资产和负债转让给另一家现存或新设企业（以下简称合并企业），为其股东换取合并企业的股权或其他资产，实现两个或两个以上企业的依法合并。

当企业合并时，可以利用税法中的具体规定，结合合并时企业的具体情况进行纳税筹划。例如，税法规定，合并企业支付给被合并企业或其股东的收购价款中，除合并企业股权以外的现金、有价证券和其他资产（简称为非股权资产），不高于所支付的股权票面价值20%的，经税务机关审核确认，当事各方可选择按下列规定进行所得税处理：被合并企业不确认全部资产的转让所得或损失，不计算缴纳所得税。被合并企业合并以前的全部企业所得税纳税事项由合并企业承担，以前年度的亏损，如果未超过法定弥补期限，可由合并企业继续按规定用以后年度实现的与被合并企业资产相关的所得弥补。计算公式为：

$$\text{某一纳税年度可弥补被合并企业亏损的所得额} = \text{合并企业某一纳税年度未弥补亏损前的所得额} \times \left(\frac{\text{被合并企业净资产公允价值}}{\text{合并后合并企业全部净资产公允价值}} \right)$$

根据该规定，有两条优惠政策可利用：一是被合并企业不确认全部资产的转让所得或损失，不计算缴纳所得税；二是满足条件的被合并企业的亏损可继续由合并企业于税前弥补。

（2）企业分立的纳税筹划

企业分立包括被分立企业将部分或全部资产分离转让给两个或两个以上现存或新设的企业，为其股东换取分立企业的股权或其他资产。

《企业所得税法》第二十八条规定，从事国家非限制和禁止行业，并符合一定条件的小型微利企业，减按20%的低税率征收企业所得税。利用这条规定，可通过企业分立，分解所得额、从业人数、资产总额，以适用更低税率的方法来实现合法节税。

当然，分立可能会带来其他税负和经营成本的增加，另外还应考虑投资人的经济实力，要符合公司法的相关规定，只有当各种条件允许且总净收益最大时，才可以采用此方法。

2.应税收入的纳税筹划

企业以货币形式和非货币形式取得的各种收入总和，为收入总额，包括销售货物收入，提供劳务收入，转让财产收入，股息、红利等权益性投资收益，利息收入，租金收入，特许权使用费收入，接受捐赠收入，其他收入。

收入总额中的下列收入为不征税收入：财政拨款、依法收取并纳入财政管理的行政事业性收费、依法收取并纳入财政管理的政府性基金、国务院规定的其他不征税收入。

企业的下列收入为免税收入：国债利息收入；符合条件的居民企业之间的股息、红利等权益性投资收益；在中国境内设立机构、场所的非居民企业从居民企业取得与该机构、场所有实际联系的股息、红利等权益性投资收益，不包括连续持有居民企业公开发行并上市流通的股票不足12个月取得的投资收益；符合条件的非营利组织的收入。

应税收入确认的纳税筹划具体包括以下方面：

（1）充分利用税收优惠

如果收入总额中有免税收入的规定，企业在开展生产经营活动时应充分考虑，以做出对企业自身有利的决策。例如，购买国债所取得的利息收入免税，而购买企业债所取得的利息收入则不免税。居民企业持有居民企业公开发行的股票达12个月以上的权益性投资收益属于免税收入，居民企业在持有和转让居民企业股票时，应考虑12个月的时间界限，只有持股超过12个月，才能享受免税的优惠。

（2）合理调整收入入账时间，减轻所得税税负

税法规定，一般的收入采用权责发生制确认收入的实现，但对于有些收入项目的确认，可不遵循此原则。无论哪类收入项目，企业均可以通过生产经营活动的巧妙安排，结合本企业各年度的实际情况来调整收入的确认时间，从而达到延期纳税或适用优惠税率的目的。

3.成本、费用的纳税筹划

《企业所得税法》规定，准予税前扣除的项目包括成本、费用（销售费用、管理费用、财务费用）、税金、损失以及其他支出；限制税前扣除的项目包括补充保险、利息、职工福利费、工会经费、职工教育经费、业务招待费、广告费和业务宣传费、环境保护与生态恢复等方面的专项资金、境内机构与所分摊境外总机构费用、公益性捐赠支出。此外，税法还明确规定了一系列禁止税前扣除的项目，具体包括股息等17项。

成本、费用税前扣除的纳税筹划方法主要包括：

（1）选择有利的成本费用会计核算方法

①存货计价方法的合理选择

根据税法的规定，应纳税所得额的公式为：

应纳税所得额=收入总额－不征税收入－免税收入－各项扣除－允许弥补的以前年度亏损

从以上公式可看出，应纳税所得额与各项扣除反方向变动，即当扣除项目金额增大时，应纳税所得额减少，所得税税负减轻；当扣除项目金额减少时，应纳税所得额增大，所得税税负增加。因此，合理增加当期扣除项目金额，是减轻当期所得税税负的途径之一。

怎样增加当期扣除项目的金额呢？这应该从准予扣除项目的构成说起，准予扣除项目中成本占首要地位，而在成本中最重要的是存货成本。若企业能根据自己的需要来事先调整存货成本，就可以以此来调整当期所得税的税负。

对存货成本企业能否根据自己的实际情况进行调整呢？回答是肯定的。在财务会计核算中，不同的存货计价方法会使当期计入利润中的存货成本不同。因此，纳税人可通过对存货计价方法的选择来调整当期应纳税所得额和所得税税负，进行纳税筹划。

税法规定，纳税人的商品、材料、产成品、半成品等存货的计价应当以实际成本为准，纳税人各项存货的发生和领用，其实际成本的计算可以在先进先出法、加权平均法、个别计价法中任选一种。计价方法一经选用，不得随意变更。

一般来说，纳税人在选择存货计价方法时，应立足于使成本、费用的抵税效应得到最充分、最快的发挥。

②坏账损失核算方法的选择

税法规定，纳税人发生的坏账损失原则上应按实际发生额据实扣除，可提取坏账准备金。坏账准备金的提取比例一般不超过年末应收账款余额的5‰。也就是说，对于坏账损失，企业既可选择直接核销法，也可选择备抵法。而两种方法对企业应税所得额的影响是不一样的。

一般来说，在备抵法下，由于坏账在没有实际发生的情况下，就可按不高于应收款项余额的5‰计提坏账准备，而坏账准备计提的同时增加了当期的管理费用，从而冲减了当期的所得额。这就等于采用备抵法可使企业的应纳税款滞后，从而为企业减轻或推迟当期的所得税税负。

③低值易耗品核算方法的选择

低值易耗品是存货的一种，其成本通过摊销的方法列支到当期损益中。税法规定，低值易耗品的摊销可采用一次摊销法、"五五"摊销法。摊销方法不同，计入当期损益中的低值易耗品成本就会不一样。因此，企业也可利用低值易耗品摊销方法的选择来进行所得税的筹划。其筹划原理与存货计价方法类似，不再详述。

（2）均衡、合理地分配不同年份间的成本费用额

根据《企业所得税法》，准予扣除的成本、费用项目很多，但不是所有实际发生的成本、费用均能在税前扣除，有些成本、费用项目规定了税前扣除的标准和范围。对这些项

目而言，当实际发生额超出税前列支标准时，就不得在税前列支，因此不能抵减当期所得额，对纳税人不利。对于同一个成本、费用项目，可能有的年份超出了税前扣除标准，有的年份未达到税前扣除标准，此时纳税人应将这个成本、费用项目，在不同年度间进行均衡、合理地分配，以便得到更多的税前扣除，减轻所得税税负。

（3）充分利用税前扣除限额

《企业所得税法》第三十条规定，企业安置《中华人民共和国残疾人保障法》规定的残疾人员的，在按照支付给残疾职工工资据实扣除的基础上，按照支付给残疾职工工资的100%加计扣除。企业安置国家鼓励安置的其他就业人员所支付的工资的加计扣除办法，由国务院另行规定。

由此可见，企业职工的构成也对所得税的税负产生影响。在不影响生产的情况下，企业可以考虑接纳残疾人员、国家鼓励安置的就业人员，以充分利用税前扣除限额。安置此类人员就业既是企业的善举，又为企业自身减轻了税负。

（4）选择合理的筹资方式

企业主要的筹资方式有：吸收直接投资、银行借款、企业自身积累、企业间的商业信用和相互拆借、企业内部集资、发行债券、发行股票、融资租赁等。不同的筹资方式给企业带来的筹资费用和用资费用不一样。有些筹资费用可在税前列支，如银行借款利息支出；有些筹资方式所带来的支出不能在税前列支，如发行股票而向股东支付的股息、红利。筹资方式不同，税前扣除项目的金额可能就不一样，它会直接导致应税所得额的不同。因此，企业也可以通过筹资方式的选择来进行纳税筹划。

4. 资本性支出税前扣除的纳税筹划

纳税人的固定资产，是指企业为生产产品、提供劳务、出租或者经营管理而持有的、使用时间超过12个月的非货币性资产，包括房屋、建筑物、机器、机械、运输工具以及其他与生产经营相关的设备、器具、工具等。

固定资产折旧的纳税筹划具体包括以下方面：

（1）固定资产折旧方法的筹划

税法规定，固定资产按照直线法计算的折旧准予扣除。企业的固定资产由于技术进步或处于特殊状态（如强震动、高腐蚀）下，确需加速折旧的，可以缩短折旧年限或者采取加速折旧的方法。采取加速折旧方法的，可以采取双倍余额递减法或者年数总和法。

从以上规定可看出，固定资产的折旧方法一般为直线法，但在特殊情况下，可采用加速折旧法。不同的折旧方法表现为在固定资产的使用年限内，折旧的计提总额相同，但计入各会计期或纳税期的折旧额会有差异，进而影响到各期的营业成本、利润和所得税税负。同时，差异的存在也为折旧的纳税筹划提供了空间。

通过折旧方法的选择进行所得税筹划，关键是怎样使折旧费用的抵税效应得到最大、最快的发挥。企业可通过选择不同的折旧方法，使自身的所得税税负向后延迟，降低当期所得税税负。

①一般情况下，当企业处于持续盈利状况时，应尽可能地选择加速折旧法。因为加速

折旧法可使企业前期的折旧费用加大，应税所得额减少，这样相当于企业得到一笔无息贷款，免费获得了迟纳税款的使用权。

②当企业处于税收减免优惠期间，可尽量少提折旧，而将折旧费推迟扣除，以便在后期得到更大的抵税效应。

③当企业尚未弥补亏损，且处在法定弥补亏损年限的最后年份时，应在当年少提折旧，增加税前利润，尽可能地弥补亏损，而将折旧费推迟扣除，以获得更大的抵税效应。

（2）固定资产折旧年限的筹划

税法对于折旧的年限是按固定资产的种类规定最低年限的，但企业在不违反税法规定的前提下究竟应按多长年限计提折旧？另外，税法中也提到，企业的固定资产由于技术进步或处于特殊状态（如强震动、高腐蚀），确需加速折旧的，可以缩短折旧年限或者采用加速折旧的方法。采取缩短折旧年限方法的，最低折旧年限不得低于税法规定最低年限的60%。

从以上规定可以看出，由于税法中只规定折旧的最低年限，而具体的折旧年限一般取决于固定资产的使用年限，但使用年限本身就是一个主观预计的经验值，这使得折旧年限有了很多人为的成分，为进行纳税筹划提供了可能性。另外，特殊情况下可缩短折旧年限，这也为纳税筹划提供了空间。站在纳税筹划的角度，缩短折旧年限有利于加速成本收回，可以使后期成本费用前移，从而使前期会计利润后移，实现延迟纳税。

①在税率稳定的情况下，缩短折旧年限，使所得税递延缴纳，相当于向国家取得了一笔无息贷款。

②在税率先低后高或有税收优惠的年份，可通过延长折旧年限来节税。

（3）固定资产预计净残值的筹划

税法规定，在计提折旧时企业应当根据固定资产的性质和使用情况，合理确定固定资产的预计残值，固定资产的预计残值一经确定，不得变更。

不同折旧方法下，预计残值是影响每期折旧额的因素之一，它间接影响着当期所得额。由于预计残值一经确定，不得变更，因此其筹划空间较小，一般要求在固定资产投入使用前做好安排。

5.应用优惠政策

税收优惠，是国家在税收方面给予纳税人和征税对象的各种优待，是政府通过税收制度、按照预定目的，减除或减轻纳税义务人税收负担的一种形式。国际上，纳税筹划的一个流派认为纳税筹划就是充分利用法定的税收优惠政策。充分利用税收优惠政策，于企业而言，是最便捷、最安全的纳税筹划方式；于国家而言，能实现调整产业结构、引导经济行为的目的。因此，所有纳税筹划中，利用税收优惠是唯一为政府欢迎、受政府鼓励的方式。

《企业所得税法》实行以产业优惠为主、区域优惠为辅的所得税优惠政策。对现行税收优惠政策进行了整合，重点向高科技、环保、农林牧等基础产业及国家鼓励投资的项目或产业倾斜。企业所得税的优惠政策具体包括项目所得减免税、民族自治地方企业减免税、加计扣除、创业投资企业投资抵免、加速折旧、减计收入、专用设备投资抵免。

2013年来，中国经济进入"新常态"，调结构、稳增长等成为政策主基调。为此，国家出台了一系列的减税政策以及简化管理政策。企业，尤其是中小企业，在经营管理中多加注意和运用有关政策，将有助于降低税负、增加收入。2016年5月，"营改增"试点全面实施，企业的整体纳税环境进一步优化。这些都对广大企业有着积极影响，也提供了良好的纳税筹划空间，企业如积极利用，必然能够降低纳税支出，增加企业收益。

一、企业设立中的纳税筹划

§1 新设企业筹划

> 在新设一家新企业时，选择不同的组织形式——合伙企业或有限责任公司或股份有限公司，在企业总体税收负担上会有很大的不同。

众所周知，设立企业时，我们目前可以选择合伙企业的形式，或者有限责任公司，或者股份有限公司。不同的组织形式适用的税收法律是不同的。合伙企业是指自然人、法人和其他组织在中国境内设立的普通合伙企业和有限合伙企业，合伙企业的生产经营所得和其他所得，依照税法规定，由合伙人分别缴纳个人所得税，不构成缴纳企业所得税的居民企业。如果自然人投资设立合伙企业，对生产经营所得只须缴纳一次税金，即个人所得税。如果设立为公司，既要缴纳企业所得税，还要对股息缴纳20%的个人所得税。因此，自然人投资设立企业在考虑税负的情况下，应选择非法人企业，即合伙企业组织形式。

但在实际生活中，合伙企业受经营条件限制，并不能满足经营者的需要，因此一些法人企业可以选择投资设立下属公司的方式进行税收安排，即选择设立子公司或分公司进行纳税筹划。

从个人经营形式方面分析，可以设立个人独资企业、合伙企业和一人有限公司。其中，前两种要纳个人所得税，后一种要纳企业所得税。有限公司纳企业所得税后如分配股息红利，则还要纳个人所得税。进行纳税筹划，就是要选择税负最低的企业组织形式。

【纳税案例】

王先生欲创办企业，现有3种企业组织形式，甲：个人独资企业；乙：合伙企业（假设3人合伙）；丙：一人有限公司。在不同预期所得额的情况下，从节税角度应作如何选择？

【筹划方案】

1. 年应纳税所得额为8万元，企业所得税适用20%税率的情况。

甲：税负率=（80 000×35%－5 505）÷80 000×100%=28.12%

乙：税负率=（80 000÷3×20%－1 250）÷80 000÷3×100%=15.31%

丙：税负率=（80 000×20%+80 000×（1－20%）×20%）÷80 000×100%=36%

2. 年应纳税所得额为40万元，企业所得税适用25%税率的情况。

甲：税负率=（400 000×45%－13 505）÷400 000×100%=41.65%

乙：税负率=（400 000÷3×35%－6 750）÷400 000÷3×100%=29.94%

丙：税负率=（400 000×25%+400 000×（1－25%）×20%）÷400 000×100%=40%

由此可见，虽然企业所得税税率比个人所得税税率低，但就一人有限公司中的股东而言，其税负在三者中是最高的。通过计算，我们可得出结论：在不同的企业组织形式中，考虑不同的应纳税所得额所适用的税率，合伙企业的所得税税率最低。

综上所述，在设立企业时，要考虑好各种组织形式的利弊，做好所得税的纳税筹划，再决定是设立公司制企业还是合伙企业。

§2　分设公司筹划

> 在设立分支公司时，尤其是设立国外分支公司时，通过子公司与分公司的形式选择，可实现总公司调节盈亏、节减企业所得税的目的。

当企业发展到一定程度，必然面临扩张的需求，这时，企业就有设立分公司还是子公司两种不同选择。一家公司为什么安排它的某些分支作为子公司，而另一些分支又作为分公司呢？其中一个因素要从纳税筹划的角度来分析，因为在市场竞争日趋激烈的条件下，一切合法的、有利于提高企业经济效益的措施均是企业考虑的重点，而选择有利于减少企业纳税支出的组织形式，正是达到这一目标的一个重要途径。

按照《中华人民共和国公司法》（以下简称《公司法》）的规定，子公司是独立法人，不管盈利还是亏损，均不能并入母公司利润，应当作为独立的居民企业单独缴纳企业所得税。在子公司微利的情况下，子公司可以按20%的税率缴纳企业所得税，使集团公司整体税负降低，在给母公司分配现金股利或利润时，应补税差，则设立子公司对于整个集团公司来说，其税负为子公司缴纳的所得税和母公司就现金股利或利润补缴的所得税差额。分公司不是独立法人，不缴纳所得税，其实现的利润或亏损应当并入总公司，由总公司汇总纳税。如果是微利，总公司就其实现的利润在缴纳所得税时，不能减少公司的整体税负，如果是亏损，可抵减总公司的应纳税所得额，从而达到降低总公司整体税负的目的。

世界各国（包括我国）对子公司和分公司在税收待遇等方面有着许多不同的规定，这就为企业或跨国公司设立附属企业的组织形式提供了选择空间。

一般来说，设立子公司有如下好处：

（1）在东道国只负有限的债务责任（有时需要母公司担保）。

（2）子公司向母公司报告企业成果只限于生产经营活动方面，而分公司则要向总公司报告全面情况。

（3）子公司是独立法人，其所得税计征独立进行。子公司可享受东道国给其居民公司提供的包括免税期在内的税收优惠待遇，而分公司由于是作为企业的组成部分之一派驻国外，东道国大多不愿为其提供更多的优惠。

（4）东道国税率低于居住国时，子公司的累积利润可得到递延纳税的好处。

（5）子公司利润汇回母公司时要比分公司灵活得多，母公司的投资所得、资本利得可以留在子公司，也可以选择税负较轻的时候汇回，得到额外的税收利益。

（6）许多国家对子公司向母公司支付的股息规定减征或免征预提税。

设立分公司的好处一般有：

（1）分公司一般便于经营，财务会计制度的要求也比较简单。

（2）分公司承担的成本费用可能要比子公司节省。

（3）分公司不是独立法人，流转税在所在地缴纳，利润由总公司合并纳税。在经营初期，分公司往往出现亏损，但其亏损可以冲抵总公司的利润，减轻税收负担。

（4）分公司交付给总公司的利润通常不必缴纳预提税。

（5）分公司与总公司之间的资本转移，因不涉及所有权变动，不必纳税。

由上述可见，子公司和分公司的税收利益存在着较大差异，企业在选择组织形式时应细心比较、统筹考虑、正确筹划。但总体上看，两种组织形式最重要的区别在于：

子公司是独立的法人实体，在设立国被视为居民纳税人，通常要承担与该国其他公司一样的全面纳税义务。分公司不是独立的法人实体，在设立分公司的所在国被视为非居民纳税人，只承担有限的纳税义务。分公司发生的利润与亏损要与总公司合并计算，即"合并报表"。我国税法也规定，公司的下属分支机构缴纳所得税有两种形式：一是独立申报纳税；二是合并到总公司汇总纳税。而采用哪种形式纳税则取决于公司下属分支机构的性质——是否为企业所得税的独立纳税义务人。

这里必须指出，境外分公司与总公司利润合并计算，所影响的是居住国的税收负担，至于作为分公司所在的东道国，往往依然要对归属于分公司本身的收入课税，这就是实行所谓收入来源税收管辖权。而设立境内分公司则不存在这个问题，对于这一点，企业在进行纳税筹划时应加以关注。

企业在设立下属分支公司时，采取哪一种最有利的经营组织形式，可以获得较多的税收利益呢？

【纳税案例】

A公司所得税税率为25%。拟于下年1月投资设立一公司，预测其当年的税前会计利润为3万元（符合小型微利企业条件），A公司当年实现税前会计利润100万元。现有两种方案可供参考：一是设立全资子公司，并向A公司分配利润2万元；二是设立分公司（假设不存在纳税调整事项）。

【筹划方案】

1．设立全资子公司情况下总公司的所得税税负：

子公司的应纳所得税=3×20%=0.6（万元）

A公司的应纳所得税=100×25%+2÷（1-20%）×（25%-20%）=25.125（万元）

总公司整体税负=0.6+25.125=25.725（万元）

2．设立分公司情况下总公司的所得税税负：

A公司的应纳所得税=（100+3）×25%=25.75（万元）

3．比较A公司的整体税负，设立分公司的所得税税负比设立子公司的所得税税负增加0.025万元（25.75-25.725）。

从上述实例可看出，企业投资设立下属公司，在下属公司微利的情况下，企业应选择设立子公司的形式。

【纳税案例】

B公司所得税税率为25%，下年1月拟投资设立回收期长的公司，预测该投资公司当年亏损600万元，假定B公司当年实现利润1 000万元。现有两方案可供选择：一是设立全资子公司；二是设立分公司（假设不存在其他纳税调整事项）。

【筹划方案】

1. 设立子公司情况下的所得税税负：

子公司当年亏损，不缴纳所得税，其亏损可结转以后年度，用以后年度所得弥补。

B公司当年的应纳所得税=1 000×25%=250（万元）

总公司整体税负即250万元。

2. 设立分公司情况下的所得税税负：

B公司当年的应纳所得税=（1 000-600）×25%=100（万元）

3. 比较B公司的整体税负，设立子公司情况下缴纳的所得税比设立分公司多150万元（250-100）。

从上述实例可看出，企业投资设立下属公司，在下属公司亏损的情况下，企业应选择设立分公司的形式。

从上面的例子可以看出，在设置分支机构时，如果总公司盈利、新设的分支机构可能出现亏损时，应选择总分公司形式。因为根据税法的规定，分公司是非独立纳税人，其亏损可以用总公司利润弥补。如果设立子公司，子公司是独立纳税人，其亏损只能由以后年度实现的利润弥补，且总公司不能弥补子公司的亏损，也不得冲减对子公司的投资成本，不能实现调节盈亏、节减企业所得税的目的。

反过来，当总公司亏损、新设的机构可能盈利时，则应当选择母子公司形式。因为母子公司均作为各自的独立法人，各自以其名义独立对外进行经营活动。在财产责任上，母公司与子公司各自以其独立的财产承担责任，互不连带。此时，子公司不需要承担母公司的亏损，可以自我积累资金求得发展，总公司可以把其效益好的资产转移到子公司，把不良资产处理掉，从而减轻营运负担。

为了适应业务需要，许多企业都想在全国范围内设立业务联络点。从公司管理角度出发，一般都希望这样的业务联络点只从事业务而不在当地纳税。因此有的企业就采取在当地设立办事处方式，或者干脆连办事处也不设立，在当地租一两间房子，收发货物及收取客户货款。这种行为如果被税务机关查到，税务机关会对其经营行为核定应缴税额，责令缴纳税款和罚款。这种经营方式的负面影响其实是很大的。因为货物在销售地缴纳完税款后，总公司还得再缴一次税，形成了"重复纳税"，得不偿失。产生这种情况的原因在于这些企业对分公司、办事处如何纳税的规定缺乏了解。

企业发展到一定规模以后，基于稳定供货渠道，开辟新市场或方便客户服务的考虑，不可避免地需要在销售业务相对集中的地区设立分支机构。分支机构主要有两种形式：一种为分公司；一种为办事处。分公司可以从事经营活动，而办事处一般只能从事总公司营业范围内的业务联络活动。分公司、办事处税收待遇不同，主要体现在企业所得税和流转税上。

从企业所得税看，办事处由于不能从事经营活动，没有业务收入，不存在利润，也就没有应纳税所得额，无须缴纳企业所得税。对于分公司而言，企业所得税可以在分公司所在地税务机关缴纳，也可以汇总后由总公司集中缴纳。对于由总公司汇总缴纳的，由总公司所在地国税局开具企业所得税已在总公司汇总缴纳的证明，分公司凭此证明到所在地国税局办理相关手续。一般来说，汇总纳税优于独立纳税，因为总公司和分公司的盈亏可以相互弥补。

从增值税上看，办事处由于不从事经营活动，所以在当地无须缴纳增值税，而分公司的经营活动必须在当地缴纳增值税。

企业的分支机构间经常会发生货物移送的行为，总公司为了避免在分支机构所在地缴纳增值税，可以按照《关于企业所属机构间移送货物征收增值税问题的通知》（国税发〔1998〕13号）的规定，设立办事处一类的机构，不开发票，不收货款，货款由客户直接汇至总部，发票直接由总部开具给客户。该办事处只是对货物的移送负责监督和保管。

有些企业为了方便销售，往往会在销售地设立或租用仓库。基本模式有两种：一种是仓库由总公司派出人员管理，管理人员的工资、经营费用、仓库租金等都由总机构支付，管理人员以总公司的名义联系业务，对外签订合同。在这种模式下，在短时间内为了避免在销售地缴纳增值税，企业应向总机构所在地税务机关申请开具《外出经营活动税收征收管理证明》，租赁仓库所在地经销人员持总机构所在地税务机关开具的《外出经营活动税收征收管理证明》开展经营活动，其增值税可在总公司所在地税务机关缴纳。另一种模式是在异地租用仓库，总公司没有派驻人员到仓库，也没有通过该仓库进行营业活动，这种情况下不用在当地缴纳增值税。

当然，在设立分支机构时，以下两个因素也应当进行考虑：第一，分支机构的利润分配形式和风险责任；第二，享受税收优惠的情况。因为分公司不具有独立法人资格，所以不利于进行独立的利润分配。同时，分支机构如果有风险以及有相关法律责任，可能会牵连到总公司，而子公司则没有这种担忧。按照税法的规定，当总公司享受税收优惠而分支机构不享受优惠时，可以选择总分公司模式，使分支机构也享受税收优惠待遇。如果分公司所在地有税收优惠，则当分公司开始盈利后，可以变更注册分公司为子公司，享受当地的税收优惠，这样会收到较好的纳税效果。

总之，企业在设立分支机构时，既要考虑经营的需要，又要考虑不同形式机构税收待遇的不同，进行合理筹划，从而取得节税收益。

§3 个体私营选择

由于私营企业一般适用25%的企业所得税税率，而个体工商户适用个人所得税的5级超额累进税率，当企业规模不大时，通过在二者之间选择即可实现节税。

按照现行税法规定，我国的私营企业适用《企业所得税法》，其适用税率是25%。而个体工商户适用个人所得税，其适用税率表见表3-1：

表3-1   个体工商户适用税率表

级数	全年应纳税所得额		税率（%）	速算扣除数
	含税级距	不含税级距		
1	不超过15 000元的部分	不超过14 250元的部分	5	0
2	超过15 000元至30 000元的部分	超过14 250元至27 750元的部分	10	750
3	超过30 000元至60 000元的部分	超过27 750元至51 750元的部分	20	3 750
4	超过60 000元至100 000元的部分	超过51 750元至79 750元的部分	30	9 750
5	超过100 000元的部分	超过79 750元的部分	35	14 750

注：1.本表所列含税级距与不含税级距，均为按照税法规定以每一纳税年度的收入总额减除成本、费用以及损失后的所得额；2.含税级距适用于个体工商户的生产、经营所得和由纳税人负担税款的对企事业单位的承包经营、承租经营所得；不含税级距适用于由他人（单位）代付税款的对企事业单位的承包经营、承租经营所得。

当企业规模不大时，个人独资企业采用个体工商户这一组织形式能大大降低税负。

【纳税案例】

某个人投资设立一家私营企业，2015年度实现利润40万元。该私营企业企业所得税税负为：

应纳企业所得税＝40×25％＝10（万元）

该企业的税后利润全部分配给投资者，企业主分得利润30万元（40-10）。该笔所得属于股息所得，应当缴纳20％的个人所得税：

应纳个人所得税＝30×20％＝6（万元）

企业主的最终收入＝30-6＝24（万元）

【筹划方案】

由于该企业的规模不是很大，因此可以考虑将私营企业改为个人独资企业（个体工商户），我国目前对个人独资企业（个体工商户）不征企业所得税，仅对企业主个人征收个人所得税。因此该企业的40万元利润只需要缴纳个人所得税：

应纳个人所得税＝400 000×35％-14 750＝125 250（元）

企业主获得的税后利润＝400 000-125 250＝266 750（元）

该企业主多获得的收入＝266 750-240 000＝26 750（元）

【注意事项】

以上仅是从所得税角度来考虑，除此之外，个体工商业户和私营企业各有优缺点，比如：个体工商业户创立简便，但生产经营规模较小，如果想做大还是需要以公司制企业的形式；私营企业形式规范，便于发展壮大，但税费负担较高。

另外需注意的是，由于在个体经济、私营经济的发展过程中出现了一些值得注意的问题，特别是少数人采取种种非法手段，牟取暴利。为此，2008年8月30日，国务院发布《关于大力加强城乡个体工商户和私营企业税收征管工作的决定》。在进行纳税筹划时，应注意不要违背有关法规。

§4 小微企业节税

国家对小型微利企业实行税收优惠的扶助政策，这为小型微利企业纳税筹划提供了的空间，筹划的关键为应税所得额。

《企业所得税法》2008年修订的最大亮点之一就是小型微利企业减按20%税率缴纳企业所得税，这一制度设计当时、现在、以后都有积极意义。这主要是出于小型微利企业经营活力强、更有助于吸纳就业而采取的扶助政策。《企业所得税法》规定，符合条件的小型微利企业，是指从事国家非限制和禁止的行业，并符合下列条件的企业：第一，工业企业，年度应纳税所得额不超过30万元，从业人数不超过100人，资产总额不超过100万元；第二，其他企业，年度应纳税所得额不超过30万元，从业人数不超过80人，资产总额不超过80万元。

为提振经济，2014年4月8日，《财政部、国家税务总局关于小型微利企业所得税优惠政策有关问题的通知》（财税〔2014〕34号）进一步规定，自2014年1月1日至2016年12月31日，对年应纳税所得额低于10万元（含10万元）的小型微利企业，其所得减按50%计入应纳税所得额，按20%的税率缴纳企业所得税。

2015年2月25日，国务院总理李克强主持召开的国务院常务会议上确定，在前期国家已出台一系列优惠政策基础上，继续加大对小微企业和创业创新的减税降费力度。从2015年1月1日至2017年12月31日，将享受减半征收企业所得税优惠政策的小微企业范围，由年应纳税所得额10万元以内（含10万元）扩大到20万元以内（含20万元），并按20%的税率缴纳企业所得税，助力小微企业尽快成长。

2015年9月2日，财政部、国家税务总局印发了《关于进一步扩大小型微利企业所得税优惠政策范围的通知》（财税〔2015〕99号），对小型微利企业所得税政策明确如下：2015年10月1日起至2017年12月31日，对年应纳税所得额在20万元到30万元（含30万元）之间的小型微利企业，其所得减按50%计入应纳税所得额，按20%的税率缴纳企业所得税。

2017年4月19日，国务院常务会议决定，自2017年1月1日至2019年12月31日，将小型微利企业年应纳税所得额上限由30万元提高到50万元，符合这一条件的小型微利企业所得减半计算应纳税所得额并按20%的优惠税率缴纳企业所得税。这是我国第五次扩大小微企业减半征收企业所得税优惠范围。

这些优惠政策使小型微利企业的总体税负进一步下降，这为小型微利企业纳税筹划提供了较大的空间。

1.小型微利企业纳税筹划的临界点

如果小型微利企业年度应纳税所得额超过30万元的数值不大时，企业增加的利润不足以弥补增加的税收负担；只有超过30万元的应纳税所得额较大时，企业增加的利润才足以弥补增加的税收负担。这样，小型微利企业年度应纳税所得额存在一个临界点问题，即小型微利企业年度应纳税所得额超过30万元那部分增加的利润恰好等于增加的税收负担。

假设处在临界点的小型微利企业年度应纳税所得额为X，满足小型微利企业新增的利润等于小型微利企业新增的税收负担这样一个等式，求出X。（假设企业年度利润总额等于其年度应纳税所得额）

X − 30 = X×25% − 30×（1−50%）×20%

X = 36万元

由以上计算式可知，处于临界点的小型微利企业应纳税所得额为36万元。当企业年度应纳税所得额在30万元～36万元之间时，其税后利润小于作为小型微利企业年度应纳税所得额等于30万元时的税后利润；当企业年度应纳税所得额在36万元以上时，其税后利润大于当作为小型微利企业年度应纳税所得额等于30万元时的税后利润，详见表4-1。

表4-1 　　　　　　　　**小型微利企业税后利润与应纳税所得额的关系** 　　　　　　金额单位：元

应纳税所得	300 000	310 000	320 00	340 000	360 000
适用税率	20%	25%	25%	25%	25%
应纳所得税额	30 000	77 500	80 000	85 000	90 000
税后利润	270 000	232 500	24 000	26 500	27 000

因此，当小型微利企业年度应纳税所得额超过30万元而不到36万元时，企业应当进行纳税筹划，将其年度应纳税所得额控制在30万元以内，从而减少企业税收负担，增加企业利润。

2.小型微利企业纳税筹划案例

有关税收法律、政策的出台，为小企业的纳税筹划提供了空间，可从以下方面进行筹划：一是合理选择企业组织形式。按税法规定，个人独资企业和合伙企业不适用税法而缴纳个人所得税，因此对于规模小、盈利能力较低的小型微利企业，可以采用个人独资或合伙企业的形式，以减轻税收负担。二是通过调整投资方向，努力向高新技术企业方向发展，则可享受在20%税率的基础上再降低至15%的优惠税率。三是通过固定资产的加速折旧、成本费用的合法提前或延后确认等措施调整应纳税所得额。

【纳税案例】

某小型微利企业2016年度的应纳税所得额为302 000元，因所得额超过30万元，所得税纳税情况为：

应纳所得税=302 000×25%=75 500（元）

【筹划方案】

该企业其他条件均符合小型微利企业的条件，因此，可筹划增加费用，将所得额降至30万元以下，比如在年底前购买2 000元的办公用品，则可税前增加2 000元的办公费用，冲减所得额，所得税纳税情况变为：

应纳所得税=300 000×（1−50%）×20%=30 000（元）

节税额=75 500−30 000=45 500 （元）

在这个纳税筹划手段中，企业以2 000元的成本，实现了45 500元的收益，节税效果显著！

【注意事项】

需注意的是，小微企业享受税收优惠要符合一定条件。

符合条件的小型微利企业按20%税率缴纳企业所得税，这一政策在《企业所得税法》中已明确。享受小型微利企业优惠政策的企业需要符合3个条件：小型企业、年度应纳税所得额低于一定标准（即微利）、属于国家非限制和禁止行业的企业。

税法中的"小型企业"与工业和信息化部、财政部等4部门在2011年制定的《中小企业划型标准规定》的小型、微型企业具体标准有所不同。《企业所得税法实施条例》规定，工业企业需满足从业人数不超过100人和资产总额不超过3 000万元的条件；其他企业需满足从业人数不超过80人和资产总额不超过1 000万元的条件。

"微利"中的"利"不是指企业利润，而是经过纳税调整后的应纳税所得额，即纳税年度的利润总额，考虑纳税调增调减项目及允许弥补的以前年度亏损后的余额。《企业所得税法实施条例》规定，纳税人年度应纳税所得额不超过30万元的为"微利"，可以享受减按20%纳税的优惠政策。对于年度应纳税所得额低于一定标准（2014年这一标准是10万元，2015—2017年这一标准是30万元）的小型微利企业，可以享受所得减半再减按20%纳税的优惠政策。

"所属行业的性质及分类"具体应按《产业结构调整指导目录》所界定的鼓励类、限制类及淘汰类行业，来判断认定小型微利企业是否属于国家非限制和禁止的行业。至于行业的分类，根据新国家标准《国民经济行业分类》（GB/T4754-2011），工业包括采矿业、制造业、电力、燃气及水的生产和供应业等企业。除此之外，住宿餐饮业、租赁和服务业等类型的企业都属于其他企业。

另外，小微企业享受最新税收优惠需注意起始时间。按照法律的规定，企业所得税实行按年计算、分月或分季预缴、年终汇算清缴的征管方式。对年应纳税所得额低于10万元（含10万元）的小型微利企业的优惠政策自2014年1月1日至2016年12月31日执行。而2015年1月1日至2017年12月31日，应纳税所得额进一步扩大为低于30万元（含30万元）。阶段性的优惠政策有其适用时间范围。

§5　总分公司筹划

> 不同盈亏情况下的分公司有不同的税负水平，因此，企业根据总公司与分公司的盈亏情况，使用不同的分公司形式，能够给企业节减税负。

分公司作为公司的分支机构而存在，不具有法人资格，民事责任由总公司承担。设立分公司无须接受审查，设立程序比较简单，费用开支比较少。分公司主要包括两种形式：一种是具有生产经营性质的分公司；另一种是不具有生产经营性质的分公司。具有生产经营性质的分公司可以从事生产经营和销售活动；不具有生产经营性质的分公司不能以自己的名义签订商业贸易合同进行营利性的贸易、投资活动，否则其签订的营利性协议是无效的。不具有生产经营性质的分公司一般只能从事总公司营业范围内的业务联络活动，包括联络、了解分析市场行情、参与商务谈判。

税法中相关的具体规定为：

1.不具有生产经营性质的分公司

国税发〔2008〕28号文件第十一条规定："不具有主体生产经营职能，且在当地不缴纳增值税的产品售后服务、内部研发、仓储等企业内部辅助性的二级及以下分支机构，不就地预缴企业所得税。"第十二条规定："上年度认定为小型微利企业的，其分支机构不就地预缴企业所得税。"从企业所得税看，不具有生产经营性质的分公司，由于不能从事经营活动，没有业务收入，不存在利润，也就没有应纳税所得额，无须缴纳企业所得税；从流转税上看，由于不具有生产经营性质的分公司不从事经营活动，所以在当地无须缴纳流转税。

2.具有独立生产经营职能的分公司

国税发〔2008〕28号文件第十条规定："总机构设立具有独立生产经营职能部门，且具有独立生产经营职能部门的经营收入、职工工资和资产总额与管理职能部门分开核算的，可将具有独立生产经营职能的部门视同一个分支机构，就地预缴企业所得税。具有独立生产经营职能部门与管理职能部门的经营收入、职工工资和资产总额不能分开核算的，具有独立生产经营职能的部门不得视同一个分支机构，不就地预缴企业所得税。"

3.具有生产经营性质的分公司

国税发〔2008〕28号文件第十六条规定："总机构和分支机构处于不同税率地区的，先由总机构统一计算全部应纳税所得额，然后依照本办法第十九条规定的比例和第二十三条规定的3个因素及其权重，计算划分不同税率地区机构的应纳税所得额后，再分别按总机构和分支机构所在地的适用税率计算应纳税额。"企业所得税可以在分公司所在地税务机关缴纳，也可以汇总后由总公司集中缴纳。对于由总公司汇总缴纳的，由总公司所在地国税局开具企业所得税已在总机构汇总缴纳的证明，分公司凭此证明到所在地国税局办理相关手续。一般来说，汇总纳税优于独立纳税，因为总公司和分公司的盈亏可以相互弥补。第二十三条规定："总机构应按照以前年度（1~6月份按上上年度，7~12月份按上年度）分支机构的经营收入、职工工资和资产总额3个因素计算各分支机构应分摊所得税款的比例，3个因素的权重依次为0.35、0.35、0.30。计算公式如下：

$$某分支机构分摊比例 = 0.35 \times \left(\frac{该分支机构}{营业收入} \div \frac{各分支机构}{营业收入之和} \right) + 0.35 \times \left(\frac{该分支机构}{工资总额} \div \frac{各分支机构}{工资总额之和} \right) + 0.30 \times \left(\frac{该分支机构}{资产总额} \div \frac{各分支机构}{资产总额之和} \right)$$

以上公式中分支机构仅指需要就地预缴的分支机构，该税款分摊比例按上述方法一经确定后，当年不作调整。分公司根据总公司税务局出具的'企业所得税汇总纳税分支机构分配表'进行税税申报。"

以下针对不同性质分公司进行所得税纳税筹划实例分析。

1.不具有生产经营性质的分公司或小型微利企业

【纳税案例】

总公司A所得税税率为25%，在外省有分公司B。2016年总公司合并后盈利1 000万元。如何筹划可使税负最轻？

【筹划方案】

可使分公司B按照有关收入、工资和资产计算所得税分配分配比例为0，则总公司A缴纳的所得税为250万元（1 000×25%）；分公司B应不具有经营性质，不需要在当地预缴所得税，于资金周转有利。

2.总公司合并利润处于亏损情况

企业经常有这样的情况，分公司盈利而总公司亏损，这时尤其应该通过纳税筹划来降低负担。

【纳税案例】

总公司A、外省分公司B所得税税率均为25%，2016年总公司A亏损1 500万元，分公司B盈利500万元。如何筹划可使公司利益最大化？

【筹划方案】

可使总公司和分公司合并，2016年总公司合并后亏损1 000万元，分公司B按照有关收入、工资和资产计算所得税分配比例为10%。纳税情况为：

总公司A预缴的所得税=0×25%×90%=0

分公司B分配的预缴所得税=0×25%×10%=0

3.免税期内，总公司合并利润处于盈利情况

当企业的总公司和分公司都盈利时，因为免税期的存在，依然具有筹划空间。

【纳税案例】

总公司A所得税税率为25%，2016年处于免税期限内，2016年总公司A合并后利润为1 000万元。外省分公司B按照有关收入、工资和资产计算所得税分配比例为10%。

如何筹划可使公司利益最大化？

【筹划方案】

因总公司 A 处于免税期，应将分公司所得向总公司分配。纳税情况为：

总公司 A 预缴的所得税=0×90%=0

分公司 B 分配的预缴所得税=0×10%=0

4.免税期满，总公司合并利润处于盈利情况

当企业免税期满，处于正常负税的条件时，且总公司合并利润处于盈利情况，具体分析如下：

（1）税率相同情况。在总公司和分公司税率相同时，显然所得没有必要在总公司与分公司间进行转移，无论在何处纳税，负担都是一样的。

（2）税率不同情况。国税发〔2008〕2号文件第十六条规定："总机构和分支机构处于不同税率地区的，先由总机构统一计算全部应纳税所得额，然后依照本办法第十九条规定的比例和第二十三条规定的三因素及其权重，计算划分不同税率地区机构的应纳税所得额后，再分别按总机构和分支机构所在地的适用税率计算应纳税额。"税率不同时，显然应设法将所得由高税率的部分合法地向低税率的部分转移。

综上所述，在设立分公司时，要考虑好各种组织形式的利弊，做好所得税的筹划，再决定设立何种形式的分公司，以从整体上降低整个公司的所得税成本。

【注意事项】

从上述分析可看出，不具有生产经营性质的分公司，不需要在当地承担或预缴所得税，《企业所得税法》的规定没有对其产生影响。具有生产销售经营性质的分公司，总公司合并利润为亏损或即使有盈利，如果总公司处于免税期内，《企业所得税法》对其也没有影响。免税期满后，总公司合并利润盈利情况下，如果分公司和总公司税率相同时，具有生产销售经营性质的分公司，《企业所得税法》对其没有影响。总公司免税期满，合并利润处于盈利情况下，如果分公司高于总公司税率，具有生产销售经营性质的分公司预缴所得税会较高，应筹划减少分公司的所得、增加总公司的所得，通过应税所得分配比例的调整，从整体上降低整个公司的税负。总公司免税期满，合并利润处于盈利的情况下，如果分公司低于总公司税率，具有生产销售经营性质的分公司预缴所得税会较低，应筹划增加分公司的所得、减少总公司的所得，通过应税所得分配比例的调整，从整体上降低整个公司的税负。

§6 分拆企业节税

> 企业可分立为两个或两个以上的企业，然后利用小型微利企业20%的优惠税率节税。

分立是指一个企业按照法律的规定，将部分或全部业务或资产分离出去，分化成两个或两个以上新企业。它或者是原企业解散成立两个或两个以上的新企业，或者是原企业将部分部门、业务、生产线、资产等剥离出来，组成一个或几个新公司，而原企业继续存在。企业分立的动因很多，获取税负方面的利益就是其中之一。

【纳税案例】

康林实业公司年应纳税所得额为45万元，企业所得税税率为25%，税负情况为：

应纳所得税=450 000×25%=112 500（元）

【筹划方案】

企业可根据自身经营情况，将公司分立为康星实业公司和康海实业公司。分立后，两公司均符合小型微利企业的条件。康星实业公司和康海实业公司两企业年应纳税所得额之和仍为45万元，其中，康星实业公司25万元，康海实业公司20万元。按照税法的规定，对于规定符合条件的小型微利企业，减按20%的税率征收企业所得税。则两分立公司适用的税率为20%。

税法对于小型微利企业的解释为两种：如果是工业企业，年度应纳税所得额不超过30万元，从业人数不超过100人，资产总额不超过3 000万元；其他企业，年度应纳税所得额不超过30万元，从业人数不超过80人，资产总额不超过1 000万元。

康星实业公司、康海实业公司两企业年应纳所得税情况分别为：

康星实业公司应纳所得税=250 000×（1-50%）×20%=25 000（元）

康海实业公司应纳所得税=200 000×（1-50%）×20%=20 000（元）

两企业年应纳税所得额合计=25 000+20 000=45 000（元）

与企业分立前比较可以节税=112 500-45 000=67 500（元）

以上是一个简单的分拆企业实现节税筹划。对于较大企业同样也能实现节税，但分拆企业不是为了享受小型微利企业的所得税优惠政策，而是规避有关费用限额。其涉及的有关税法依据是，《企业所得税法》第四十三条规定："企业发生的与生产经营活动有关的业务招待费支出，按照发生额的60%扣除，但最高不得超过当年销售（营业）收入的5‰。"第四十四条规定："企业发生的符合条件的广告费和业务宣传费支出，除国务院财政、税务主管部门另有规定外，不超过当年销售（营业）收入15%的部分，准予扣除；超过部分，准予在以后纳税年度结转扣除。"

【纳税案例】

甲公司未设立独立的销售公司,2016年实现的销售收入为1 000万元,广告费支出160万元,业务招待费支出15万元。其他可税前抵扣的成本费用为500万元。

根据税法的规定,符合扣除标准的广告费扣除限额为销售收入的15%;业务招待费可按发生额的60%扣除,但最高不得超过当年销售(营业)收入的5‰。该企业有关涉税情况为:

广告费实扣除限额=1 000×15%=150(万元)

超支额=160-150=10(万元)

业务招待费扣除限额=1 000×5‰=5(万元)

超支额=13-5=8(万元)

该公司广告费和业务招待费超支合计18万元(10+8),不能在税前扣除。

应纳所得税=(1 000-500-150-5)×25%=86.25(万元)

税后净利润=1 000-500-160-13-86.25=240.75(万元)

【筹划方案】

甲公司把销售部门分立出来,设立独立核算的销售公司。

假设甲公司以950万元的价格先把产品销售给销售公司(定价如使销售公司目标利润为零则最佳),销售公司再以1 000万元的价格对外销售。由甲公司和销售公司分别负担广告费支出54万元,业务招待费支出10万元。

经计算,广告费和业务招待费可全部税前扣除,计算方法同前,不再赘述。

同时,因甲公司和销售公司之间构成销售关系,需要缴纳印花税:

应纳印花税=950×0.0003×2=0.57(万元)

该公司整体应纳所得税=(1 000-500-160-13-0.57)×25%=81.61(万元)

该公司税后净利润=1 000-500-160-13-0.57-81.61=244.82(万元)

可见,筹划后比筹划前少纳企业所得税4.64万元(86.25-81.61),多获净利润4.07万元(244.82-240.75),只要企业分设销售公司的成本低于此,则此筹划就是可行的。

【注意事项】

值得注意的是,企业在分立过程中必然存在一定的转换成本(比如分立产生的开办费、管理费等),因此,企业须事前进行成本-收益分析。另外,纳税人运用分立进行筹划,应事先得到税务机关的批准与认可,才能获得正当的节税效益。

§7 中小企业筹划

中小企业可根据工资、薪金支出和费用等多种形式进行纳税筹划。

不言而喻，绝大多数的企业是中小企业，对于众多中小企业而言，要做好纳税筹划，在税后利益最大化前提下的具体做法多种多样，概括起来有以下方面：①选择低税负方案；②选择投资地区；③选择会计处理方法；④选择递延纳税；⑤避免因税收违法而受到损失。从其开展经营活动的类型和减轻税收负担所采用的手段看，普遍采用的方式主要有以下几种：

1.利用工资、薪金支出扣除新规定进行筹划

《企业所得税法》中规定，企业发生的合理的工资、薪金支出准予据实扣除。针对一人有限公司来说，股东只有一个人，公司在缴纳完企业所得税之后还要对股息红利缴纳个人所得税。将两项所得税合一的综合税率相比较，对于应纳税所得30万元以下的中小企业纳税人来说，企业所得税税率为20%。财政部、国家税务总局2015年9月2日印发了《关于进一步扩大小型微利企业所得税优惠政策范围的通知》（财税〔2015〕99号），对小型微利企业所得税政策明确如下：2015年10月1日起至2017年12月31日，对年应纳税所得额在20万元到30万元（含30万元）之间的小型微利企业，其所得减按50%计入应纳税所得额，按20%的税率缴纳企业所得税。有关综合税负率计算如下：

应纳企业所得税=30×（1-50%）×20%=3（万元）

应纳个人所得税=（30-3）×20%=5.4（元）

综合税负率=（3+5.4）÷30=28%

对于应纳税所得额在30万元以上的企业来说，企业所得税税率为25%，同理可得其实际综合税负率为40%。40%和28%税率下的税负比个人所得税7级累进税率下的税负高，因此可将部分应纳税所得额用工资、薪金抵扣。

【纳税案例】

某一人有限公司年应纳税所得额为53万元，则应缴纳13.25万元（53×25%）的企业所得税。对剩余的39.75万元进行股息红利分配，则应缴纳7.95万元的个人所得税。纳税合计21.2万元，相当于缴纳了40%的税（21.2÷53×100%）。

【筹划方案】

该公司可每月发给公司股东个人工资、薪金2万元，则：

应纳个人所得税=〔（20 000-2 000）×25% -1 005〕×12=4.194（万元）

扣除工资、薪金后，应纳税所得额为29万元（53-2×12），符合小型微利企业的税收优惠条件，适用20%的税率，则：

应纳企业所得税=29×（1-50%）×20% =2.9（万元）

企业主应纳个人所得税=（29－2.9）×20%=5.22（万元）

企业股东应纳税款合计=4.194+2.9+5.22=12.314（万元）

节税额=21.2－12.314=8.886（万元）

2.及时合理地列支费用支出

及时合理地列支费用支出主要表现在费用的列支标准、列支期间、列支数额、扣除限额等方面。具体来讲，进行费用列支应注意以下几点：

（1）发生商品购销行为要取得符合要求的发票

企业发生购入商品行为，一定要取得符合要求的发票。如果没有取得发票，只是以白条或其他无效的凭证入账，以及在没有取得发票的情况下所发生的支出，均不能在企业所得税前扣除。

（2）费用支出要取得符合规定的发票

根据国税发〔2008〕80号文件《国家税务总局关于进一步加强普通发票管理工作的通知》第八条第二款之规定：纳税人使用不符合规定的发票，特别是没有填开付款方全称的发票，不得允许纳税人用于税前扣除、抵扣税款、出口退税和财务报销。因而，没有填写单位名称或填写、打印单位名称不完整的发票所列支的成本费用是不能够用于税前扣除的。例如，企业在酒店招待客人的费用支出，入账的发票是国税局监制的定额发票，则会因为酒店应当使用地税局监制的发票而不得税前扣除。

（3）费用发生要及时入账

企业发生的支出应当区分收益性支出和资本性支出。税法规定，纳税人某一纳税年度应申报的可扣除费用不得提前或滞后申报扣除，所以在费用发生时要及时入账。比如，2015年10月发生招待费取得的发票要在2015年入账才可以税前扣除，若不及时入账而拖延至2016年入账，则此笔招待费用不管2015年还是2016年均不得税前扣除。再比如，2015年12月因为漏记管理费用——无形资产摊销2万元，而未申报扣除此项费用，则在2016年及以后年度是不允许补扣的。类似的还有开办费摊销、固定资产折旧等等。另外，还有企业已经发生的坏账、呆账应及时列入费用，存货的盘亏及毁损应及时查明原因，属于正常损耗的部分及时列入费用，以便在税前扣除。

（4）适当缩短摊销期限

以后年度需要分摊列支的费用、损失的摊销期要适当缩短。例如，长期待摊费用等的摊销应在税法允许范围内选择最短年限，增大前几年的费用扣除，递延纳税时间。

（5）对于限额列支的费用争取充分列支

限额列支的费用有业务招待费（发生额的60%，最高不得超过当年销售收入的0.5%）；广告费和业务宣传费（不超过当年销售收入的15%）；公益性捐赠支出（符合相关条件，不超过年度利润总额的12%）等，应准确掌握这类科目的列支标准，避免把不属于此类费用的项目列入此类科目以致多纳所得税，也不要为了减少纳税将属于此类费用的项目列入其他项目，以防造成因偷逃税款而被罚款等严重后果。

3.合理选择存货计价方法

存货是企业在生产经营过程中为生产消耗或销售而持有的各种资产，包括各种原材料、燃料、包装物、低值易耗品、在产品、产成品、外购商品、协作件、自制半成品等。纳税人的商品、材料、产成品和半成品等存货的计价，应当以实际成本为原则。各项存货的发出和领用，其实际成本价的计算方法，可以在先进先出法、加权平均法和个别计价法等方法中任选一种。选择不同的存货计价方法，对产品成本、企业利润及所得税有较大的影响。现行税制和财务制度对存货计价方法的这些规定，为企业进行存货计价方法的选择提供了空间，也为企业开展纳税筹划、减轻所得税税负、实现税后利润最大化提供了法律依据。

一般情况下，选择加权平均法，企业发出和领用存货进行计价，计入各期产品成本的材料等存货的价格比较均衡，不会忽高忽低，特别是在材料等存货价格差别较大时，可以起到缓冲的作用，使企业产品成本不致发生较大变化，各期利润比较均衡。

而在物价持续下降的情况下，则应选择先进先出法对企业存货进行计价，才能提高企业本期的销货成本，相对减少企业当期收益，减轻企业的所得税负担。同理，在物价持续上涨的情况下，则不能选择先进先出法对企业存货进行计价，只能选择加权平均法和个别计价法等方法。需要注意的是，新的会计准则和税收法规已经不允许使用后进先出法。而在物价波动较大的情况下，则宜采用加权平均法对存货进行计价，以避免因各期利润忽高忽低造成企业各期应纳所得税额上下波动，增加企业安排应用资金的难度。

另外，中小企业如果充分利用税收优惠政策，就可享受节税效益，企业所得税的优惠政策许多都是以扣除项目或可抵减应税所得制定的，准确掌握这些政策，用好、用足税收优惠政策本身就是纳税筹划的过程。例如，《企业所得税法》规定，企业发生的以下支出可以加计扣除：①开发新技术、新产品、新工艺发生的研究开发费用可以加计扣除50%。②安置残疾人员及国家鼓励安置的其他就业人员所支付的工资可以加计扣除100%。再如，小型微利企业实行20%的优惠税率政策，也要注意应用。

§8 设立地点筹划

> 企业可根据自身的特点利用区域税收政策，依据自身条件"对号入座"，即尽量创造条件使企业符合税收优惠标准，从而享受优惠政策。

1.注册地点的纳税筹划

《企业所得税法》规定："除税收法律、行政法规另有规定外，居民企业以企业登记注册地为纳税地点；但登记注册地在境外的，以实际管理机构为纳税地点。"所以纳税人可以将其登记注册地点设立在享受税收优惠的地区，如果其经营地与注册地不同，为避免出现双重税收管辖权的问题，则可以咨询有关部门，了解自己以后若干年大致的税收负担，进行纳税筹划，选择低税负的地方为经营地与注册地。

税法规定，我国可享受所得税优惠的地区及其优惠措施主要有：

（1）民族自治地方的自治机关对本民族自治地方的企业应缴纳的企业所得税中属于地方分享的部分，可以获得减征或免征。自治州、自治县决定减征或免征的，须报省、自治区、直辖市人民政府批准。民族自治地方，是指依照《中华人民共和国民族区域自治法》的规定，实行民族区域自治的自治区、自治州、自治县。对民族自治地方内国家限制和禁止行业的企业，不得减征或者免征企业所得税。民族自治区的内资企业可定期减征或免征所得税。凡减免税款涉及中央收入100万元以上的，需报国家税务总局批准。

（2）在国家确定的革命老区、根据地、少数民族居住地、边远山区、贫困地区的新办企业，减征或免征所得税3年。

（3）国务院批准的高新技术产业开发区内的高新技术企业，可以按15%的税率征收所得税，新办的高新技术企业，自投产年度起两年内免征所得税。

（4）特定地区的投资优惠。在法律设置的发展对外经济合作和技术交流的特定地区（即经济特区）内，以及国务院已规定执行上述地区特殊政策的地区（如上海浦东新区）内新设立的国家需要重点扶持的高新技术企业，可以享受过渡性优惠；继续执行国家已确定的其他鼓励类企业（如西部大开发地区的鼓励类企业）的所得税优惠政策。

上述几大区域都有税收优惠政策，都可以成为注册地点筹划的考虑对象。但是在利用区域税收政策选择注册地点时还须考虑企业自身的特点，尽量创造条件使企业符合税收优惠标准，从而享受优惠政策。

另外，区域性的优惠政策有时间性，随着发展，有的区域的优惠政策会到期，有的区域会公布新的优惠政策。

例如，中国新疆伊犁哈萨克自治州（全国唯一的副省级自治州）霍尔果斯市，与哈萨克斯坦隔霍尔果斯河相望，精伊霍铁路、连霍高速公路、312国道和中国-中亚天然气管道在这里结束。霍尔果斯市是"一带一路"战略核心的地位、国家重点扶植特殊经济开发区、西部大开发未来最具活力经济增长点、中国对中亚、欧洲贸易重要窗口。《财政部、国家税务总局关于新疆喀什霍尔果斯两个特殊经济开发区企业所得税优惠政策的通知》（财税〔2011〕112号）制定了有关在该地设立企业的所得税优惠政策，主要为：对特殊经济开发区内新办的符合条件企业可享受五年免所得税的税收优惠，具体指2010年1月1日至2020年12月31日，对在新疆喀什、霍尔果斯两个特殊经济开发区内新办的属于《新疆困难地区重点鼓励发展产业企业所得税优惠目录》范围内的企业，自取得第一笔生产经营收入所属纳税年度起，5年内免征企业所得税。根据霍尔果斯开发区自治区出台的系列企业所得税优惠政策，创业投资可以享受企业所得税"五免五减"税收优惠及财政返还奖励。利用有关优惠政策，东部等地企业可在霍尔果斯投资成立全资子公司形式的创业投资企业，子公司取得的投资收益可以享受企业所得税"五免五减"的税收优惠及一定比例的财政返还奖励。

2.企业分支机构设立地点的纳税筹划

从纳税的角度看，子公司与分公司属不同性质的分支机构，纳税义务不同，税负轻重也不同。

子公司具有独立的法人资格，可以独立承担民事责任，在法律上与总公司视为两个主体，其成本、损失、所得全部独立核算，并可以单独享受税收优惠。子公司可以与母公司进行一定幅度的转移定价，且可以享受集团内部转移固定资产取得增值部分税收优惠的好处。母公司从子公司分得的税后利润，如果母公司的所得税税率低于子公司，不退还已缴纳的所得税；若高于子公司的所得税税率，应按规定还原后并入企业收入总额计缴所得税，若子公司在当地适用的法定税率内，又享受了减免等特殊优惠政策的，优惠部分视为已缴税款。可见，为享受税收优惠，子公司的设立地点的选择，同样适用前面所述的对税收优惠地区的选择原则。

分公司不是独立法人，只能同总公司作为一个纳税主体，将其成本、损失、所得并入总公司纳税，因而，它的盈亏状况直接关系到整个公司的税负轻重，因而，从税收的角度，对于分支机构，可以先采用分公司的形式，令其损失抵消总公司的所得，减少所得税，然后，再视其盈利状况，考虑采用其他的形式来设立分支机构。

【纳税案例】

A公司在甲地适用25%的税率，年盈利大约300万元；A欲在乙地或者丙地设立一分支机构，乙地和丙地分别适用税率为25%和15%，预计年盈利规模为100万元。

【筹划方案】

（1）如果设立分公司则两地的税负没有区别。这是因为分公司要到总公司汇总纳税，适用甲地的所得税税率25%，此时：

应纳所得税＝（300+100）×25%＝100（万元）

两地应纳税额相等。

（2）如果设立子公司，则宜在丙地，因为：

在乙地时应纳所得税=300×25%+100×25%=100（万元）

在丙地时应纳所得税=300×25%+100×15%=90（万元）

节约税款=100-90=10（万元）

筹划结论：纳税人根据自身实际情况，宜选择在丙地设立子公司。

§9 利润临界筹划

> 投资创业的最终目的是利润最大化，合理进行纳税筹划，能减少纳税支出，进而能增加利润，最终使利润达到最大化。

投资企业的类型不同，投资者的税收负担不同。对企业收入成果进行纳税筹划就是在条件具备的情况下，合理选择投资企业的类型。因为，不同的投资形式对投资者的收益课税也是不同的。下面就不同投资形式的两个规模相同的企业，在取得相同的收入成果时，投资者的税收负担进行对比分析。

【纳税案例】

甲、乙两企业都是糕点食品加工企业，投入资本金相同，生产规模相同，产量、利润也都相同。其中，甲企业是一家个人独资企业，根据《中华人民共和国个人所得税法》，以个人投资者为纳税人，对其收入成果（利润）只适用征收个人所得税法规，个人所得税的税后利润也就是投资者的净收益。乙企业是由两人投资的一家有限责任公司，对其收入成果也就是企业的利润征税，首先要依照《企业所得税法》征收企业所得税，对其税后利润按《公司法》的规定提取20%的公益金和公积金，剩余的利润分红还要征收20%的个人所得税，这些税缴纳之后才是投资者的净收益。

【筹划方案】

下面按照个人所得税税率和企业所得税税率的不同级次，分析以上两企业在利润相同的情况下投资者的税负情况：

1. 两企业利润都不超过5 000元时

（1）甲企业投资者的应纳个人所得税＝利润×5%

（2）乙企业投资者的应纳企业所得税＝利润×20%（应纳税所得额不超过30万元，符合小型微利企业标准，执行20%的优惠税率，下同）

甲企业投资者的应纳个人所得税＝利润×（1－20%）×（1－20%）×20%

合计应纳税款＝利润×20%＋利润×（1－20%）×（1－20%）×20%

$\qquad$ ＝利润×32.8%

对比显示：

甲企业比乙企业少缴纳税款＝利润×32.8%－利润×5%＝利润×27.8%

2. 两企业利润都在5 000～10 000元时

（1）甲企业投资者的应纳个人所得税＝利润×10%－250

（2）乙企业投资者的应纳企业所得税＝利润×20%

应纳个人所得税＝利润×（1－20%）×（1－20%）×20%

合计应纳税款＝利润×20%＋利润×（1－20%）×（1－20%）×20%＝利润×32.8%

对比显示：

甲企业比乙企业少缴纳税款＝利润×32.8％－（利润×10％－250）

$$=利润×22.8％+250$$

3. 两企业利润都在10 000～30 000元时

（1）甲企业投资者的应纳个人所得税＝利润×20％－1 250

（2）乙企业投资者的应纳企业所得税＝利润×20％

应纳个人所得税＝利润×（1－20％）×（1－20％）×20％

合计应纳税款＝利润×20％+利润×（1－20％）×（1－20％）×20％

$$=利润×32.8％$$

对比显示：

甲企业比乙企业少缴纳税款＝利润×32.8％－（利润×20％－1 250）

$$=利润×12.8％+1 250$$

4. 两企业利润都在30 000～50 000元时

（1）甲企业投资者的应纳个人所得税＝利润×30％－4 250

（2）乙企业投资者的应纳企业所得税＝利润×20％

应纳个人所得税＝利润×（1－20％）×（1－20％）×20％

合计应纳税款＝利润×20％+利润×（1－20％）×（1－20％）×20％

$$=利润×32.8％$$

对比显示：

甲企业比乙企业少缴纳税款＝利润×32.8％－（利润×30％－4 250）

$$=利润×0.8％+4 250$$

通过上面的分析，甲、乙两企业在经营利润相同时，税法对个人独资企业经营成果的课税与有限公司经营成果的课税差不多，而有限责任公司再加上投资者分红的个人所得税后，投资者的税收支出就要比个人独资公司投资者的税收支出多得多。而且，有限责任公司在税后利润中提取的10％的公积金，达到公司法规定的注册资本25％以上转为股本时，还要征收20％的个人所得税。企业在开办之前，都会对盈利前景进行预测，在此时，就应考虑到何种企业纳税较低。

§10 巧选获利年度

我国境内新办软件生产企业经认定后，自获利年度起，第一年和第二年免征企业所得税，第三年至第五年减半征收企业所得税，利用此可实现节减税负，要点在于：选择好第一笔生产经营收入的时间。

我国《企业所得税法》规定，新办企业减免税起止时间主要有两种情况。

第一种情况，根据《关于企业所得税若干优惠政策的通知》（财税〔2008〕1号）第一条第二款："我国境内新办软件生产企业经认定后，自获利年度起，第一年和第二年免征企业所得税，第三年至第五年减半征收企业所得税。"由此可知：新办软件企业的税收优惠起始时间为自获利年度开始。

这种企业享受税收优惠的纳税筹划方法主要在于尽量推迟获利年度，具体方法有：（1）加大前期费用。（2）推迟确认收入和进行业务分拆。（3）将前期盈利项目由关联企业经营，也就是至少要等到企业获得资质认证后才能进入获利年度，以便充分享受两免三减半的税收优惠。

第二种情况，根据《企业所得税法》第二十七条第二款、第三款："从事国家重点扶持的公共基础设施项目投资经营的所得和从事符合条件的环境保护、节能节水项目的所得；企业的下列所得，可以免征、减征企业所得税。"中华人民共和国国务院令第512号第八十七条规定："企业所得税法第二十七条第（二）项所称国家重点扶持的公共基础设施项目，是指《公共基础设施项目企业所得税优惠目录》规定的港口码头、机场、铁路、公路、城市公共交通、电力、水利等项目。企业从事前款规定的国家重点扶持的公共基础设施项目的投资经营的所得，自项目取得第一笔生产经营收入所属纳税年度起，第一年至第三年免征企业所得税，第四年至第六年减半征收企业所得税。"第八十八条规定："企业所得税法第二十七条第（三）项所称符合条件的环境保护、节能节水项目，包括公共污水处理、公共垃圾处理、沼气综合开发利用、节能减排技术改造、海水淡化等。项目的具体条件和范围由国务院财政、税务主管部门商国务院有关部门制定，报国务院批准后公布施行。企业从事前款规定的符合条件的环境保护、节能节水项目的所得，自项目取得第一笔生产经营收入所属纳税年度起，第一年至第三年免征企业所得税，第四年至第六年减半征收企业所得税。"由上可知，新办国家重点扶持的公共基础设施项目和从事符合条件的环境保护、节能节水项目享受税收优惠的开始时间为：取得第一笔生产经营收入。

这种企业享受税收优惠的纳税筹划方法要点在于：选择好第一笔生产经营收入的时间。

新办企业减免税优惠的几个要素中，减免税期限长度是政策法规规定好的，基本没有筹划余地；减征比例或完全免税也是政策法规规定好的，视企业达到相关条件的程度而定，有筹划之处，但不在本书讨论之列。而享受优惠的起止时间大可筹划，值得企业用心琢磨一番。因为一旦优惠期限开始，那么不管企业盈亏，优惠固定期限都得连续计算，不得更改。通常而言，企业在初创阶段，投入比较大，亏损多盈利少，几乎没有应税所得，如果急忙享受优惠政策，恐怕就白享优惠之名而无优惠之实。因此，什么时候确认第一笔收入，是企业应当认真思考的问题。

【纳税案例】

甲公司是2011年5月1日新办的企业，主营范围为计算机软硬件的开发、生产、销售，其自主研发软件同时获得当地信息产业厅软件产品登记证。该软件2011年进入获利年度，企业应纳税所得额为20万元，当年按正常的25%税率缴纳了企业所得税。公司2012—2016年弥补以前年度亏损前的应纳税所得额为-300万元、-200万元、-100万元、0和600万元。公司2013年将上报资料，2014年1月企业按条件将被被认定为软件企业，同年因企业符合《高新技术企业认定管理办法》（国科发火〔2008〕172号）文件的规定，企业将被国家有关部门评为高新技术行业。同时根据《企业所得税法》第二十八条的规定："国家需要重点扶持的高新技术企业，减按15%的税率征收企业所得税。"企业适用15%的税率，公司预计2017—2018年的应纳税所得额为每年3 000万元，折现率为10%。

甲公司的纳税情况分析如下：

2011年，甲公司是新办企业，无税收优惠，公司应纳企业所得税为5万元。

2012年，企业应纳税所得额为-300万元，应纳企业所得税为0。

2013年，企业被同时认定为软件企业和高新技术企业。

据《关于企业所得税若干优惠政策的通知》第一条第二款的规定，甲公司的获利年度为2011年，2011年进入了两免三减半的时期，2011年与2012年为两免时期，2013—2015年为减半年度。

据《企业所得税法》的相关规定，享受高新技术企业优惠的企业所得税税率为15%。甲公司2014—2021年适用企业所得税税率为15%。

2013年，企业应纳税所得额为-200万元，应纳企业所得税为0。

2014年，企业应纳税所得额为-100万元，应纳企业所得税为0。

2015年，企业应纳税所得额为0，应纳企业所得税为0。

2016年，企业应纳税所得额为0，应纳企业所得税为0。

2017—2021年，每年企业应纳税所得额为3 000万元，应纳企业所得税为450万元。

甲公司2011—2021年企业所得税流出的现值（基准点2011年1月1日）为967万元。

综上所述，甲公司2011—2015年应该享受两免三减半期间未享受一分钱的税收优惠。产生上述情况的原因如下，未能准确把握三个基本的概念：开始获利年度是企业开始生产经营后的第一个有应纳税所得额的年度；享受减免税起始时间应从企业开始生产经营后第一个有应纳税所得额的年度起，享受相关企业所得税减免优惠政策；资质认定时间是企业由认定机构颁发资质证书后，认定机构据以确认资质的上报资料所属年度确认。

由于软件企业的认定有较严格的条件限制，一般的软件企业不可能在成立之时就申请到软件企业的资格，而未进行纳税筹划的企业往往在资质认定时间之前已进入开始获利年度且开始计算减免税起始时间，但企业因未具认定资质而不能享受税收优惠。企业实际上享受优惠的时间仅为进行获利年度后的5年，扣除获利年度到资质认定前的年度内的范围内。这样未经过筹划的软件企业享受的两免三减半的税收优惠是不完全的。

我们可以对甲公司纳税筹划前的经营活动做出一些假设：2012年2月发生的自有房屋装修款25万元，未达到房产原值的50%；2016年12月一笔赊销销售收入70万元，相应的成本为40万元。2017年1月1日，企业购入一台研究开发设备，单位价值在3 000万元。《企业所得税法》第三十二条规定："企业的固定资产由于技术进步等原因，确需加速折旧的，可以缩短折旧年限或者采取加速折旧的方法。"《企业所得税法实施条例》第九十八条规定："采取缩短折旧年限方法的，最低折旧年限不得低于本条例第六十条规定折旧年限的60%；采取加速折旧方法的，可以采取双倍余额递减法或者年数总和法。"企业按允许其采取双倍余额递减法（5年）实行加速折旧，2017—2021年的折旧额依次为1 200万元、720万元、432万元、324万元、324万元。

【筹划方案】

1. 房屋装修提前到2011年进行，经过调整后的2011年亏损金额为−5万元；

2. 2012—2015年的应纳税所得额为−275万元、−200万元、−100万元、0；

3. 2016年12月，一笔赊销销售收入70万元，相应的成本为40万元，相应的应纳税所得额为30万元（可以在合同中约定收款时间为次年1月，相应地2016年的企业所得税税前所得为570万元），弥补以前年度亏损后应纳税所得额为−10万元；

4. 2017年的应纳税所得额为3 020万元；

5. 2018—2021年的应纳税所得额为每年3 000万元。

如此进行费用与收入的纳税调整后，甲公司的开始获利年度应该为2017年度。甲公司2017—2018年免企业所得税；2019—2021年年应纳企业所得税为225万元。甲公司2011—2021年企业所得税流出的现值（基准点2011年1月1日）为261万元。

在此方案下，较未进行纳税筹划时节税706万元（967−261）。

综上所述，我们可得出高新技术企业的纳税筹划要点是：尽量推迟获利年度。方法有三：加大前期费用、推迟确认收入和进行业务分拆。将前期盈利项目由关联企业经营，也就是至少要等到企业获得资质认证后才能进入获利年度，以便充分享受两免三减半的税收优惠。本节纳税筹划和的意义在于，国家在不同时期，总有鼓励发展的高新技术企业，本节的企业原型为软件企业，随着时间的发展，软件企业发展成熟或许不再属于高新技术，但其筹划逻辑和思路仍然是有效的。

二、经营中的纳税筹划

§11　经营过程筹划

> 企业在经营过程中，可以利用利息费用、利用资源、技术开发费及固定资产等方面的筹划达到节税的目的。

企业在进入运行阶段以后，纳税义务便始终伴随。进行纳税筹划，对企业的财务筹划、财务决策、企业的价值、股东的利益都是有好处的，也有利于提高企业的财务素质。因此，企业经营过程中的纳税筹划非常重要。

1.利息费用的扣除

我国为债务融资提供了税收优惠政策，企业可以从应税所得中扣除债务利息费用，股本融资则不享有此项优惠政策，利润留存和利润分配也不得从企业应税所得中扣除。因此，在经营实践中，企业可依据这一优惠政策，利用关联企业之间相互拆借资金的办法来实现节税的目的。

【纳税案例】

某母公司与其子公司各有1 000万元资金作为流动资金使用，所得税税率均为25%，税务机关认可的借贷年利率为10%，如何筹划可实现节税？

【筹划方案】

该母公司与其子公司可相互贷给对方1 000万元资金，即母公司按10%的年利率向子公司借入资金1 000万元，子公司同样按10%的年利率向母公司提供资金1 000万元。则母子公司每年的应税所得中均可抵扣100万元（1 000×10%）的债务利息费用，从而两公司实现节税共计50万元（100×25%×2）。而两公司总的收益并未改变。

2.安置特定职工

《企业所得税法》第三十条第二款规定，安置残疾人员及国家鼓励安置的其他就业人员所支付的工资，可以在计算应纳税所得额时按照支付给残疾职工工资的100%加计扣除。由于人工支出往往是企业支出的较大项目，残疾人工资加倍扣除对企业来说具有比较大的节税效果。因此，企业在招用职工时，在适当岗位应优先考虑聘用残疾人，这样于国家、企业、个人皆有利。

3.利用特定资源

《企业所得税法》第三十三条规定，企业综合利用资源，生产符合国家产业政策规定的产品所取得的收入，可以在计算应纳税所得额时减计收入。减计收入，是指企业以《资源综合利用企业所得税优惠目录》规定的资源作为主要原材料，生产国家非限制和禁止并符合国家和行业相关标准的产品取得的收入，减按90%计入收入总额。

4.合理利用技术开发费加计扣除政策

《企业所得税法》第三十条第一款规定，企业开发新技术、新产品、新工艺发生的研究开发费用，可以在计算应纳税所得额时加计扣除。所称加计扣除，是指企业为开发新技术、新产品、新工艺发生的研究开发费用，未形成无形资产计入当期损益的，在按照规定据实扣除的基础上，按照研究开发费用的50%加计扣除；形成无形资产的，按照无形资产成本的150%摊销。

【纳税案例】

某企业经济效益比较好，连年盈利，年利润均在2 000万元以上。为了争取更大的收益，企业董事会决定进行新产品研发，可选择的途径不外乎直接购买技术和联合开发，从节税角度，应如何进行？

【筹划方案】

〖方案1〗直接购买技术。

从乙科研机构购买一项技术需支出300万元，合同约定年限10年。

〖方案2〗联合开发。

与乙科研机构联合开发新产品，即雇用乙科研机构的科研人员与企业开发人员共同开发新产品，费用为340万元。由于乙企业已经拥有了较为成熟的技术，因而技术开发项目只需要约4个月即可完成。

直接购买技术与联合开发实际上是一个资本化与费用化的问题。方案2虽然初始的代价为340万元，比第一方案高出40万元，但是由于它是费用化的支出，并且企业又有足够的利润空间，可以将其抵扣。由于它享受加计50%的扣除，因而可以直接减少应当缴纳的企业所得税。忽略其他因素，则：

少缴纳的企业所得税=340×50%×25%=42.5（万元）

因而，方案2比方案1具有极佳的节税效果。

事实上，如果考虑资金的时间价值，方案2可获得的纳税筹划收益要远远大于42.5万元。因为在选择方案1时，纳税人所支出的300万元，将构成无形资产，即300万元只能在10年的时间内平均摊销，每年能够在所得税税前列支的摊销仅为30万元。期间因多缴纳税款的时间价值将会超过方案2在实施之初多付出的40万元。

5.固定资产修理与改良的转换

对于固定资产的改良支出与大修理支出的划分，在企业所得税筹划上可以说大有文章可做。固定资产改良支出属于固定资产在建工程的范畴，其所耗配件、材料的进项税额不得抵扣，而且改良支出要么计入固定资产原值按规定计提折旧，要么作为递延费用在不短于5年的期间内分期摊销。而作为固定资产大修理支出，其所耗配件、材料的进项税额可以抵扣，而且修理费可在发生期直接扣除。显然，二者的节税效果相差甚远。由此，如果企业将固定资产改良尽可能地转变为大修理或分解为几次修理，即设法使修理支出达不到改良支出的条件，便能获得可观的节税效益。

【纳税案例】

某企业对其设备进行大修理后，该设备经济使用寿命延长约两年，仍用于原用途。由于将所有配件全部更新，修理支出超过了固定资产原值的50%，则该修理支出被税务局认定为固定资产改良支出。如何进行纳税筹划？

【筹划方案】

一般来说，企业设备总有些配件并非当期非换不可，那么就可以将这些配件放在下一个纳税期间去更换，这样一来就使得本次修理支出低于固定资产原值的 50%。由此，该修理支出不满足改良支出的条件，可以在当期应税所得中一次扣除，从而达到节税的目的。小小的一个调整，就可收到很好的节税效果！

§12　成本费用筹划

> 纳税人进行纳税筹划的方法有很多，但最有效的途径都是通过增加成本费用来达到降低税负的目的。

成本费用是纳税人进行财务分析和财务评价的重要经济指标，它通过影响商品流转额和非商品营业额的定价基础、纳税人拥有的财产价值、经营活动的收益水平，进而影响纳税人的税负支出。纳税筹划中，成本费用筹划手段是最有效的途径。

从成本核算的角度看，利用成本费用的充分列支是减轻企业税负最根本的手段。企业应纳所得税数额根据应纳税所得额和税法规定的税率计算求得。在税率既定的情况下，企业应纳所得税额的多寡取决于企业应纳税所得额的多少。应纳税所得额则由企业收入总额扣除与收入有关的成本、费用、税金和损失后计算得到。可见，在收入既定时，尽量增加准予扣除的项目，即在遵守会计准则和税收制度规定的前提下，将企业发生的准予扣除的项目予以充分列支，必然会使应纳税所得额大大减少，最终减少企业的所得税计税依据，达到减轻税负的目的。

【纳税案例】

某企业职工人数为1 000人，人均月工资为3 000元。该企业2016年度向职工集资人均10 000元，年利率为10%，同期、同类银行贷款利率假设为7%。当年度税前会计利润为300 000元（利息支出全部扣除）。由于《企业所得税法》规定，向非金融机构借款的利息支出，不高于按照金融机构同类、同期贷款利率计算的数额以内的部分，准予扣除。因此，超过的部分不能扣除：

应当调整的应税所得额=1 000×10 000×（10%−7%）=300 000（元）

该企业的应纳企业所得税=（300 000+300 000）×25%=150 000（元）

应代扣代缴的个人所得税=10 000×10%×20%×1 000=200 000（元）

有无节税空间？

【筹划方案】

该企业可以考虑将集资利率降低到7%，这样每位职工的利息损失为300元（10 000×（10%−7%））。企业可以通过提高工资待遇的方式来弥补职工在利息上受到的损失，即将职工的平均工资提高到3 300元。这样，企业为本次集资所付出的成本与纳税筹划前是一样的，职工所实际获得的收入也是一样的。但在这种情况下，企业所支付的集资利息就可以全额扣除了，而人均工资增加到3 300元仍然可以免纳个人所得税。通过计算可以发现：

应纳企业所得税=300 000×25%=75 000（元）

节减企业所得税=150 000−75 000=75 000（元）

另外，还可以减少企业代扣代缴的个人所得税=10 000×1 000×（10%－7%）×20%=60 000（元）

经过纳税筹划，职工的税后利益也提高了，可谓一举两得，企业和职工都获得了纳税筹划利益。

【纳税案例】

某企业2016年准备将可实现的税前所得120万元分给股东个人，企业拟订了两种分配方案：

〖方案1〗采用税后分红的形式发放股息120万元；

〖方案2〗每月发放工资10万元。

试进行筹划，选择一个对企业和股东个人均有利的分配方案。

【筹划方案】

《企业所得税法实施条例》第三十四条规定：企业发生的合理的工资、薪金支出，准予扣除。工资、薪金是指企业每一纳税年度支付给在本企业任职或者受雇的员工的所有现金形式或者非现金形式的劳动报酬，包括基本工资、奖金、津贴、补贴、年终加薪、加班工资，以及与员工任职或者受雇有关的其他支出。

〖方案1〗纳税情况：

企业的应纳企业所得税=120×25%=30（万元）

股东的应纳个人所得税=（120－120×25%）×20%=18（万元）

股东税后收益=120－30－18=72（万元）

〖方案2〗纳税情况：

按照现行条例的规定，企业发生的合理的工资、薪金支出，准予扣除。所以企业每月支付10万元工资，将使企业年度应纳税所得额减少120万元。

企业因此少纳的企业所得税=120×25%=30（万元）

股东税后收益=120－〔（10－0.35）×45%－1.3505〕×12=84.096（万元）

股东增加收益=84.096－72=12.096（万元）

与方案1相比，企业、股东少纳税合计42.096万元（30+12.096）。

企业应选择方案2。

【注意事项】

企业的成本费用核算在为企业进行纳税筹划提供可能的同时，也具有局限性，主要为：

（1）企业成本费用支出的安排和会计处理方法的选择，必须符合国家的税收法规和财务会计法规，即企业必须在国家规定的成本开支范围内组织成本核算，成本费用的会计处理方法一经确定不得随意变更。如果企业在成本费用支出的安排和会计处理方法的选择上违反了财经法规，将会给企业带来不可估量的处罚代价，这有悖于现代企业财务管理的宗旨，也与纳税筹划的合法性原则相背离。

（2）企业成本费用管理的目标同纳税筹划的目标具有矛盾性。企业成本费用管理的目标是尽可能地减少成本费用开支。而成本费用纳税筹划的目标是尽可能地通过增加成本费用来减少企业的收益水平，从而降低应纳税所得额。这就要求企业进行纳税筹划时要充分考虑这一矛盾性，充分权衡，把企业的成本费用管理同纳税筹划结合起来进行综合考量，以寻求最佳结合点，使企业财富最大化。

§13　管理费用筹划

> 集团化的企业，通过合理合法地优化企业集团的财务结构，能够降低企业的整体税负。

在集团公司的结构下，作为下级单位的纳税企业按规定支付给总公司的与本企业生产、经营有关的管理费，须提供总公司出具的管理费汇集范围、定额、分配依据和方法等证明文件，经主管税务机关审核后，准予扣除。企业的管理费提取采取比例和定额规定上，提取比例一般不得超过总收入的2%。

此外，必须注意，总公司管理费不包括技术开发费，向关联企业支付的管理费不得列支。从事投资业务的投资公司，它们本身不直接从事生产活动，主要承担对自己投资的公司的管理任务，从而产生了大量管理费用，如何合理合法地优化企业集团财务结构，降低企业整体税负，就成了这些投资公司所关注的主要问题。对于集团化的企业而言，优化企业财务结构，可为企业减轻一定的税收负担。

根据《中华人民共和国增值税暂行条例》的规定，销售额为纳税人销售货物或者应税劳务向购买方收取的全部价款和价外费用。而根据《中华人民共和国增值税暂行条例实施细则》的规定，价外费用包括价外向购买方收取的手续费、补贴、基金、集资费、返还利润、奖励费、违约金（延期付款利息）、包装费、包装物租金、储备费、优质费、运输装卸费、代收款项、代垫款项及其他各种性质的价外收费。凡价外费用，无论其会计制度如何核算，均应并入销售额计算应纳税额。

【纳税案例】

某企业每年都要召集其客户定期开销售座谈会，一年的会议费开支1 000万元，其中向客户收取会议费800万元，企业支付200万元。该企业目前做如下财务处理，在列支会议费费用时记入管理费用科目：

借：管理费用——会议费1 000万元（收到客户交纳的会议费时冲减管理费用科目）

　贷：管理费用——会议费800万元（该企业账面上一年发生的会议费在管理费用

中反映为200万元）

该企业把向客户收取的会议费800万元作为价外费用处理，补提增值税116.24万元，补提城市维护建设税及教育费附加11.62万元。

对于该软件公司的会议费用，该企业该如何进行筹划能够为企业减少税收负担？

【筹划方案】

该企业可做如下业务处理程序和会计处理的改变。召集客户开销售座谈会，企业不再亲自操办，而是委托一家中介机构代理，由中介机构向参加会议的客户或代理商收取会议费，企业不再收取费用，超支的费用由企业直接支付给中介机构。这样，在该企业的财务账面上就不再出现收取800万元会议费的经济业务，仅仅体现支付给中介机构会议费200万元的事项。通过以上会议费处理程序的改变，企业可少纳增值税116.24万元，少纳城市维护建设税及教育费附加11.624万元。

§14　费用巧资本化

> 企业借款而发生的利息、折价或溢价摊销和汇兑差额，可以在具备一定条件时资本化，从而节省税负。

我国《企业所得税法》规定，固定资产建造、购进过程中发生的各项借款利息，在竣工决算投产前的支出，应当资本化，计入固定资产的价值。有关法规规定：企业借款用于固定资产的购置、建造或者无形资产的受让、开发，在该项资产的投入使用前发生的利息，应当计入固定资产的原价。但是，对于为固定资产购建的借款利息如何进行资本化，也就是说如何计入固定资产的价值，有关法律并没有具体规定。于是，多数企业的财务人员图省事，一般采取简单的计算方法处理。

会计准则对这种购建固定资产发生借款的利息的资本化问题进行了规定。因专门借款而发生利息、折价或溢价摊销和汇兑差额，应当在以下三个条件同时具备时开始资本化：

第一，资产支出已经发生；

第二，借款费用已经发生；

第三，为使资产达到预定可使用状态所必要的购建活动已经开始。

同时，会计准则对利息资本化的金额也进行了规定，利息资本化金额的确定应与发生的固定资产购建活动上的支出挂钩。在应予资本化的每一会计期间，因购置或建造某项固定资产而发生的利息，其资本化的金额应为至当期末止购置或建造该项资产的累计支出加权平均数乘以资本化率。

利息资本化金额的计算公式为：

每一会计期间利息资本化金额=至当期期末止购建固定资产累计支出加权平均数×资本化率

上述公式中的累计支出加权平均数，应按每笔资产支出金额乘以每笔资产占用天数与会计期间涵盖的天数之比计算确定。这里的"每笔资产占用天数"是指发生在固定资产上的支出所应承担借款费用的时间长度。"会计期间涵盖的天数"是指计算应予资本化的借款费用金额的会计期间的长度。

企业在使用上述公式中的资本化率，则应根据下述不同情况具体确定：

第一，如果购建固定资产只借入了一笔专门借款，资本化率即为该项借款的利率；

第二，为购建固定资产借入一笔以上的专门借款，则资本化率应为这些专门借款的加权平均利率。

【纳税案例】

A软件生产公司为增值税一般纳税人，2015年实现销售收入3 246万元。公司在国内市场取得较好的商誉。为了扩大生产能力，公司决定再扩建一个生产车间。2016年1

月1日开始筹备建造这个生产车间，并为建造该车间专门从银行借入了500万元的3年期借款，年利率为6%。生产车间于2016年4月1日建造完工（为简化计算假定每月均为30天）。

公司在2015年1月至3月间发生的资产支出如下：

1月1日，支付购买工程用物资款项140.40万元，其中增值税进项税额为20.40万元。

2月10日，支付建造车间的职工工资9万元。

3月15日，将2015年12月28日购进的高分子建筑材料用于车间建造（当时作存货处理），该货物的入库成本为60万元，购进时增值税专用发票上标明的价格为50万元，该产品目前市场价格为100万元，购进时的材料价款及增值税进项税额已支付。

3月31日，为3月15日用于固定资产建造的存货进项税转出缴纳增值税8.50万元。

A公司将从银行所借的款项，在该项固定资产建造完工交付使用时一次性计算利息，并将其资本化。则公司第一季度应资本化的金额为7.5万元（500×6%×3/12）。

该业务从税务管理的角度讲，并不存在什么问题。但是，如果从企业理财的角度进行分析，却是不经济的，存在纳税筹划的空间。

【筹划方案】

A公司可根据会计准则计算该项固定资产购建借款利息的资本化金额，而且对企业更有利，可以收到节税效果。

根据规定，计算借款利息的资本化可以按月计算，也可以按季或按年计算。如按月计算应予资本化的借款费用，应根据每月每笔资产支出金额和每笔支出所需要承担借款费用的天数与当月天数之比，计算每月累计支出加权平均数：

1月份累计支出加权平均数=140.40×30/30

　　　　　　　　=140.40（万元）

2月份累计支出加权平均数=140.40×30/30+9×20/30

　　　　　　　　=146.40（万元）

3月份累计支出加权平均数=140.40×30/30+9×30/30+68.50×15.30+8.50×0/30

　　　　　　　　=183.65（万元）

按月计算应予资本化的借款费用，则公司第一季度应资本化的金额为：

资本化金额=140.40×6%×1/12+146.40×6%×1/12+183.65×6%×1/12=2.35225（万元）

如果按季计算应予资本化的借款费用，则公司第一季度应资本化的金额为：

资本化金额=（140.40×90/90+9×50/90+68.50×15/90）×6%×3/12=2.3523（万元）

通过计算发现，按月计算或者按季（年）计算，其结果差不多，但与该企业会计人员原来计算资本化的方法相比，却相差甚远。不按会计准则规定的方法计算，则该企业在该项固定资产购建过程中要多资本化金额为：

多资本化金额=75 000-23 522.5=51 577.5（元）

也就是说：影响当年的计税所得额51 577.5元，如果该企业的所得税适用税率25%，则该企业当年会多缴纳企业所得税12 894.38元。

§15　分摊费用筹划

> 企业在设立分支机构时，可以通过适度分摊费用的纳税筹划方式为企业节税。

母公司发生的管理费用可以分为以下两种费用：直接费用和间接费用。直接费用主要指可以直接确定服务对象的费用，如外部培训费、广告费、差旅费和通信费等。对于这种费用只要符合以下两点就可以直接在其子公司列支：由外部具体单位直接向子公司提供直接服务（当然要符合相应的法律和财会规定，如直接签订合同、直接结算等）；由外部具体单位直接向子公司提供发票且发票的抬头为对应的子公司。

但是对于母公司来说，大部分管理费用是间接费用，即无法直接区分服务对象的费用，如技术研究开发费、市场调研费、内部培训费、产品推销费及交际应酬费等。母公司可以通过向其子公司收取"专项技术服务费"的方式分配一部分上述间接费用，即母公司按照实际发生的管理和咨询服务费用（可再加一定的利润率）向其子公司收取专项技术服务费。采用这种安排，母公司需要与其子公司签订符合独立企业原则的服务协议，以备税务机关的确认和审查。母公司在收取其子公司开具服务发票，作为其子公司税前可抵扣费用的凭证，当然，母公司还需要对服务费收入缴纳6%的增值税。

由于这种安排，母公司可以合法、合理地将大部分间接费用在其子公司的所得税前列支，因此即使付出增值税的代价，就其整个集团的税负而言，其税负大大降低。当然，这种安排要掌握一个适度的界限，若母公司分配的间接费用过大，则母公司将会盈利，理论上，企业经过测算可以找到一个较佳的分配比例。

【纳税案例】

中国某外贸公司KL公司（母公司）投资设立了两家享受优惠利率的子公司——A公司（50%控股）和B公司（100%控股）。为了高效运作，母公司的职能主要集中在市场开发、技术革新、人员培训、外界协调、投资及财务规划等。在实行集中管理的过程中，母公司发生了大量的管理费用。由于母公司除了进行管理工作外，不从事其他营业活动，因此，母公司没有收入可以弥补其发生的大量管理费用，其经营状况一直亏损，而两个子公司由于不承担上述费用，其利润很高，相应的所得税税负很重，对于母公司和其两个子公司整体而言，由于收入和费用不匹配，造成整体税负的增加。

1.母公司所得税率为25%。A、B公司享受15%的优惠税率。

母公司的各项税收指标：

母公司发生的费用为6 000万元，没有应税收入，其应纳所得税为0。

子公司A的各项费用计算：

子公司A的应税收入为10 000万元，费用为5 000万元，由此可得：

应纳所得税=（10 000-5 000）×15%=750（万元）

子公司B的各项税收指标计算：

子公司B的应税收入为10 000万元，费用是4 000万元，因此可得：

应纳所得税＝（10 000－4 000）×15%＝900（万元）

整体合计应纳所得税＝750＋900＝1 650（万元）

2．假设母公司的费用6 000万元全部为A、B公司的业务发生，所以母公司按股权比例分配给A、B公司，各项税收指标计算如下：

子公司A的费用＝5 000＋6 000×50/150＝7 000（万元）

子公司A应纳所得税＝（10 000－7 000）×15%＝450（万元）

子公司B的费用＝（4 000＋6 000×100/150）＝8 000（万元）

子公司B应纳所得税＝（10 000－8 000）×15%＝300（万元）

整体合计应纳所得税＝450＋300＝750（万元）

分摊费用后节税额＝1 650－750＝900（万元）

显然，如果母公司能将其费用分摊到其子公司，将会最大限度地降低整体税负。但是根据规定，企业不得列支向其关联企业支付的管理费用。因此母公司直接地、机械地将其费用分摊到其子公司既不合法，也不合理，那么该C公司该如何进行筹划呢？

【筹划方案】

母公司可以将其直接费用300万元直接分配给其子公司，其中A公司100万元，B公司200万元。母公司将其间接费用5 700万元的40%以专业技术服务费的方式分配给其子公司，分配依据仍为母公司的控股比例。为了体现独立企业的公平交易原则，在提供专业技术的成本价之上再加上10%的利润率，各项计算结果如下：

母公司提供专业服务收入＝5 700×40%×（1＋10%）＝2 508（万元）

母公司应纳增值税＝2 508×6%＝150.48（万元）

母公司所剩费用＝6 000－300－2 508＋150.48＝3 317（万元）

母公司按股权比例给A公司分配额为836万元，给其B公司分配额为1 672万元，分配后，A公司的费用为5 836万元，B公司的费用为5 672万元，见表15-1：

表15-1　　　　　　　　　　　　　**公司有关情况表**　　　　　　　　　金额单位：万元

	母公司	A公司	B公司	整体合计
应税收入	2 508	10 000	10 000	20 000
费用	3 317	5 836	5 672	1 150
应纳税所得额	－809	4 164	4 328	8 492
所得税税率	25%	15%	15%	15%
应纳所得税	0	625	649	1 274

虽然母公司付出了增值税代价150.48万元，而因此减少的整体所得税为376万元（1 650－1 274），其整体税负减轻了225.52万元（376－150.48）。

可以从上述案例的分析中得到一定的纳税筹划启示，相关费用分配的基本原则是要符合独立企业原则。不能直接将其相关费用分摊给其子公司，而要以独立企业直接提供专项服务的方式来分配相关费用。其中，要注意"专项技术服务费"计价的问题。

母公司若以其实际成本计价，肯定会引起税务机关的异议，税务机关有权依照有关规定对母公司进行价格调整。从实际操作来看，母公司可以以实际成本为基础加上适当的利润率定价，再通过与税务机关协商，其相关费用的处理可以顺利地得到合法解决。

母公司还应注意选择可持续、合理的费用的分配依据，如采取以实收资本数的比例为分配技术研发费，以销售收入的比例分配市场调研费，以参加培训人数来分配内部培训费等，其依据要科学、合理，体现子公司的受益关系。

另外，对于企业而言，还应该注意的是这种服务协议的签订，必须要经过与合资方的沟通和协调，尤其是对己方控股的合资企业，己方很可能不会接受这种费用的分配。因为母公司的相关费用的分配会直接造成合资企业中己方利益的损失，当然除此之外，在必要的情况下，还应考虑其他补偿方式，多种方式考虑为公司进行纳税筹划以减轻公司的税收负担。

§16 转让定价节税

> 转让定价法是经典的纳税筹划方法，企业可根据税法规定，利用转让定价法来合法节税。

转让定价是指有关联各方之间在交易往来中人为地确定价格，即按高于成本低于正常市价确定的内部价格成交，来减轻税负。转让定价法是国际商务中非常流行的纳税筹划，也是税务部门重点调查的对象。

【纳税案例】

甲企业主要生产制造 A 产品，产品有三道工序。第一道工序完成后，单位生产成本为 200 元；第二道工序完成后，单位生产成本为 450 元；第三道工序结束后，完工产品单位成本为 500 元。A 产品平均售价每件 800 元，2015 年销售 A 产品 25 万件。甲企业适用所得税税率为 25%，其他有关数据如下：

（1）产品销售收入 20 000 万元；

（2）产品销售成本 12 500 万元；

（3）产品销售税金及附加 200 万元；

（4）管理费用、财务费用、销售费用合计 2 300 万元；

（5）利润总额 5 000 万元。

企业所得税纳税情况为：

应纳所得税=5 000×25%=1 250（万元）

如何筹划可使企业获益最大？

【筹划方案】

对产品生产的各个工序进行分析可以发现，第三道工序增加的成本很少，仅为 50 元，而产品是在这道工序完成后对外销售的。

因此，如果在低税率地区，比如各地普遍设立的具有税收优惠的工业园区，设立一全资子公司（以下简称乙企业），就可实现节税。假设该企业在工业园区适用的所得税税率为 15%。甲企业将 A 产品的第二道工序作为产成品，并按单位成本 450 元加价 20% 后，以 540 元的售价销售给乙企业，由乙企业负责完成 A 产品的第三道工序。假设甲企业的管理费用、财务费用、销售费用、税金及附加中的 10% 转移给乙企业，乙企业除增加甲企业转移过来的费用及税金外，由于新建立公司另增加管理成本 100 万元。则两企业纳税情况如下：

甲企业：

（1）产品销售收入=25×540=13 500（万元）

（2）产品销售成本=25×450=11 250（万元）

（3）产品销售税金及附加 180 万元；

（4）管理费用、财务费用、销售费用合计=2 300×90%=2 070（万元）

（5）利润总额为 0；

（6）应纳所得税为 0。

乙企业：

（1）产品销售收入=25×800=20 000（万元）

（2）完工产品的单位成本=540+50=590（元）

产品成本=25×590=14 750（万元）

（3）产品销售税金及附加 20 万元；

（4）管理费用、财务费用、销售费用合计=2 300×10%+100=330（万元）

（5）利润总额=20 000-14 750-20-330=4 900（万元）

则企业所得税纳税情况为：

应纳所得税=4 900×15%=735（万元）

节税额=1 250-735=515（万元）

由于乙企业是甲企业的全资子公司，因此，如果乙企业保留盈余不分配，甲企业也就无须按税率之差补缴所得税。

本例中，虽然甲、乙企业存在关联关系，但税务机关不会对甲企业的定价进行调整，因为甲企业的产成品属于中间产品，甲企业取得的只是工业加工环节的利润。甲企业将其定价确定在 20% 的利润率水平上，已远远超过了税法规定的成本利润率 10%。A 产品的主要工序集中在甲企业，其管理费用、财务费用大部分集中在甲企业，乙企业所承担的 A 产品的第三道工序（制造成本）只有 50 元，占整个产品制造成本的 10%。只是简单的加工及包装等生产流程，因而其期间费用相当低。成立乙企业后，甲企业销售部门的人员，以及原来第三道工序的生产人员的工资及其他费用会相应地转移到乙企业，其金额约占整个期间费用的 10%。乙企业因重新注册，新增加的管理成本在 100 万元左右。通过转让定价，尽管甲企业将加工利润率确定在 20%，但甲企业的利润几乎为 0，大部分利润都在乙企业实现，从而成功地实行了转让定价的纳税筹划。

转让定价也能用于避免外贸跨国公司产品进口商的高关税、高增值税和高消费税，可降低作为关税计税基础的转让价格，使间接税最小。关税会提高进口价格，对公司内部转让和对无关联买主的销售均是如此。尽管没有哪一个公司可以大大改变一项关税的税率，但因为关税多为从价计征的比例税率，如果卖方公司以低价向买方公司出口货物，则可以减轻关税的营销。

具有转让定价行为的企业与其关联公司整合成为一个关联企业集团，其营运方式与独立企业有着本质上的区别：独立企业的营运包括原材料采购、产品生产、产品销售等一系列环节，企业所获取的利润是这一系列环节持续、周期运作的结果；而在关联企业集团内的外资企业，往往只负责外销产品的加工程序，不负责产品的最终销售。关联企业集团通过对原材料及产品的定价，控制企业的利润，从而达到长期节减税负的目的。在经营实际中，外资企业在关联企业集团内所担当的职能与其所获取的利润有密切关系。

§17　确定节税节点

17.65%为增值税的节税节点，将企业的增值率与之进行比较，从而可确定节税策略。

一般纳税人和小规模纳税人的税率不同，当企业的增值率处于划分一般纳税人和小规模纳税人的临界点时，就可利用利用增值率进行节税筹划。设销售额是不含税的销售额，则：

增值率＝（销售额－购进项目的金额）÷销售额

　　　＝（销项税额－进项税额）÷销项税额

一般纳税人应纳税额＝当期销项税额－当期进项税额

　　　　　　　　　＝销售额×17%－销售额×17%×（1－增值率）

　　　　　　　　　＝销售额×17%×增值率

小规模纳税人应纳税额＝销售额×3%

当两种纳税人纳税额相等时，则：

销售额×17%×增值率＝销售额×3%

从而可以算出：

增值率＝17.65%

我们把17.65%称为增值税的节税节点，当然，这里没有考虑增值税纳税人身份的转变成本。当增值率高于17.65%时，一般纳税人税负大于小规模纳税人，即成为小规模纳税人可以节税；当增值率低于17.65%时，一般纳税人税负小于小规模纳税人，即成为一般纳税人可以节税。

同样，可以计算出一般纳税人税率为13%和小规模纳税人的征收率为3%的含税销售额增值率节税节点，两者的总结见表17-1：

表17-1　　　　　　　　　　　增值率节税点总结

一般纳税人税率	小规模纳税人征收率	不含税销售额增值率节税节点
17%		17.65%
13%	3%	23.08%

若销售额中含增值税，则其公式为：

增值率＝（含税销售收入－含税购进额）÷含税销售收入

一般纳税人应纳税额＝含税销售收入÷（1+适用税率）×增值率×适用税率

小规模纳税人应纳税额＝含税销售收入÷（1+征收率）×征收率

【纳税案例】

根据多年统计，某企业不含税销售额平均每年为400万元，不含税购进额平均为320

万元，增值税一般纳税人适用的税率为17%，小规模纳税人征收率为3%。

【**筹划方案**】

该企业甲产品增值率如下：

增值率＝（销售额－购进项目的金额）÷销售额

= （400-320）÷400×100%

= 20%

根据前述内容，该企业不含税销售额增值率节税点为17.65%，增值率低于17.65%时，在不考虑身份转变成本的情况下，该企业选择小规模纳税人身份可以节税。

若该企业按照一般纳税人身份纳税，应纳税额为：

一般纳税人应纳税额＝当期销项税额－当期进项税额

= 400×17%-320×17%

= 13.6（万元）

若该企业按照小规模纳税人身份纳税，应纳税额为：

小规模纳税人应纳税额＝销售额×3%

= 400×3%

= 12（万元）

从计算结果可以看出，如果以小规模纳税人身份纳税的话，可以节税1.6万元（13.6-12）。

需要注意的是，以上方法中默认着这样的假设：（1）作为一般纳税人时销售额和购进额的适用税率相同。此假设只有在纳税人的供应商为税率相同的一般纳税人时才成立。向小规模纳税人或税率不同的单位购买时，该假设不成立。不过，这一假设不成立并不影响筹划思路，只是使方法更复杂。（2）一般纳税人与小规模纳税人的不含税销售额相等。此假设只有在纳税人的客户为一般纳税人时才成立。如果客户是一般纳税人，只有当不含税销售价格相等且小规模纳税人可以提供增值税专用发票时，一般纳税人才愿意向小规模纳税人购买，因为此时客户从任何一类纳税人处购买都不影响其购货成本，只影响其实际缴纳的增值税和以增值税为基础的附加税，而对客户利润的影响仅限于附加税的不同，即对客户的利润影响不大，所以客户对任何一类供应渠道可能都没有偏好。如果客户是小规模纳税人或最终消费者，由于它无法抵扣进项税，购买时它考虑的是付出总款项，而不是不含税销售额。如果有两个出售方，分别是一般纳税人和小规模纳税人，且不含税销售价格相等，则作为购买方的小规模纳税人肯定会向小规模纳税人购买，因为这样它的总货款即购货成本更少。

所以，筹划方法只涉及如何减少应纳增值税，没有考虑企业的实际收益即利润。实际上，对于一般纳税人，增值税税负的承担者是最终消费者，企业缴纳增值税是因为企业销售产品或劳务时，从消费者处收取了这部分并不应由企业获得的税金。缴纳增值税的多少，不影响销售产品或劳务的毛利润。如果供应商为免税单位，而作为购进方的一般纳税人可以按购进额的10%抵扣进项税额，或涉及到出口业务，筹划方法将更复杂。以下就一般情况，即企业的供应商是非免税单位，或本企业、本企业的客户不是出口企业，进行讨论。

【纳税案例】

甲企业的供应商为一般纳税人乙，不含税购进价格为1 000元，甲的客户为一般纳税人丙，不含税销售价格为2 000元。上述一般纳税人的增值税税率为17%，小规模纳税人的征收率为3%。假定不考虑以增值税为税基的附加税和企业发生的其他成本，业务在当期发生。该企业应如何筹划？

【筹划方案】

甲企业应该选择一般纳税人丙，因为小规模纳税人购进税额无法抵扣，只能自己负担，而不含税销售价格又不能高于作为一般纳税人的竞争对手提供的价格，否则将失去客户，其实际收益必然低于一般纳税人。

§18 调整折旧政策

> 在计算应纳税所得额时，企业按照规定计算的固定资产折旧准予扣除，企业可采取调整折旧年限的方式，合理避税。

折旧是固定资产由于损耗而转移到产品成本中去的那一部分价值。正确计算和提取折旧，不但有利于计算产品成本，而且保证了固定资产再生产的资金来源。折旧是成本的组成部分，而按现行制度规定，企业常用的折旧方法有平均年限法、工作量法和加速折旧法，运用不同的折旧方法计算出的折旧额在量上不一致，分摊到各期生产成本中去的固定资产成本也存在差异。因此，折旧的计算和提取必然关系到成本的大小，直接影响企业的利润水平，最终影响企业的税负轻重。由于企业折旧方法上存在差异，因此可为企业进行纳税筹划提供了可能。

企业会计制度规定，企业应当根据固定资产的性质和消耗方式，合理地确定固定资产的预计使用年限和预计净残值，并根据科技发展、环境及其他因素，选择合理的固定资产折旧方法，按照管理权限，经股东大会或董事会，或经理（厂长）会议等类似机构批准，作为计提折旧的依据。同时，按照法律、行政法规的规定报送有关各方备案，并备置于企业所在地，以供有关各方查阅。企业已经确定并对外报送，或备置于企业所在地的有关固定资产预计使用年限和预计净残值、折旧方法等，一经确定不得随意变更。如需变更，仍然应当按照上述程序，经批准后报送有关各方备案，并在会计报表附注中予以说明。为此，企业可根据实际情况，适时调整固定资产折旧政策，但在调整的同时，如能顾及税收政策的变化，则会获得一些益处，现予以简要分析。

《企业所得税税前扣除办法》（国税发〔2000〕84号）第二十五条规定，除另有规定者外，固定资产计算折旧的最低年限为：①房屋、建筑物为20年；②飞机、火车、轮船、机器、机械和其他生产设备为10年；③电子设备和火车、轮船以外的运输工具以及与生产经营活动有关的器具、工具、家具等为5年。

《企业所得税法实施条例》第六十条规定，除国务院财政、税务主管部门另有规定外，固定资产计算折旧的最低年限为：①房屋、建筑物为20年；②飞机、火车、轮船、机器、机械和其他生产设备为10年；③与生产经营活动有关的器具、工具、家具等为5年；④飞机、火车、轮船以外的运输工具为4年；⑤电子设备为3年。

从以上两个文件对比来看，除另有规定外，电子设备和部分运输工具计算折旧的最低年限有所缩短。

此外，根据《国家税务总局关于企业所得税若干税务事项衔接问题的通知》（国税函〔2009〕98号），新企业所得税法实施前已投入使用的固定资产，企业已按原税法规定预计净残值并计提的折旧，不作调整。新税法实施后，对此类继续使用的固定资产，可以重新确定其残值，并就其尚未计提折旧的余额，按照新税法规定的折旧年限减去已经计提折旧的年限后的剩余年限，按照新税法规定的折旧方法计算折旧。新税法实施后，固定资产原确定的折旧年限不违背新税法规定原则的，也可以继续执行。为此，企业可根据科技发展、环境及其他因素，合理调整折旧政策，如适时调整电子设备折旧和汽车的折旧年限。

【纳税案例】

康阳公司是增值税一般纳税人，适用所得税税率为25%，未享受所得税优惠政策。近几年，该公司加大信息化建设投入力度，提高企业生产效率。同时因地处城市近郊，且负责产品的运输，购置的车辆较多。至2009年底，该公司已拥有的固定资产中，电子设备的原值为3 000万元。其中，已使用1年的原值为1 000万元，已使用2年的原值为2 000万元，采用平均年限法并按5年期计提折旧，预计净残值率为5%。

电子设备计提的折旧情况为：

①已使用1年部分，剩下尚需计提折旧4年，即2010年、2011年、2012年、2013年。

每年计提的折旧额=1 000×（1-5%）÷5=190（万元）

②已使用2年部分，剩下尚需计提折旧3年，即2010年、2011年、2012年。

每年计提的折旧额=2 000×（1-5%）÷5=380（万元）

即，2010—2012年，每年的折旧额为570万元，2013年为190万元。因为该公司计提的折旧符合税法规定，可在企业所得税前予以扣除，按年复利率10%的现值计算，1～4年期复利现值系数分别为：0.9091、0.8264、0.7513、0.683，则这些折旧可抵税：

抵税额=（570×0.9091+570×0.8264+570×0.7513+190×0.683）×25%=386.8115（万元）

【筹划方案】

国税函〔2009〕98号第一条规定："新税法实施前已投入使用的固定资产，企业已按原税法规定预计净残值并计提的折旧，不作调整。新税法实施后，对此类继续使用的固定资产，可以重新确定其残值，并就其尚未计提折旧的余额，按照新税法规定的折旧年限减去已经计提折旧的年限后的剩余年限，按照新税法规定的折旧方法计算折旧。新税法实施后，固定资产原确定的折旧年限不违背新税法规定原则的，也可以继续执行。"也就是说，企业如果执行新企业所得税法的规定，调整"残值额"和"最低折旧年限"必须同时进行，不可一个使用新企业所得税法的规定，一个使用原企业所得税法的规定。另外，"新税法规定的折旧方法"为直线法（年限平均法），在实行加速折旧法的情况下，才可使用双倍余额递减法或年数总和法。企业按照其他方法计提的折旧，应该根据直线法重新调整后，才准予扣除。

鉴于电子设备的使用情况，该公司2010年可适时调整已购置固定资产的折旧年限，将电子设备折旧年限调整为3年。调整固定资产折旧年限后，已使用1年的电子设备，将原剩下尚未计提折旧的4年，改为按2年计提，即：

2010年、2011年每年计提的折旧额=〔1 000×（1-5%）-1 000×（1-5%）÷5〕÷2

=380（万元）

已使用 2 年的电子设备,将原剩下尚未计提折旧的 3 年,改为按年计提,即:

2010 年计提的折旧额=2 000×(1-5%)-2×2 000×(1-5%)÷5=1 140(万元)

合计为:2010 年 1 520 万元,2011 年 380 万元。

因为该公司计提的折旧符合税法规定,可在企业所得税前予以扣除,按年复利率10%的现值计算,1~2 年期复利现值系数分别为:0.9091、0.8264,则这些折旧可抵税:

抵税额=(1 520×0.9091+380×0.8264)×25%=423.966(万元)

综合比较,因及时调整政策,缩短了折旧年限,使折旧提前在税前扣除,从而节约资金时间价值情况为:

节约资金支出=423.966-386.8115=37.1545(万元)

【注意事项】

1.利用折旧方法选择进行纳税筹划,应注意以下几个问题:

(1)折旧方法选择要符合法律规定。

(2)企业利用折旧方法选择进行纳税筹划必须考虑税制因素的影响。

(3)企业利用折旧方法选择进行纳税筹划必须考虑通货膨胀因素的影响。

(4)企业利用折旧方法选择进行纳税筹划必须考虑资金时间价值因素的影响。

(5)企业利用折旧方法选择进行纳税筹划必须考虑企业各年收益的分布情况。

(6)企业利用折旧方法选择进行纳税筹划必须考虑折旧年限的影响。

2.如果企业正在享受企业所得税减免优惠政策,在优惠期是否要采取调整折旧年限的方式,应具体情况具体分析。

§19 变更出资方式

> 用货币出资还是用实物出资，税负是不一样的，通过变更出资方式，能够节减税负。

在多方共同出资组建企业时，各方出资方式、注册登记地点、组织形式、投资方向、投资期限的不同都可能影响税负的高低。合理筹划得越早，节约税负的空间可能就越大。这里，仅就出资方式方面的筹划进行阐述。

【纳税案例】

A公司成立于2015年10月，是由B、C、D三方出资组建而成的商贸有限责任公司。A公司注册资金1 200万元，其中B、C公司是以货币资金进行的投资，而D公司则是以实物——120万元（含税）的家用电器进行投资，其投资额占A公司整个注册资本的10%。但是，到2016年的8月末，D公司120万元的家用电器在近一年的经营期内未能售出。此种情况使A公司的商品库存造成积压，流动资金周转速度减慢，资金利润率低下，从而也严重影响了该企业三方投资者的合作积极性。

为了改变这种情况，经过B、C、D三方投资者协商，D公司同意用120万元的货币资金与家用电器商品等额进行替换，用货币出资代替实物出资。然而，令这家商贸有限责任公司左右为难的是，这种替换将加重A公司的增值税税负。因为用等额的资金替换等额的商品，从会计分录所反映的科目来看，必将是库存商品的减少、货币资金的增加，当地主管税务机关会把这种行为视同为销售，要求该公司如实计提增值税销项税金17.44万元（120÷（1+17%）×17%）。这样，该公司实际上没有增加收入，却需要缴纳17万多元的增值税。

对上述情况该如何筹划？

【筹划方案】

现结合该公司的实际情况加以具体分析。

因为该公司收到出资者D投入的家用电器时，其评估确认的不含税价值为102.56万元，增值税专用发票列明的税款为17.44万元，这属于A公司的进项税额，其已经抵扣。

半年多后，因为D公司用120万元替换那批家用电器，A公司将把家用电器"还"给D公司。此时，有两种处理方式：作正常销售或者按进货退回处理。

如果按照正常的销售货物处理，A公司必须计提17.44万元的销项税，等于其当初的进项税额为17.44万元，其并没有多缴税。

此外，A公司处理这批货物的方式还可以采取进货退回的方式。我们知道，对于正常的货物购销，销货方经常会发生销货退回的情况，对于购买方就是进货退回。

《增值税专用发票使用规定（试行）》（国税发〔1993〕150号）规定："销售货物并

向购买方开具专用发票后，如发生退货或销售折让，应视不同情况进行处理……在购买方已付货款，或者货款未付但已作账务处理、发票联及抵扣联无法退还的情况下，购买方必须取得当地主管税务机关开具的"进货退回或索取折让证明单"（以下简称"证明单"）送交销售方，作为销售方开具红字专用发票的会计依据。"该通知还明确指出："销售方在未收到证明单以前，不得开具红字专用发票，收到证明单后根据退回货物的价款或折让金额向购买方开具红字专用发票，红字专用发票的存根联、记账联作为销货方扣减当期销项税额的凭证，其发票联、税款抵扣联作为购买方扣减进项税额的凭证。"根据上述规定，A公司可以如实向当地的主管税务机关反映该企业的实际经营情况，取得当地税务机关开出的"证明单"。D公司取得"证明单"后，就可据此向A公司开具红字专用发票。这样，D公司可以扣减当期销项税额17.44万元，A公司扣减当期进项税额17.44万元。

总体上说，上面两种处理方式对两企业的影响差别不大。差别在于，仅就这一项行为来说，按正常销售处理，A公司计提17.44万元的增值税销项税后，相应会缴纳总额为10%的城建税和教育费附加，也就是多缴纳1.744万元的税费，对A公司不利。

按进货退回处理，D公司当初移送家用电器时，因为视同销售而缴纳的1.744万元的城建税和教育费附加不能退回，对D公司不利。

此外，如果存在这种情况，即出资的家用电器此时价格大幅下降，原价120万元的家用电器可以作价60万元，两种处理方式的结果就会不同。

按销售处理，A公司计提销项税额8.72万元（60÷1.17×17%），获利51.28万元，其已经抵扣的17.44万元的进项税额不用转出，产生进销项税额的差额为8.72万元，实际获利60万元。D公司要达到120万元的出资，需要再补60万元，同时D公司获得那批家用电器，取得8.72万元的进项税额。

此时如果按进货退回处理，D公司拿出120万元，获得那批家用电器，当初抵扣的17.44万元的销项税额可以转出。

通过以上分析可知，在不同的情况下，用货币替换实物出资，应根据不同情况进行测算、选择。

§20 资产折旧筹划

> 在不同的折旧方法下，在固定资产的使用年限内，计入各会计期或纳税期的折旧额会有差异，进而影响到各期营业成本和利润，这一差异为纳税筹划提供了可能。

折旧作为企业的一项经营费用或管理费用，其大小直接影响到企业的当期损益，进而影响到企业的当期应纳税所得额。

固定资产折旧是根据固定资产原值、预计净残值、预计使用年限或预计工作量、采用直线法或工作量（或产量）法计算出来的。而企业财务制度虽然对固定资产折旧年限做出了分类规定，但仍有一定的弹性。由于折旧年限本身是一个预计的经验值，因此折旧年限包括了很多人为的成分，这为纳税筹划提供了可能性。

缩短折旧年限有利于加速成本收回，可以使后期成本费用前移，从而使前期会计利润发生后移。由于资金存在时间价值，因前期增加折旧额，税款推迟到后期缴纳。在税率稳定的情况下，所得税的递延缴纳，相当于取得了一笔无息贷款。

【纳税案例】

甲公司是一家生产制造企业，拟在某地区建立新的生产基地。2015年购进一批生产设备，其中包括水泥磨、原料磨和超细磨等大型磨粉设备，该批固定资产原值1 000万元，预计净残值40万元，预计使用寿命5年，与税法规定的最低年限相同，适用所得税税率为25%。根据税法规定，该批固定资产在折旧方面可享受税收优惠。按复利利率10%、第1年至第5年的现值系数分别为0.909、0.826、0.751、0.683、0.621，在此条件下能否筹划纳税收益？

【筹划方案】

对固定资产用不同的折旧方法每年计提的折旧额及现值进行分析、比较如下：

〖方案1〗采取平均年限法。

企业不考虑税收优惠而按通常折旧方法计提折旧，以平均年限法计提折旧，即将固定资产的应提折旧额均衡地分摊到固定资产预计使用寿命内。固定资产预计使用年限5年。

年折旧额=（1 000-40）÷5=192（万元）

累计折旧现值合计=192×0.909+192×0.826+192×0.751+192×0.683+192×0.621

＝727.68（万元）

因折旧可税前扣除，所以：

抵税额=727.68×25%=181.92（万元）

〖方案2〗采取双倍余额递减法。

在考虑固定资产预计残值的情况下，根据每期期初固定资产原价减去累计折旧后的金额和双倍的直线法折旧率计算固定资产折旧。

第1年的折旧额=1 000×2÷5=400（万元）

第2年的折旧额=（1 000-400）×2÷5=240（万元）

第3年的折旧额=（1 000-400-240）×2÷5=144（万元）

第4年、第5年的折旧额=（1 000-400-240-144-40）÷2=88（万元）

累计折旧现值合计=400×0.909+240×0.826+144×0.751+88×0.683+88×0.621

=784.74（万元）

因折旧可税前扣除，所以：

抵税额=784.74×25%=196.19（万元）

【方案3】采取年数总和法。

将固定资产的原值减去预计残值后的余额，乘以一个固定资产可使用寿命为分子，以预计使用寿命数字之和为分母的逐年递减的分数计算每年的折旧额。

第1年的折旧额=（1 000-40）×5/15=320（万元）

第2年的折旧额=（1 000-40）×4/15=256（万元）

第3年的折旧额=（1 000-40）×3/15=192（万元）

第4年的折旧额=（1 000-40）×2/15=128（万元）

第5年的折旧额=（1 000-40）×1/15=64（万元）

累计折旧现值合计=320×0.909+256×0.826+192×0.751+128×0.683+64×0.621

=773.70（万元）

因折旧可税前扣除，所以：

抵税额=773.60×25%=193.424（万元）

在上述3种方案中，方案1采取平均年限法抵税最少，方案2采取双倍余额递减法抵税最多。

【注意事项】

需注意的是，结合公司的发展战略，若采取方案2的加速折旧法，将会影响到企业的净资产收益率等一系列左右投资者判断的财务指标，进而影响到投资者的投资信心。所以，若要配合公司战略规划，实现上市的目标，为公司未来的发展拓宽融资渠道，提升企业知名度，应采用抵税较少的平均年限法。因此，折旧方面的筹划还要考虑企业的发展战略规划。

§21 提前更新设备

> 企业拥有并用于生产经营的主要或关键的固定资产，由于种种原因确需加速折旧的，可以缩短折旧年限或者采取加速折旧的方法。

《国家税务总局关于企业固定资产加速折旧所得税处理有关问题的通知》（国税发〔2009〕81号）规定，根据《企业所得税法》第三十二条及《企业所得税法实施条例》第九十八条的相关规定，企业拥有并用于生产经营的主要或关键的固定资产，由于以下原因确需加速折旧的，可以缩短折旧年限或者采取加速折旧的方法：（一）由于技术进步，产品更新换代较快的固定资产；（二）常年处于强震动、高腐蚀状态的固定资产。采取缩短折旧年限方法的，对其新购置的固定资产，最低折旧年限不得低于《企业所得税法实施条例》第六十条规定折旧年限的60%；若为购置已使用过的固定资产，其最低折旧年限不得低于《企业所得税法实施条例》规定的最低折旧年限减去已使用年限后剩余年限的60%。最低折旧年限一经确定，一般不得变更。

根据国税发〔2009〕81号文件的规定，企业拥有并使用的固定资产符合该文件第一条规定的，在原有的固定资产未达到《企业所得税法实施条例》规定的最低折旧年限前，使用功能相同或类似的新固定资产替代旧固定资产的，企业如根据旧固定资产的实际使用年限和该文件的规定，对新替代的固定资产采取缩短折旧年限或者加速折旧的方法。《企业所得税法实施条例》第六十条规定，除国务院财政、税务主管部门另有规定外，固定资产计算折旧的最低年限如下：①房屋、建筑物为20年；②飞机、火车、轮船、机器、机械和其他生产设备为10年；③与生产经营活动有关的器具、工具、家具等为5年；④飞机、火车、轮船以外的运输工具为4年；⑤电子设备为3年。

【纳税案例】

甲公司是增值税一般纳税人，适用所得税税率为25%，未享受所得税优惠政策。2015年5月，企业计划加大技术投入力度，增强自主创新能力，拟对一组因技术进步、产品更新较快的关键设备进行置换。该组设备固定资产原值3 000万元，已使用9年，折旧年限10年，预计净残值150万元，已无多大使用价值。类似的新设备市场价格仍为3 000万元。甲公司管理层在决策时认为，依据企业固定资产5年投资规划，计划在2016年报废该组设备，并同时购置新设备。如果提前更新购置该组设备，将大大提高产品更新水平和市场竞争力。但按照年初财务资金预算，并没有安排该部分资金，如需购置，应调整年度财务预算，并增加银行贷款3 000万元。企业从资金角度对提前购置该组设备进行了分析。

【筹划方案】

甲公司新购置的设备应尽量享受加速折旧的税收优惠政策。甲公司现有设备已使用9

年多,《企业所得税法实施条例》规定的最低折旧年限为10年,企业如选择在最低折旧年限到期3个月前购置该组设备,则符合上述政策要求,可享受采取缩短折旧年限或者加速折旧的税收优惠政策。

1. 银行贷款利息

该组设备价值3 000万元,含税价3 510万元,因增值税进项税额可以抵扣,暂不考虑该部分增值税对资金的影响。按年利率6%计算,3 000万元银行贷款支付的利息为:

3 000×6%×1÷4=45(万元)

年利率为6%的1年期复利现值为0.9434,因银行利息可在税前扣除,企业因支付利息净流出资金为:

45×(1-25%)×0.9434=31.8398(万元)

2. 采取通常折旧方法

企业不考虑税收优惠政策而按通常折旧方法计提折旧,以年限平均法计提折旧,即将固定资产的应计折旧额均衡地分摊到固定资产预计使用寿命内。固定资产折旧年限为10年,年折旧额为:

(3 000-150)÷10=285(万元)

年利率为6%的10年期年金现值为7.3601,则累计折旧现值合计为:

285×7.3601=2 097.6285(万元)

因折旧可税前扣除,相应抵税额为:

2 097.6285×25%=524.4071(万元)

3. 采取缩短折旧年限方法

企业选择最低折旧年限为固定资产预计使用寿命的60%,则该固定资产最低折旧年限为:

10×60%=6(年)

按年限平均法分析,年折旧额为:

(3 000-150)÷6=475(万元)

年利率为6%的6年期年金现值为4.9173,累计折旧现值合计为:

475×4.9173=2335.7175(万元)

因折旧可税前扣除,相应抵税额为:

2 335.7175×25%=583.9394(万元)

通过对以上3个方案进行对比,可以看出,企业提前3个月购置新设备,因银行贷款而支付利息,资金净流出31.8398万元,但可享受到采取缩短折旧年限方法的税收优惠政策,较采取通常折旧方法多抵税而少流出资金:

583.9394-524.4071=59.5323(万元)

两项因素合计,因提前3个月购置新设备可减少资金净流出:

59.5323-31.8398=27.6925(万元)

企业提前更新设备为佳。另外,甲公司提前更新设备、报废原有设备时,根据《财政部 国家税务总局关于企业资产损失税前扣除政策的通知》(财税〔2009〕57号)的规定，应提供能够证明资产损失已实际发生的合法证据，包括具有法律效力的外部证据、具有法定资质的中介机构的经济鉴证证明、具有法定资质的专业鉴定证明等在企业所得税前申报扣除。因此，企业在享受企业所得税优惠期，选择加速折旧税收优惠政策不一定为佳，企业应具体分析。

━━━━━━━━━━━━━━━►【注意事项】◄━━━━━━━━━━━━━━━

从以上案例我们可以看出，企业应注意的问题有：

1.适时提前购置更新设备

企业在未享受企业所得税优惠期间，如更新购置的固定资产符合税法规定的可以采取缩短折旧年限或者加速折旧方法的条件，在原有设备使用价值不大且对生产经营没有影响的前提下，可考虑适当提前进行设备更新，以符合享受加速折旧的税收优惠政策条件。

2.合理选择加速折旧的方法

国税发〔2009〕81号文件规定，对于采取缩短折旧年限的固定资产，足额计提折旧后继续使用而未进行处置（包括报废等情形）超过12个月的，今后对其更新替代、改造改建后形成的功能相同或者类似的固定资产，不得再采取缩短折旧年限的方法。为此企业可根据设备使用情况，合理估计使用年限，如预期在缩短折旧年限后还要使用的，可考虑选择加速折旧的方法。

3.及时报送有关资料

国税发〔2009〕81号文件规定，企业确需对固定资产采取缩短折旧年限或者加速折旧方法的，应在取得该固定资产后1个月内，向其企业所得税主管税务机关（以下简称主管税务机关）备案，并报送以下资料：①固定资产的功能、预计使用年限短于实施条例规定计算折旧的最低年限的理由、证明资料及有关情况的说明；②被替代的旧固定资产的功能、使用及处置等情况的说明；③固定资产加速折旧拟采用的方法和折旧额的说明；④主管税务机关要求报送的其他资料。

4.正确进行调整

在实际工作中，企业设定的固定资产折旧年限与税法所规定的最低折旧年限不一定相同，对此，企业应具体情况具体分析，将会计核算计提的折旧方法与税法规定不一致的进行纳税调整。

§22 分回利润筹划

> 企业在对自己的分回利润进行筹划时，在满足一定条件的前提下运用相应的筹划方案可以为企业节税。

根据我国税法的规定，如果投资方企业发生亏损，其分回的利润可先弥补亏损，弥补亏损后仍有余额的，再按照规定补缴企业所得税。为了简化计算，企业发生亏损，对其从被投资方分回的投资收益（包括股息、红利、联营分利等）允许不再还原为税前利润，而直接用于弥补亏损，剩余部分再按规定计算补税。如果投资方企业所得税税率低于被投资方，则无须补税；如投资方企业所得税税率高于被投资方，应按规定补缴所得税。

补缴税款的计算公式为：

$$\begin{array}{l}\text{应补缴} \\ \text{所得税额}\end{array} = \left(\begin{array}{l}\text{投资企业} \\ \text{分回利润}\end{array} - \begin{array}{l}\text{弥补} \\ \text{亏损}\end{array}\right) \div \left(1 - \begin{array}{l}\text{被投资企业} \\ \text{所得税税率}\end{array}\right) \times \left(\begin{array}{l}\text{投资企业} \\ \text{所得税税率}\end{array} - \begin{array}{l}\text{被投资企业} \\ \text{所得税税率}\end{array}\right)$$

显然，投资企业与被投资企业的税率相差越大，应补缴的税款就越多。如果企业投资于两个以上的适用不同所得税税率的企业，并且投资方企业存在可税前弥补的亏损，那么，当被投资企业分回利润时，企业可选择对自己有利的方式计算补缴税款，即：先用低税率的分回利润弥补亏损，再用高税率的分回利润弥补，然后计算应补缴税款。

企业采取这种方法，虽然弥补亏损后应计算补缴税款的所得额不变，但由于所得税税率不同，可以将低税率补税基数转移给高税率补税基数，其结果必然会减轻所得税税负。

【纳税案例】

甲企业是一家制冷设备生产及销售企业，该企业与A、B两企业发生股权投资业务。A企业享受的实际企业所得税税率率为15%；B企业企业所得税税率为20%。A、B两企业"两免三减半"优惠期已满。甲企业适用所得税税率为25%。2015年该企业发生如下经济业务：

（1）自营利润-35万元，经税务机关认定的所得额为-30万元；

（2）2015年2月份，A企业因上年度盈利，董事会决定对甲企业分配利润54.6万元，甲企业于本月份以银行存款收讫；

（3）2015年3月份，从B企业分回利润43.8万元。

试分析甲企业通过哪种纳税筹划方案计算应补缴税款能够为企业减少一定的税收负担？

【筹划方案】

现分别采取两种方案计算应补缴税款。

〖方案1〗先用A企业分回利润弥补亏损，然后再计算补缴税款。

计算过程如下：

弥补亏损额=54.6-30=24.6（万元）

A企业分回利润应补税额=24.6÷（1-15%）×（25%-15%）

=2.8941（万元）

B企业分回利润应补税额=43.8÷（1-20%）×（25%-20%）

=5.475（万元）

甲企业合计应补税额=2.8941+5.475

=8.3961（万元）

【方案2】先用B企业分回利润弥补亏损，然后再计算补缴税款。

计算过程如下：

弥补亏损额=43.8-30=13.8（万元）

B企业分回利润应补税额=13.8÷（1-20%）×（25%-20%）

=0.8625（万元）

A企业分回利润应补税额=54.6÷（1-15%）×（25%-15%）

=6.4235（万元）

甲企业合计应补税额=0.8625+6.4235

=7.2860（万元）

通过比较，方案1比方案2少纳税1.1101万元（8.3961-7.2860）。本例中，如果A、B两企业适用的所得税税率相同，则无论采取哪种方案税负不变。

此外，企业需要注意的是，在使用上述筹划方案应该同时具备下列条件：

（1）投资方投资于两个以上的企业；

（2）至少有两个以上的被投资企业分回的利润需要补缴税款；

（3）需要补缴税款的被投资企业适用的所得税税率不同；

（4）投资方存在尚可在规定期限内弥补的亏损。

企业利用投资分回的利润弥补亏损时，如果企业既有按规定需要补税的分回的利润，也有不需要补税的分回利润，可先用需要补税的分回利润直接弥补亏损，弥补后还有亏损的，再用不需要补税的分回利润弥补亏损，弥补后有盈余的，不再补税。这样也可达到减轻企业税负的目的。

§23 所得分解节税

> 个人独资企业、合伙企业合理地将一个所得项目变更为多个所得项目，或者将一次收入分解为多次收入，可以增加费用扣除次数，减轻税负。

财税〔2000〕91号文件规定：个人独资企业和合伙企业每一纳税年度的收入总额减除成本、费用以及损失后的余额，作为投资者个人的生产经营所得，比照个人所得税法的"个体工商户的生产经营所得"应税项目，适用5%～35%的五级超额累进税率，计算征收个人所得税；投资者的费用扣除标准，由各省、自治区、直辖市地方税务局参照个人所得税法"工资、薪金所得"项目的费用扣除标准确定，投资者的工资不得在税前扣除。

国税函〔2001〕84号文件规定：投资者兴办两个或两个以上企业，并且企业性质全部是独资的，年度终了后汇算清缴时，应纳税款的计算按以下方法进行：汇总其投资兴办的所有企业的经营所得作为应纳税所得额，以此确定适用税率，计算出全年经营所得的应纳税额，再根据每个企业的经营所得占所有企业经营所得的比例，分别计算出每个企业的应纳税额和应补缴税额。

《中华人民共和国个人所得税法实施条例》（以下简称《个人所得税法实施条例》）第二十一条第一款第一项规定：劳务报酬所得，属于一次性收入的，以取得该项收入为一次；属于同一项目连续性收入的，以一个月内取得的收入为一次。国税发〔1994〕89号文件规定：条例第二十一条第一款第一项中所述的"同一项目"，是指劳务报酬所得列举具体劳务项目中的某一单项，个人兼有不同的劳务报酬所得，应当分别减除费用，计算缴纳个人所得税。

《个人所得税法实施条例》第二十一条规定"劳务报酬所得属于同一项目连续性收入的，以一个月内取得的收入为一次"，考虑属地管辖与时间划定有交叉的特殊情况，统一规定以县（含县级市、区）为一地，其管辖内的一个月内的劳务服务为一次；当月跨县地域的，则应分别计算。

我国现行个人所得税采用分类所得税制，即把个人取得的各种所得划分为11类，分别适用不同的税率、费用减除规定和计税办法。在收入相同的情况下，所得项目单一的纳税人，其税负一般高于兼有不同所得的纳税人；在同一项目相同收入的情况下，一次取得收入的纳税人，其税负一般高于分次取得收入的纳税人。因此，如果纳税人合理地将一个所得项目变更为多个所得项目，或者将一次收入分解为多次收入，则能够起到降低适用税率，增加费用扣除次数，减轻个人所得负担的效果。

《个人所得税法实施条例》第二十一条第一款第一项中所述的"同一项目"，是指劳务报酬所得列举具体劳务项目中的某一单项，个人兼有不同的劳务报酬所得，应当分别减除费用，计算缴纳个人所得税。

按照上述税法规定分析，如果企业合理地将一个所得项目变更为多个所得项目，或者将一次收入分解为多次收入，可以增加费用扣除次数，可以减轻企业及个人所得负担。

【纳税案例】

赵先生是一个软件工程师，从业多年后积累了一定的资金和经验，于是自己开办了甲、乙两家个人独资企业。2015年度，甲企业账面实现利润30 000元，乙企业账面实现利润40 000元。当年，赵先生从甲企业领取工资10 000元，从乙企业领取工资20 000元。

针对上述情况，如何对赵先生的个人所得进行筹划，以实现节税？

【筹划方案】

筹划前税额计算如下：

赵先生应纳个人所得税＝（10 000+30 000+20 000+40 000-9 600）×35％-6 750
＝24 890（元）

赵先生兴办的两个个人独资企业的所得应当汇总计算缴纳个人所得税，只能扣除一次费用，如果将乙企业变更为个体工商户，那么按规定就不需要合并计算个人所得税了，可以多扣一次费用。实施此方案后，赵先生应纳个人所得税为：

个人独资企业（甲企业所得税应纳个人所得税）＝（10 000+30 000-9 600）×30％-4 250
＝4 870（元）

个体工商户（原乙企业）所得应纳个人所得税＝（20 000+40 000-9 600）×35％-6 750
＝10 890（元）

筹划后，赵先生合计应缴个人所得税为15 760元，比筹划前节税9 130元（24 890-15 760）。

将这个原理推而广之，如果纳税人兴办的多家企业中有合伙企业，注册资金能够达到规定标准的，也可以将合伙企业变更为有限责任公司，然后采取在税前领取工资取得收入的办法，也可以起到相近的节税效果。

【注意事项】

需要注意的是，纳税人变更所得项目以及分解收入次数的行为必须是合法的，如果纳税人弄虚作假，将属于一项（或一次）的所得分解为几项（或几次），从而少缴个人所得税的，税务机关将按照偷税进行处罚。

§24 以销定产节税

> 企业运用以销定产的经营决策，合理安排企业的产销结构，能够使企业享受纳税筹划上的收益。

企业经营决策任务之一就是正确预测分析市场需求的类型及发展趋势。据此，须结合自身的生产能力、资金运转速度和税负轻重等因素，计划企业的生产量和销售方式，以期取得最大利润。企业采用以销定产的经营决策，由于增值税、企业所得税以及折旧"税收挡板"的共同作用，因而合理安排企业的产销结构，能够使企业享受纳税筹划上的收益。

【纳税案例】

KL公司生产高品质电脑键盘销售给B电脑公司配套使用。经预测，销路好时，从2017年开始，以后10年中，每年可销售8万个键盘，估计可能性是0.4；销路差时，则每年只销售4万个键盘，可能性是0.6，KL公司希望与B公司合作。达成的有关协议为：

（1）如果保证供应，则B电脑公司在10年内不再购置其他厂的键盘。每个键盘价格为150元。

（2）如果A公司每年只能供应4万个键盘，则售价降低3%。

（3）如果每年固定供应8万个键盘，则售价降低5%，超过4万个，不足8万个，也按此价收购。

A公司根据上述协议，分析了本厂的情况：

（1）如果要达到年产4万个，需将厂房改建，投资50万元，由企业自有资金解决。2017年年初改建，年底可完工。

（2）如果达到年产量8万个，需扩建厂房，投资800万元，除了自有资金50万元外，其余资金由贷款解决，年利率6%，也可于2017年初开工，年底完工。

（3）A公司现有生产电脑键盘的固定资产为1 000万元，年折旧率20%，每年分摊管理费为10万元，改建后每个键盘的变动成本为75元，扩建后可下降8%。

（4）经市场预测2017年后的10年内，其他电脑生产厂也需要键盘，预计每年需求量最大可达3.2万个，概率是0.6，需求量最少也要1.2万个，概率是0.4，每只售价150元。另外，需缴纳增值税6%和25%的所得税。

根据上述材料，请为A公司进行纳税筹划，设计切实有效的方案，以增加A企业的收益。

【筹划方案】

〖方案1〗用自有资金改建厂房，产品专售B公司。

用自有资金投资50万元改建厂房，生产4万个键盘，全部卖给B电脑公司，则计算如下：

产品单价=150×（1-3%）=145.5（元/个）

产品销售=145.5×4=582（万元）

年固定费用=（年固定资产+新增投资）×折旧率+应摊管理费

　　　　　=（1 000+50）×20%+10=220（万元）

年变动成本总额=75×4=300（万元）

年销售总成本=固定费用+变动成本总额

　　　　　　=220+300

　　　　　　=520（万元）

年销售利润=销售收入-销售总成本-增值税

　　　　　=582-520-582×6%

　　　　　=27.08（万元）

年应纳税金=年销售利润×25%

　　　　　=27.08×25%

　　　　　=6.95（万元）

年税后利润=年销售利润-年应纳税金

　　　　　=27.08-6.95

　　　　　=20.13（万元）

投资回收期=投资额÷年税后利润

　　　　　=50÷20.13

　　　　　=2.48（年）

【方案2】贷款扩建厂房，专售B公司。

A企业贷款750万元，自有资金50万元，总投资800万元扩建厂房，生产8万个键盘，全部卖给B电脑制造公司，则各项费用等计算如下：

产品价格=150×（1-5%）=142.5（元/只）

年销售额=142.5×8=1 140（万元）

年固定费用=（1 000+800）×20%+10=370（万元）

年变动成本总额=75×（1-8%）×8=552（万元）

年销售总成本=370+552=922（万元）

年销售利润=1 140-922-1 140×6%=149.6（万元）

年应纳税金=149.6×25%=37.4（万元）

年税后利润=149.6-37.4=112.2（万元）

投资回收期=800÷112.2=7.13（年）

【方案3】扩建厂房，多方销售。

扩建成型厂房，达到8万个键盘的生产能力，一部分产品供应B公司，一部分卖给其他公司，则计算如下：

每年供应B公司数量=4×104×0.6+8×104×0.4=5.6（万个）

销售额=150×（1-5%）×5.6=798（万元）

每年供应给其他公司数量=3.2×0.6+1.2×0.4=2.4（万只）

销售额=150×2.4=360（万元）

年总销售额=798+360=1 158（万元）

年销售利润=1 158-922-1 158×6%=166.52（万元）

年应纳税金=166.52×25%=41.63（万元）

年税后利润=166.52-41.63=124.89（万元）

投资回收期=800÷124.89=6.41（年）

下面，我们比较分析10年内三种方案的优劣，从中科学选择最佳方案。有关指标如表24-1所示。

表24-1   纳税筹划方案比较   金额单位：万元

指标	方案1	方案2	方案3
产量（万个）	40	80	80
投资	50	800	750
贷款	0	750	750
销售额	582	1140	1158
总费用	520	922	922
销售税金	34.92	68.4	69.48
销售利润	27.08	149.6	166.52
所得税	6.95	37.4	41.63
税后利润	20.13	112.2	124.89
投资回收期（年）	2.48	7.13	6.41

从表24-1可以看出，无论从税后利润，还是从投资回收期比较，都可得出方案3是最佳选择的结论，即扩建成型厂房，达到8万个键盘的生产能力，一部分产品供应B公司，一部分卖给其他厂家，这样的产销结构是最优选择。

§25 销售换为租赁

> 企业将自己生产的固定资产对外经营租赁可节税，但要注意租赁设备的折旧处理和适用新增值税率问题。

经营租赁也称为服务租赁，是指当其他生产经营公司需要短期使用设备时，向租赁公司短期租赁设备，并由租赁公司提供维护等售后服务的可撤销的短期契约性服务活动。

经营租赁有以下特点：

（1）经营租赁是一种服务。它适用于更新快、短期使用的设备租赁，出租设备一般是由租赁公司根据市场需要选定，购入之后，再寻找承租企业。

（2）与设备资产的经济寿命相比，经营租赁的租期较短，因而承租人可以借此获得一个试用设备的机会，从而可以避免在不完全了解设备的情况下盲目购入的风险。

（3）在合理的限制条件内可以中途解约。

（4）经营租赁的租金一般比融资租赁高，但其维修、保养等由出租人负担。

分析经营租赁节税对出租人来说，是一个进行纳税筹划的机会，也是承租人纳税筹划的机会。承租人将经营所得利润的一部分，以支付租金的形式转移出去，从而来降低承租人的利润所得，进而实现降低税收负担的目的。

然而，经营租赁有一个问题值得注意，那就是租赁设备的折旧处理。对出租者和承租者来说，折旧额的多少会直接冲减利润收入或租金收入。一般认为，经营租赁时，租赁设备的所有权未转让给承租方，因此，折旧费由出租者提取，由承租者承担。

【纳税案例】

甲公司是增值税一般纳税人，生产A设备，其他企业购买该设备后作为固定资产管理，可移动并且不需要安装。虽然该设备市场需求很大，但价格较高，许多购货企业拖欠货款，致使该公司应收账款居高下不。因为回收货款比较被动，所以经营风险非常大。有没有既能扩大市场份额，降低经营风险，又可以节税的办法呢？

设备有关资料如下：每台售价100万元，缴纳增值税17万元；每台设备消耗材料60万元，进项税10.2万元，工资及其他费用20万元。该企业适用城市维护建设税税率7%，教育费附加3%。

每台设备的纳税情况为：

应纳增值税=17（销项税）-10.2（进项税）=6.8（万元）

城市维护建设税及教育费附加=6.8×（7%+3%）=0.68（万元）

销售每台设备获得的税前利润=100-60-20-6.8-0.68=12.52（万元）

销售每台设备的应纳所得税=12.52×25%=3.13（万元）

缴纳的全部税款=6.8+0.68+3.13=10.61（万元）

综合税负率=10.61÷100×100%=10.61%

净收益=12.52-3.13=9.39（万元）

【筹划方案】

如果买方购买A设备支付的总价款都为117万元，要降低经营风险和税负，就需要从企业生产经营方式上想办法。该企业生产A设备的方式可以有以下考虑：

该企业生产A设备作为自己购建的固定资产，生产时通过在建工程核算，完成后先列入企业固定资产管理，然后对外经营租赁（租赁期间的设备修理费由承租方负担）。

有关税法规定：企业购建固定资产如属于不动产则取得的进项税额不准抵扣，应列入固定资产价值计提折旧，如不属于不动产则取得的进项税额则可以抵扣。这里，先按属于不动产进行计算。假定A设备使用年限10年，残值为0，按直线法计提折旧。其他企业租用该设备的租金为每年11.7万元，租赁期10年。企业租赁财产取得的收入首先应缴纳增值税、城市维护建设税和教育费附加，"营改增"后的适用增值税税率为11%。这里，A设备原值（建造成本）为90.2万元，所以折旧总额也为90.2万元。

每台设备每年的纳税情况为：

应纳增值税=11.7×11%=1.287（万元）

城市维护建设税及教育费附加=1.287×（7%+3%）=0.1287（万元）

租赁每台设备的税前利润=11.7-1.17-1.287-0.1287=9.1143（万元）

租赁每台设备收入的应纳所得税=9.1143×25%=2.2786（万元）

缴纳的全部税款=1.287+0.1287+2.2786=3.6943（万元）

净收益=9.1143-3.6943=5.42

则每台设备租赁十年的净收益=5.42×10-20=34.2（万元）

比筹划前增加收益额=34.2-9.39=24.81（万元）

如果该设备按不属于不动产来核算，适用的增值税税率为17%，同时进项税额可以抵扣，同样可收到节税效果，不发生本质影响。

进一步，如果该企业将A设备作为自己购建的固定资产对外经营租赁，在使用期限满之前出售，则节税效果更佳，有关计算请感兴趣的读者试算。但是，这样需事先联系好买主，对其先租后售。

§26 集团内部租赁

> 集团公司可通过把资产从一个企业转给另一个企业，实现利润、费用等的转移，减轻集团的整体税负。

对于企业而言，租赁是一个重要的筹资手段。承租人不必为长期拥有机器设备先支付大额资金，同时也不用担心资金被长期占用或经营不当时承担的风险。另外，租赁也是一种重要的纳税筹划手段。在租赁活动中，承租企业支付的租金可以从成本中扣除，具有抵税效应。就出租方而言，既可以减少使用与管理机器设备所需追加的投入，又可以获得租金收入，而且，"营改增"有关政策规定，不动产的租赁收入适用税负较低的增值税，税率为11%，这比产品销售收入所适用的17%的增值税税率低。有形动产的租赁收入适用的增值税率则为17%。

如果企业集团名下的两企业适用的税率差别越大，租金越低，从一家企业转移到另一家企业的利润越多，税负降低的幅度就越大。即使两家企业适用的税率相同，租赁也可以达到减轻税负的目的。

此外，在纳税筹划活动中，租赁往往是与转让定价一起操作的。纳税人一定要注意把握租赁过程中有关指标，其中最关键的是收取的租金不能比同行业相同设备的租赁价格低太多，否则主管税务机关不认可，这个纳税筹划就可能前功尽弃。

【纳税案例】

2015年6月，某软件企业M集团对内部经营情况进行分析时发现，该集团名下的甲企业产销两旺，年初预计全年实现销售收入78 350万元，比上年增长43%，实现利润8 520万元，比上年增长51%；而其名下的乙企业在经营上却遇到了问题，预计当年实现销售收入13 050万元，比上年下降27%，发生亏损340万元，比上年下降34%。甲、乙两企业适用的所得税税率都是25%。

请为企业集团M进行纳税筹划，使得其能够降低税负。

【筹划方案】

由于甲企业的部分产品与乙企业属于同一类型，该企业在进行纳税筹划时可使甲企业将A生产线连同厂房租赁给乙企业，租赁费为50万元。租金水平与出租给独立第三方的水平一致，符合独立核算原则。按"营改增"后的增值税率规定，不动产经营租赁服务适用11%的税率。A生产线价值为2 000万元，该设备每年生产产品的利润为500万元。A生产线连同厂房进行租赁，可被视为不动产，因此实施该方案后M集团的各项纳税计算如下：

该生产线租金的应纳增值税额=50×11%=5.5（万元）

应纳城建税及教育费附加=5.5×（7%+3%）=0.55（万元）

甲企业将这条生产线出租给乙企业，即实现将应税利润250万元转移到亏损企业乙企业中去了。

甲企业该生产线生产的产品应纳企业所得税额=250×25%=62.5（万元），

但是该生产线租赁给乙企业后，则不用缴纳。通过纳税筹划，可得：

整个集团获得筹划收益62.5-5.5-0.55=56.45（万元）

从该案例中可看出，当出租人与承租人同属一个企业集团时，租赁可使其将资产从一个企业转给另一个企业，实现利润、费用等的转移，减轻整个集团的税负。

【纳税案例】

A集团是一家计算机硬件生产公司，该集团内的丙企业是一家技术开发型企业，产品的利润率达48%，丙企业的产品在当地没有可比性。但是，由于其销售额没有达到3 000万元以上，当地政府科技部门不同意其上报申请国家级高新技术企业和新技术企业。A集团内部的丁企业属于民政福利企业，"四残人员"占企业人员总数的52%。

针对上述情况，请为A集团进行纳税筹划。

【筹划方案】

A集团公司可以将其生产设备租赁给本集团丁企业，具体的筹划过程如下：

（1）丙企业以较高的租金将3台数控机床租赁给丁企业，每台机床每年租金20万元，3台合计60万元，机床不可移动，连同厂房一起租赁，这样可合法地被视为不动产经营租赁。

（2）丙企业将高科技产品（已经完成了主要生产流程）以半成品的名义以10%的利润率销售给丁企业。

（3）丁企业再经过一定的工艺处理后以48%的利润率销售，全年通过这种操作程序销售产品2 300万元。

A集团公司通过上述纳税筹划后各项税收计算如下：

销售产品的应纳增值税=2 300×（48%-10%）×17%=148.58（万元）

应纳城建税及教育费附加=148.58×（7%+3%）=14.86（万元）

转移企业所得税=2 300×（48%-10%）×25%=218.5（万元）

设备租金应缴纳增值税=60×11%=6.6（万元）

应纳城建税及教育费附加=6.6×（7%+3%）=0.66（万元）

应纳企业所得税=（60-6.6-0.66）×25%=13.185（万元）

A集团公司实际获得筹划收益=148.58+218.5-14.86-6.6-0.66-13.185

=331.775（万元）

当然，本来在一家企业生产的产品变成两家企业生产，还要发生运费和其他管理费用，但是其数量相对纳税筹划的收益而言较小。

§27 利用闲置设施

> 企业在使用闲置库房时，会考虑选择将其出租或为其他单位提供仓储服务，对其进行筹划，可以以较低的税负获得收益。

企业因不同生产时期的需要，闲置设施是常有的事，比如库房，其中就有纳税筹划空间。下面就以闲置库房为例进行筹划阐释。

有关筹划，涉及如下几项内容：租赁，是指在约定的时间内，出租方将房屋的使用权转让给承租方，并收取租金的一种契约形式；仓储，是指在约定的时间内，库房所有人用仓库代客户储存、保管货物，并收取仓储费的一种契约形式。两者适用不同的税收法规，税收负担不同，这为企业纳税筹划提供了可能。

对于闲置库房，通常情况下，企业在使用闲置仓库房时，会考虑选择将其出租或为其他单位提供仓储服务。从纳税筹划的角度来看，这两种方法谁优谁劣，应具体问题具体分析。

根据"营改增"的有关规定，租赁业、仓储业均应缴纳增值税，适用税率相同，均为6%。但根据《中华人民共和国房产税暂行条例》及有关政策法规的规定，租赁业与仓储业的计税方法不同。房产自用的，其房产税依照房产余值的1.2%计算缴纳，即"应纳税额=房产原值×（1-扣除比例）×1.2%"，房产原值的扣除比例各省、直辖市、自治区略有不同。房产用于租赁的，其房产税依照租金收入的12%计算缴纳，即"应纳税额=租金收入金额×12%"。房产税计税公式的差异，必然导致应纳税额的差异，企业可以据此计算、选择税负较低的经营方式。

【纳税案例】

某商业零售企业在市区内有3栋闲置库房，原值约1 000万元，经研究提出以下两种利用方案：一是出租，将闲置库房出租收取租赁费；二是仓储，配备保管人员，为客户提供仓储服务，收取仓储费。

哪种方案税负更低呢？

【筹划方案】

对两种方案进行计算分析后可知，因仓储方案需增加保管人员工资及办公费用，所以从表面看出租方案优于仓储方案。然而，从税负角度加以分析就会发现，仓储方案明显优于出租方案，最显著的特点就是节省大量税款。

3栋库房的原值为1 000万元，3栋库房的年租金收入为100万元。在此种情况下，该企业的应纳税额为：

应纳增值税=100×6%=6（万元）

应纳房产税=100×12%=12（万元）

应纳城市维护建设税=6×7%=0.42（万元）（假设该商业零售企业位于城市）

应纳教育费附加=6×3%=0.18（万元）

应纳税额合计=6+12+0.42+0.18=18.6（万元）

在仓储方案下，假设仓储收入也为100万元，那么该企业应缴纳的税款为：

应纳增值税=100×6%=6（万元）

应纳房产税=1 000×（1-30%）×1.2%=8.4（万元）

应纳城市维护建设税=6×7%=0.42（万元）（假设该商业零售企业位于城市）

应纳教育费附加=6×3%=0.18（万元）

应纳税额合计=6+8.4+0.42+0.18=15（万元）

通过比较可以看出，仓储方案比出租方案节约税款3.6万元（18.6-15），只要企业雇用有关人员的总费用低于这一数字就是有意义的。另外，仓储方案还增加了本单位就业人数，在收到良好经济效益的同时，还有一定的社会效益意义。

§28 资产转让节税

> 企业采取打包出售的方式将资产转让变为资本转让可以为企业免除资产转让应缴纳的增值税。

根据《国家税务总局关于执行〈企业会计制度〉需要明确的有关所得税问题的通知》（国税发〔2003〕45号）的规定：符合《国家税务总局关于企业股权投资业务若干所得税问题的通知》（国税发〔2000〕118号）和《国家税务总局关于企业合并分立业务有关所得税问题的通知》（国税发〔2000〕119号）暂不确认资产转让所得的企业整体资产转让、整体资产置换、合并和分立等改组业务中，取得补价或非股权支付额的企业，应将所转让或处置资产中包含的与补价或非股权支付额相对应的增值，确认为当期应纳税所得。

依据现行税法规定，资产转让应按规定缴纳增值税，而资本转让则无须缴纳增值税。因此，如果采取"打包出售"将转变为资本转让，则可以免除资产转让应缴纳的营业税和增值税。根据国税函〔2002〕165号和国税函〔2002〕420号文件规定，营业税暂行条例及其实施细则规定的营业税征收范围为有偿提供应税劳务、转让无形资产或者销售不动产的行为。增值税暂行条例及其实施细则规定的增值税征收范围为销售货物或者提供加工、修理修配劳务以及进口货物。"营改增"后，税种统一到增值税上，销售无形资产的税率为6%，土地使用权除外，为11%，销售不动产的税率为11%。而转让企业产权是整体转让企业资产、债权、债务及劳动力的行为，其转让价格不仅仅是由资产价值决定的。

【纳税案例】

KL贸易集团由K公司与L公司两家公司投资设立，双方各占50%的股权。K公司的资产构成：货币资金2 000万元；厂房一栋，原价为3 000万元，已折旧1 000万元，净值2 000万元，公允价值为3 000万元。存货一批原价为1 000万元，公允价值为3 000万元。净资产5 000万元的构成：股本为3 000万元，未分配利润为2 000万元。KL公司、K公司、L公司适用的企业所得税税率均为25%。

试分析资产转让与股权转让哪种方式对企业最有利？

【筹划方案】

KL公司进行整体资产转让给K公司。K公司支付其股票为6 000万股（面值6 000万元），公允价值为7 000万元，同时付现金1 000万元，合计8 000万元。KL公司与K公司的税负和计算如下：

税负和=150+105+90=345（万元）

KL公司应缴的企业所得税为0。因为非股权支付额不高于所支付的股权的票面价值20%的，转让企业可暂不计算确认资产转让所得或损失。

KL公司整体资产转让取得的1 000万元非股权支付额相对应的增值（收益）为：

补价－（补价÷换出资产公允价值）×换出资产账面价值－（补价÷换出资产公允价值）×税费

增值额＝1 000－（1 000÷8 000）×5 000－（1 000÷8 000）×255＝343（万元）

该增值所得应缴纳企业所得税＝343×25％＝85.75（万元）

KL、K公司合计应纳税调增＝345＋85.75＝430.75（万元）

同时，根据国税发〔2003〕45号规定，接受企业K取得的转让企业的资产的成本，可以按评估确认价值确定，不需要进行纳税调整。

KL公司长期股权投资计税成本，应以其原持有的资产的账面净值为基础确定，不得以经评估确认的价值为基础确定，形成了所得税递延负债。

KL公司先分配未分配利润1 000万元，后由K公司与L公司转让各自的股份与K公司，K公司支付其股票为6 000万股（面值6 000万元），公允价值为7 000万元。KL与L公司转让股权，应交企业所得税和计算如下：

应纳企业所得税＝（8 000－3 000－1 000）×25％＝1 000（万元）

虽然两公司转让股权缴纳了1 320万元所得税，但是其股权投资计税成本为7 000万元，KL公司以后按7 000万元处置股权时不再需要缴纳所得税。

KL公司虽然不需要就全部资产评估增值3 000万元缴纳所得税，但长期股权投资计税成本应以其原持有的资产的账面净值为基础确定，计税成本计算如下：

计税成本＝5 000－1 000＋343＋255＝4 598（万元）

如果KL公司以后按7000万元处置股权时，需要缴纳所得税计算如下：

应纳所得税＝（7 000－4 598）×25％＝600.5（万元）

该所得税额是递延负债资产。加上资产整体转让时缴纳的税款458万元，KL、K公司合计应纳税1 251万元。此外，如果K公司与L公司按照股权投资成本4 598万元的价值处置KL公司股权时，股权转让所得缴纳企业所得税计算如下：

股权转让所得应纳所得税＝（4 598－3 000）×25％＝399.5（万元）

从以上分析可以看出，整体资产转让与股权转让实际上就是所得税时间性差异问题，改制改组双方除了考虑对投资企业实施控制和影响以外，还要重点考虑资金的时间价值，结合股权处置时间计算税款的现值，以现金的净流入多少选择合适的方案。

§29　委托加工节税

> 应缴消费税及随之附征的城建税及教育费附加存在差异，在完全委托加工方式下，委托方无同类消费品时，消费税计税依据是组成计税价格。

加工产品是非应税消费品时，由于增值税是对货物或应税劳务的增值额征收的一种流转税，在委托加工方式下，受托方提取加工费销项税额，形成委托方的进项税额，而自行加工的进项税额仅包括生产耗用电费等可索取增值税专用发票的项目。可见，委托加工比自行加工取得的进项税额多出人工成本、折旧形成的货物增值提取的部分，在企业持续、正常经营情况下，由于应税劳务进项税额能随之抵扣，所以委托加工和自行加工的加工费相等时，增值税税负相同，且由于增值税是价外税，不会造成企业税后利润差异。

加工产品是应税消费品时，在委托加工方式下，应税消费品按照受托方的同类消费品的销售价格计算纳税，没有同类消费品销售价格的，按照组成计税价格计算纳税，自行加工应税消费品按销售额（销售数量）计算纳税。可见，在委托加工和自行加工两种方式下，计税依据存在差异，且由于消费税是价内税，会进一步影响到税后利润。按照现行税法的规定，委托加工的应税消费品，受托方已代收代缴消费税，委托方收回后直接出售的，不再缴纳消费税；委托方收回后用于连续生产应税消费品的，领用的已税烟丝、化妆品、护肤护发品、珠宝玉石、鞭炮烟火、汽车轮胎、摩托车已纳税款，准予从连续生产的应税消费品应纳消费税税额中扣除。上述税法的选择性条文，也为纳税筹划留下了空间。

【纳税案例】

2014年A化妆品厂委托B化妆品厂将一批价值80万元的原料加工成化妆品半成品，协议规定加工费60万元。B化妆品厂无同类消费品，A化妆品厂收回委托加工的化妆品半成品后，继续加工成成套化妆品，加工成本50.4万元，该批化妆品售出价格420万元。化妆品消费税税率30%，适用企业所得税税率25%。

试分析A化妆品厂该如何进行纳税筹划可以减少公司的税收负担。

【筹划方案】

〖方案1〗委托加工后收回。

在不考虑增值税的情况下，A化妆品厂向受托方支付其代收代缴的消费税，则各项应纳税额计算如下：

消费税组成计税价格=（80+60）÷（1-30%）=200（万元）

应缴消费税=200×30%=60（万元）

应缴城建税及教育费附加=60×（7%+3%）=6（万元）

A化妆品厂销售化妆品后应缴消费税=420×30%-60=66（万元）

应缴城建税及教育费附加=66×（7%+3%）=6.6（万元）

A化妆品厂的税后利润=（420-80-60-60-6-50.4-66-6.6）×（1-25%）=68.25（万元）

【方案2】完全委托加工。

A化妆品厂委托B化妆品厂生产成套化妆品，假设B化妆品厂加工费金额与方案1加工费金额的合计相等。A化妆品厂向受托方支付其代收代缴的消费税，则：

消费税组成计税价格=（80+60+50.4）÷（1-30%）=272（万元）

应缴消费税272×30%=81.6（万元）

应缴城建税及教育费附加=81.6×（7%+3%）=8.16（万元）

A化妆品厂的税后利润=（420-80-60-50.4-81.6-8.16）×（1-25%）=104.88（万元）

【方案3】自行加工。

A化妆品厂自行加工生产成套化妆品，假设A化妆品厂加工费金额与例1加工费金额的合计相等，则：

A化妆品厂应缴消费税=420×30%=126（万元）

应缴城建税及教育费附加=126×（7%+3%）=12.6（万元）

A化妆品厂的税后利润=（420-80-60-50.4-126-12.6）×（1-25%）

=68.25（万元）

可见，消费品自行加工与委托加工收回后再自行加工，在加工费金额相等的情况下，税后利润相等，负担的消费税也相等，原因是计算消费税的计税依据相同，同为应税消费品对外销售价格。而采用完全委托加工方式，比另外两种方式税后利润多36.63万元（104.88-68.25），原因是应缴消费税及随之附征的城建税及教育费附加存在差异，完全委托加工方式下，委托方无同类消费品时，消费税计税依据是组成计税价格。

在通常情况下，委托方要加价销售应税消费品，组成计税价格要低于其销售价格，从而少负担税金及附加48.84万元（126+12.6-81.6-8.16）。同时，消费税、城建税及教育费附加属于所得税前允许扣除项目，考量税后差异时，应减除所得税影响，税后差异是少负担税金及附加的75%部分，即36.63万元〔48.84×（1-25%）〕。因此，加工应税消费品时，采用完全委托加工方式，有利于企业发展。

【纳税案例】

某卷烟厂2014年3月购入一批价值为150万元的烟叶，并委托其他卷烟厂将烟叶加工成烟丝，协议规定加工费120万元。

请计算该公司的税负，如何筹划能为公司减轻税负？

【筹划方案】

受托方代扣代缴消费税税额=（1 500 000+1 200 000）÷（1-30%）×30%

=1 157 100（元）

如果该卷烟厂将收回的烟丝继续加工成甲类卷烟800箱，加工成本费用共计100万元，该批卷烟最终实现销售额1 000万元。该厂销售卷烟后，则：

应纳消费税税额=800×150+10 000 000×45%-1 157 100

=3 462 900（元）

税后利润=（1 000-150-120-100-346.29）×（1-25%）

=212.7825（万元）

如果该卷烟厂直接委托其他卷烟厂将烟丝加工成甲类卷烟，加工费用为220万元（120+100），收回卷烟成品后直接对外销售，销售额仍为1 000万元。则该卷烟厂支付受托方代扣代缴消费税税额为：

代扣代缴消费税税额=800×150+（150+220）÷（1-45%）×45%

=314.73（万元）

对外销售时不必再缴纳消费税（符合规定条件），则：

税后利润=（1 000-150-220-314.73）×（1-25%）=236.4525（万元）

可见，通过委托加工，能够实现减轻税负。

【纳税案例】

A卷烟厂委托B厂将一批价值100万元的烟叶加工成烟丝，协议规定加工费75万元；加工的烟丝运回A厂后，A厂继续加工成甲类卷烟，加工成本、分摊费用共计95万元，该批卷烟售出价格700万元。烟丝消费税税率30%，卷烟消费税税率50%。

如果A厂委托B厂将烟叶加工成甲类卷烟，烟叶成本不变，加工费用为160万元；加工完毕，运回A厂后，A厂对外的售价仍为700万元。

试分析A厂采用哪种方式能为公司减少税负？

【筹划方案】

最终销售的产品应缴纳的消费税为：

应纳消费税=700×50%=350（万元）

由于采用委托加工的方法，受托方支付其代收代缴的消费税：

消费税组成计税价格=（100-75）÷（1-30%）=250（万元）

应纳消费税=250×30%=75（万元）

A厂销售卷烟后，应缴纳的消费税为：

应交消费税=350-75=275（万元）

由于加工费用在可接受的上限范围内提高到了160万元，并直接加工成甲类卷烟，受托方支付其代收代缴的消费税：

受托方支付代收代缴消费税=（100+160）÷（1-50%）×50%

=260（万元）

A厂不必再缴纳消费税，则：

A厂可以少缴纳税额=350-260=90（万元）

作为价内税的消费税，企业在计算应税所得时，消费税可以作为扣除项目。因此，消费税的多少，会进一步影响所得税，进而影响企业的税后利润和所有者权益。而作为价外税的增值税，则不会因其税负差异而造成企业税后利润差异。

通过上述计算可以看出，企业采用委托加工的经营组织方式对企业的收益是有利的。由此可见，企业根据自身的实际情况采用委托加工的方式可以为企业减轻一定的税收负担。当然，企业还应该通过对比分析来选择最有利于企业发展的经营组织方式。

§30 企业捐赠筹划

企业通过公益性社会团体或者县级（含县级）以上人民政府及其部门，用于规定公益事业的捐赠，可以节税。

当今，随着财富的增长，很多企业主，无论大小，都对慈善有兴趣，这是社会进步的体现。对捐赠行为进行纳税筹划，不仅可以帮助企业减轻税负，还可以实现国家鼓励捐赠的税收政策的导向作用。

《企业所得税法》第五十一条规定：第九条所称的公益性捐赠，是指企业通过公益性社会团体或者县级以上人民政府及其部门，用于《中华人民共和国公益事业捐赠法》规定的公益事业的捐赠。《企业所得税法》第十条规定：计算应纳税所得额时，第九条规定以外的捐赠支出不得扣除，即允许税前扣除的捐赠必须是公益、救济性质的捐赠，对于非公益、救济性质的捐赠，税法是不允许扣除的。

2017年2月24日，十二届全国人大常委会第二十六次会议表决通过了修改《企业所得税法》的决定，以税收优惠鼓励企业进行慈善捐赠。修改后的《企业所得税法》第九条规定："企业发生的公益性捐赠支出，在年度利润总额12%以内的部分，准予在计算应纳税所得额时扣除；超过年度利润总额12%的部分，准予结转以后3年内在计算应纳税所得额时扣除。"

【纳税案例】

康林公司2015年实现净利润1 000万元，财务估算预计2016年利润可达1 150万元。公司职工人数600人，2015年人均每月工资4 500元。企业为兴办慈善事业，拟于2016年底直接向贫困地区捐赠150万元。假定无其他纳税调整因素，根据税法规定，纳税人通过公益性社会团体或者县级以上人民政府及其部门以外的捐赠支出，不能享受税前扣除待遇。因此企业捐赠的150万元不允许税前扣除，需要调增会计利润。因此，纳税情况为：

应纳所得税=1 150×25%=287.5（万元）

企业净利润=1 000-287.5=712.5（万元）

对此，可做何纳税筹划？

【筹划方案】

该公司有如下几种方案可供选择：

【方案1】改直接捐赠为通过有关部门进行捐赠。

对于公益性捐赠，税法规定，企业通过公益性社会团体或者县级以上人民政府及其部门，用于《中华人民共和国公益事业捐赠法》规定的公益事业的捐赠可进行税前扣除。该公司可改直接捐赠为通过民政局、红十字协会进行有关捐赠，捐赠现金150万元，则：

会计利润=1 150-150=1 000（万元）

根据税法规定，企业通过当地民政局的公益性捐赠支出，在年度利润总额12%以内的部分，准予在计算应纳税所得额时扣除。

捐赠扣除限额=1 000×12%=120（万元）

企业超过扣除限额部分的30万元不得扣除，因此需调增应纳税所得额。

应纳所得税=（1 000+30）×25%=257.5（万元）

净利润=1 000-257.5=742.5（万元）

节税额（净利润增加额）=742.5-712.5=30（万元）

【方案2】通过民政局捐赠。

公司通过当地民政局向贫困地区捐赠不含税价值为150万元的商品，可扣除的合理进项税额为13万元。税法规定，企业发生非货币性资产交换，以及将货物、财产、劳务用于捐赠、偿债、赞助、集资、广告、样品、职工福利或者利润分配等用途的，应当视同销售货物、转让财产或者提供劳务，但国务院财政、税务主管部门另有规定的除外。因此，企业通过当地民政局捐赠的150万元的商品应视同销售，须缴纳增值税。

应纳增值税=150×17%-13=12.5（万元）

会计利润=1 150-150=1 000（万元）

捐赠扣除限额=1 000×12%=120（万元）

企业超过扣除限额部分的30万元不得扣除，因此需调增应纳税所得额。

应纳所得税=（1 000+30）×25%=257.5（万元）

净利润=1 000-12.5-257.5=730（万元）

节税额（净利润增加额）=730-712.5=17.5（万元）

【方案3】增发工资用于捐赠。

公司向职工人均多发工资300元，再以职工个人自愿捐款名义每人捐出300元，600名职工即18万元，公司捐赠132万元，公司和公司职工合计通过民政局捐赠现金150万元。则有关计算为：

会计利润=1 150-30-120=1 000（万元）

捐赠扣除限额=1 000×12%=120（万元）

企业捐赠额刚好未超过扣除限额，无须纳税调整。

应纳所得税=1 000×25%=250（万元）

净利润=1 000-250=750（万元）

节税额（净利润增加额）=750-712.5=17.5（万元）

而企业职工个人工资并未因捐赠而减少。根据《中华人民共和国个人所得税法》第二十四条的规定，捐赠额未超过纳税义务人申报的应纳税所得额30%的部分，可以从其应纳税所得额中扣除。

个人捐赠扣除限额=（4 500-3 500）×30%=300（元）

当月应纳个人所得税=（1 000-300）×3%=21（元）

个人税后收入=4 500-300-21=4 179（元）

原应纳个人所得税=（4 200-3 500）×3%=21（元）

原个人税后收入=4 200-21=4 179（元）

综合分析以上 3 种方案，方案 3 整体税负最低，企业税后净利润相比原始做法高出 37.5 万元。而作为该企业的职工个人，他们的税后工资也并没有因为捐赠而减少。方案 3 的筹划方式主要是巧妙使用临界点，企业捐赠的 120 万元刚好在扣除限额内，从而产生了最大的节税效果。同时转由每个职工捐赠的 300 元刚好也是其个人捐赠的扣除限额。

【注意事项】

捐赠活动中，作为企业应该积极运用国家的税收优惠政策，事前进行筹划。企业进行捐赠，应通过公益性社会团体或者县级以上人民政府及其部门，并且最好采用现金捐赠方式，尽可能地利用扣除限额的临界点进行筹划，即可实现节税。税法规定，企业职工的合理工资可以在税前扣除，因此职工工资的增幅不宜过高。另外，捐赠金额较多时，企业也可以考虑成立慈善财团，既能更有效地控制基金，把握资金流向，切实地达到慈善目的，又能宣传企业的公益形象。

三、销售中的纳税筹划

§31 代销改为买断

> 委托代销中，收取代销费不如视同买断，即受托方买入委托方商品，在税收上较为有利。

在销售方式上，企业经常采用委托代销方式，这种销售方式主要有两种具体的形式。

第一种形式为收取代销费方式，即委托方将商品交付给受托方，受托方按照委托方的定价销售商品，商品销售以后，委托方确认收入，缴纳增值税，并支付受托方代销费，受托方收取代销费以后需要缴纳增值税。

第二种形式为视同买断方式，即委托方和受托方签订合同，委托方将商品按照一定的价格交付给受托方，由受托方按照一个较高的价格销售商品，两个价格之间的差价作为受托方的收入，委托方不再支付代理劳务费。

在第二种方式下，委托方将商品交付受托方时不需要确认收入，当受托方销售商品以后，委托方和受托方同时确认收入，委托方缴纳增值税，受托方也需要缴纳增值税。

【纳税案例】

甲乙两企业都是增值税一般纳税人。甲委托乙销售一批商品，如果采用收取代销费的方式进行销售，则每件商品售价1 000元，代理费为150元，乙企业总共代理销售1 000件商品。甲乙两企业应当缴纳的增值税情况如下：

甲企业总共支付给乙企业的代理费=1 000×150=150 000（元）

乙企业应当缴纳的增值税=150 000×6％=9 000（元）

甲企业增值税销项税额=1 000×1 000×17％=170 000（元）

假设甲企业进项税额为X，则：

甲企业需要缴纳增值税=170 000-X（元）

假设甲企业生产成本为Y，在不考虑其他税负的情况下，则：

甲企业的利润=1 000×1 000-150 000-170 000+X-Y=620 000+X-Y（元）

乙企业的利润=150 000-9 000=141 000（元）

在此业务中，有无纳税筹划空间？

【筹划方案】

如果采用视同买断方式代理销售，每件商品以790元的价格交付，乙企业以1 000元的价格销售，由于中间不涉及到代理费的问题，乙企业则不用缴纳相关的增值税。

甲企业增值税销项税额=790×1 000×17％=134 300（元）

同时，乙企业由于发生了增值，需要缴纳增值税=（1 000-790）×1 000×17％=35 700（元）。

假设甲企业生产成本为Y，在不考虑其他税负的情况下，则：

甲企业的利润=790×1 000-134 300+X-Y=655 700+X-Y（元）

乙企业利润=（1 000-790）×1 000-35 700=174 300（元）

经过纳税筹划，甲企业增加利润35 700元，乙企业增加利润33 300元。

§32　代理销售筹划

> 代理销售中，委托方通过降低商品价格同时又降低代理费的方式来代理销售，就既可以减轻自己的增值税负担，同时又可以减轻代理方的增值税负担。

代理销售是指一方委托另一方销售自己的商品并支付一定手续费的销售方式。这种销售方式所涉及的税收主要为增值税，即委托方在将商品委托给代理方时应当视同销售缴纳增值税，而代理方在接受委托方支付的代理费时应当按照"服务业"税目缴纳6%的增值税。委托方应纳增值税的多少取决于其销售商品的价值，代理方应纳增值税的多少取决于代理费的多少。

所以，如果委托方通过降低商品价格同时又降低代理费的方式来代理销售，就既可以减轻自己的增值税负担，同时又也可以减轻代理方的增值税负担。

【纳税案例】

甲企业委托乙企业（双方都是增值税一般纳税人）代理销售自己生产的商品，双方在合同中约定，每件商品售价400元，乙企业按销售收入的30%收取代理费。乙企业在2009年9月，共销售了600件商品。双方的税收负担：情况为

甲企业销项税额=400×600×17%=40 800（元）

假设甲企业进项税额为 X 元，则：

甲企业应纳增值税=40 800-X（元）

甲企业应当支付的代理费=400×600×30%=72 000（元）

假设甲企业生产这些商品的成本为 Y 元，则：

甲企业的所得税前利润=400×600-（40 800-X）-72 000-Y=127 200+X-Y（元）

乙企业应当缴纳的增值税=400×600×30%×6%=4 320（元）

假设乙企业代理销售的成本为 Z 元，则：

乙企业该项代理销售业务的所得税前利润=72 000-4 320-Z=67 680-Z（元）

【筹划方案】

筹划方法为，甲企业降低商品的价格并同时降低代理费。例如，改为甲企业以每件商品290元的价格委托乙企业代理销售，并同时支付乙企业代理费17 000元。双方新的税收负担情况如下：

甲企业销项税额=290×600×17%=29 580（元）

假设甲企业进项税额为 X 元，则：

甲企业应纳增值税=29 580-X（元）

甲企业应当支付代理费=17 000（元）

假设甲企业生产这些商品的成本为 Y 元，则：

甲企业的所得税前利润=290×600-（29 580-X）-17 000-Y=127 420+X-Y（元）

甲企业多实现所得税前利润=127 420-127 200=220（元）

乙企业以290元的价格从甲企业接受商品，以400元的价格销售商品，商品产生了增值，则：

乙企业应纳增值税=（400-290）×600×17％=11 220（元）

同时，企业接受 17 000元的代理费，应当缴纳增值税为：

17 000×6％=1 020（元）

假设乙企业代理销售的成本为Z元，则：

乙企业该项代理销售业务的所得税前利润=（400-290）×600+17 000-11 220-1 020-Z

$$=70 760-Z（元）$$

乙企业多实现所得税前利润=70 760-67 680=3 080（元）

通过纳税筹划，委托方和代理方都增加了利润，对双方都有好处。至于好处在双方之间的分配，可以通过调整代理费而得以实现，比如，如果增加一些代理费，则甲企业的利润就相应降低一些，而乙企业的利润就会相应增加一些。

§33 增值税率筹划

"营改增"后，特定情况下的增值税率较低，合法转变收入取得方式，即可适用较低档次的增值税率，实现税负节减。

"营改增"前，一般情况下，增值税税负轻于营业税税负，但在某些情况下，营业税税负轻于增值税。纳税筹划使用较多的方法就是税种之间的转换。通过增值税和营业税的比较，确定公司应采用的商业模式。"营改增"后，合法转变收入取得方式，即可适用较低档次的增值税率，实现税负节减。

第一种方式，直接按销售金额比例向供货方收取费用。这种收取手续费实际上是一种平销返利模式。平销返利是指生产企业以商业企业经销价或高于企业经销价的价格将货物销售给商业企业，商业企业再以进货成本或低于进货成本的价格进行销售，生产企业再以返利润等方式弥补商业企业的进销差价损失的经营活动。平销行为不仅发生在生产企业和商业企业之间，而且在生产企业与生产企业之间，商业企业与商业企业之间的经营活动中也时有发生。商业企业为供货企业销售货物，商业企业完全只负责代销，不购入任何商品，由供货企业直接在商场设点销售、收款、开票，并按销售数额的比例支付商场手续费。平销返利的手续费是和销售紧密联系的。

第二种方式，商场并不根据供货方在商场所设点的销售量收取手续费，而是每月向每个销售商收取固定的费用，包括进场费、广告促销费、上架费、展示费、管理费等。这一固定的费用相当于提供劳务的手续费。

【纳税案例】

目前，许多城市的大型商场为了降低购货风险，减少资金占用，大都采取由供货企业直接在商业企业设点销售的经营模式。即先由供货方按照商业企业的要求，组织货源供商业企业销售，待销售完成后，商业企业再与供货方结算购买货物价款，同时向供货方收取一定的费用。如果供货方提供的货物销售情况不好，则由供货方无偿收回货物，商场也不办理货款结算，但是有的商业企业也仍要向供货方收取一定费用。对于商业企业向供货方收取的费用，是视同平销返利缴纳增值税，还是作为商业企业向供货方提供销售服务缴纳增值税呢？

KL商场预计某供货方当月提供的商品货物销售收入将达到1 000万元以上，原本按照双方约定商业企业应按15%收取费用，预计可以收取150万元。按销售金额比例向供货方收取费用150万元，应按照平销返利行为的有关规定冲减当期增值税进项税额。纳税情况为：

当期应冲减进项税额=150÷（1+17%）×17%=21.79（万元）

即KL商场向供货方收取的150万元费用，应缴纳增值税21.79万元。

【筹划方案】

为了降低税负，双方约定本月无论销售金额多少，均收取固定费用（进场费、广告促销费、上架费、展示费、管理费等）100万元，其余按5%的比例收取费用。形式上与商品销售量、销售额无必然联系而收取的固定费用100万元，应按销售服务的适用税率缴纳增值税，"营改增"后，适用税率为6%。

应纳增值税=100×6%=6（万元）

其余50万元是按销售金额比例向供货方收取的费用，应按照平销返利行为的有关规定冲减当期增值税进项税金。

当期应冲减进项税金=50÷（1+17%）×17%=7.26（万元）

即B企业向供货方收取的150万元费用，应缴纳增值税合计13.26万元（6+7.26）。

从上述两个方案的对比分析中可以看出，方案2比方案1节税 8.53万元（21.79-13.26）。

商业企业在可以预计供货方商品销售额的基础上，规定必须交纳固定数额的进场费、广告促销费、上架费、管理费等，而不可预计的数额范围之外则按销售金额或数量收取变动费用，这样就可以降低纳税支出，从而达到降低税负的结果。

§34 促销活动筹划

> 各种促销活动的应纳税情况及利润情况是不同的，一般直接打折最为理想。

无论电商还是大型商场，促销活动总是能刺激人们的购买欲望，促进销售。可以说，不促销的商家少之又少，促销也确实给商家带来了收入和利润的增加。但是，各种促销方式——打折、赠券、返现——目的都是要获得更高的商业利润，这都必然涉及到成本费用问题。在各种成本费用支出中，税负又是一个很重要的部分，会直接影响商家利润。那么，商家在选择打折、赠券（或礼品）和返还现金时，哪种促销方式更合算呢？这是有很大筹划空间的。

【纳税案例】

某商场是增值税一般纳税人，商品销售利润率为40%，也就是说，每销售1 000元商品，其毛利为400元。商场购销均开具增值税专用发票。现有3种促销方案供选择：方案1是商品以七折销售；方案2是"满1 000送300"，即购物满100元者赠送价值30元的商品（所赠商品的成本为18元，均为含税价）；方案3是购物满1 000元返还300元现金。

这3种方案在税负上有何区别，应如何选择、筹划？

【筹划方案】

消费者同样是购买一件价值1 000元的商品，对于商家来说在3种方式下的应纳税情况及利润情况是不同的，现分别进行计算分析，借以衡量哪种方式对商家更为有利（由于城建税和教育费附加对结果影响较小，计算时不予考虑）。以下进行分析：

方案1中，商品以七折销售，即价值1 000元的商品售价为700元；在这种情况下，销售额以发票上注明的打折后的售价计算，且为含税销售额。

应纳增值税＝700÷（1+17%）×17%－600÷（1+17%）×17%＝14.53（元）

利润额＝700÷（1+17%）－600÷（1+17%）＝85.47（元）

应纳所得税＝85.47×25%＝21.37（元）

税后净利润＝85.47－21.37＝64.1（元）

方案2中，"满1 000送300"，即购物满1 000元，赠送价值300元的商品。在这种情况下，不仅所赠商品要计算缴纳增值税，还涉及个人所得税的缴纳，需要逐步分析：

销售1 000元商品时应纳增值税＝1 000÷（1+17%）×17%－600÷（1+17%）×17%＝58.12（元）

赠送300元商品视同销售，应纳增值税＝300÷（1+17%）×17%－180÷（1+17%）×17%＝17.44（元）

合计应纳增值税＝58.12+17.44＝75.56（元）

同时，根据国税函〔2000〕57号文件规定，为其他单位和部门的有关人员发放现金、实物等应按规定代扣代缴个人所得税，税款由支付单位代扣代缴。为保证让利顾客300元，商场赠送价值300元的商品应不含个人所得税，该税应由商场承担，个人所得税按个人偶然所得进行计算。因此，赠送该商品时商场需代顾客缴纳的个人所得税额为：

300÷（1-20%）×20%=75（元）

利润额=1 000÷（1+17%）-600÷（1+17%）-180÷（1+17%）-75=113.03（元）

由于赠送的商品成本及代顾客缴纳的个人所得税款不允许税前扣除，因此：

应纳企业所得税额=〔1 000÷（1+17%）-600÷（1+17%）〕×25%=85.47（元）

税后利润=113.03-85.47=27.56（元）

方案3中，购物满1 000元，返还300元现金。在这种情况下，所赠送的现金也要缴纳个人所得税，且由商家承担。

销售1 000元商品应纳增值税=1 000÷（1+17%）×17%-600÷（1+17%）×17%=58.12（元）

应纳个人所得税（同方案2）=300÷（1-20%）×20%=75（元）

应纳企业所得税（同方案2）=〔1 000÷（1+17%）-600÷（1+17%）〕×25%=85.47（元）

账面利润额=1 000÷（1+17%）-600÷（1+17%）-300-75=-33.12（元）

企业的税后利润=-33.12-85.47=-118.59（元）

通过比较可知，在假定消费者购买一件价值1 000元商品的条件下，方案1使商家可获得64.1元的净利润；方案2使商家税后利润只有27.56元；方案3则使商家亏损118.59元。

商场销售金额越大，这种差异就越明显。由此可见，采用不同的促销手段不仅税收负担截然不同，对商家利润的影响也是显而易见的。所以，商家不能盲目选择促销手段，而是要考虑税收的影响，以便做出最优选择。当然，税款缴纳少的方案不一定就是商家的首选，因为商家往往更看中如何实现既定的目标，比如争夺消费者、占领某一市场份额等，还要考虑哪种促销手段对消费者的刺激最大，最能扩大商家的销售。因此，只有从商家的总体经济利益出发，才能使纳税筹划起到为企业谋取利益的作用。

当然，企业具体选择哪种促销方式不能仅仅考虑税收因素，还应该综合考虑其他因素，如消费者的心理、企业管理返券的成本。一般来讲，消费者对于返券的厌恶心理比较重，而对于打折则比较喜欢，且打折对于企业来讲，也可以减轻税收负担。

§35　打折销售筹划

> 将销售额和折扣在同一张发票上分别注明，改"销售折扣"为"折扣销售"，就能降低应纳税额。

在实际经济活动中，企业销售货物或应税劳务时，并不一定按原价销售，往往给予购货方比原价低的优惠价格，以使购货方多买货物。税法规定，折扣销售可按余额作为应税销售额。

对于折扣销售，税法有严格的规定，只有满足下面三个条件，纳税人才能以折扣余额作为销售额：

（1）销售额和折扣额在同一张发票上分别注明的，可按折扣后的余额作为销售额计算增值税；若将折扣额另开发票，不论其在财务上如何处理，都不得从销售额中减除折扣额。我国增值税有关法规对折扣销售有明确的定义和特殊的税收处理。"折扣销售"是指销货方在销售货物或应税劳务时，因购货方购货数量较大等原因，而给予购货方的价格优惠（如购买10件以上优惠5%，购买20件以上优惠10%等）。

（2）折扣销售不同于销售折扣。销售折扣是指销货方在销售货物或应税劳务后，为了鼓励购货方及早偿还货款，而许诺给予购货方的一种折扣优待（如2/10、1/20、n/30，即：10天内付款，货款折扣2%；20天内付款，货款折扣1%；30天内付款按全价计算）。由于销售折扣发生在销售货物之后，本身不属于销售行为，而是一种融资性质的理财费用，因此，销售折扣不得从销售额中减除，企业应按照全部销售额计算缴纳增值税。

（3）折扣销售仅限于货物价格的折扣，实物折扣应按增值税条例"视同销售货物"中的"赠送他人"计算缴纳增值税。

此外，纳税人销售货物后，由于品种质量等原因购货未予退货，但销货方需给予购货方的价格折让，可以按折让后的货款作为销售额。

【纳税案例】

某企业是增值税一般纳税人，适用17%的增值税税率。该企业产品目前的市场销售价格为每件50元。该企业制订的促销方案中规定，凡一次购买该厂产品100件以上的，给予10%的折扣。2015年1月，该厂共通过以上折扣销售方式销售产品6 000件。该企业应如何进行纳税筹划呢？

【筹划方案】

如果该厂将全部折扣销售均在销售实现后单独向购货方开具红字专用发票，而未将销售额和折扣在同一张发票上分别注明，那么该企业应按照折扣前的销售额计算增值税。因此企业的增值税销项税额应为：

6 000×50×17%＝51 000（元）

如果该厂严格按照税法的规定，将全部折扣额和有关销售额在同一张发票上分别注明，那么该企业可以按照折扣后的余额作为销售额计算增值税。这时企业的销项增值税为：

6 000×50×（1-10%）×17%＝45 900（元）

与前面相比，企业由于合理筹划而减轻了5 100元（51 000-45 900）的增值税负担。

▶▶▶▶【注意事项】◀◀◀◀

企业在运用以上方式进行纳税筹划时，还需要注意：折扣销售仅限于对货物价格的折扣。如果销货者将自产、委托加工和购买的货物用于实物折扣，则该实物款额不仅不能从货物销售额中扣除，而且还应对用于折扣的实物按照"视同销售货物"中的"赠送他人"项目，计算缴纳增值税。

在企业销售活动中，折扣销售方式已经日益被众多企业采用。在企业采取折扣方式销售时，折扣方式的选择对企业的税收负担会产生直接的影响。从企业税收负担角度考虑，折扣销售方式优于销售折扣方式。如果企业面对的是一个信誉良好的客户，销售货款回收风险较小，那么企业可以考虑通过修改销售合同，将销售折扣方式转换为折扣销售方式。

【纳税案例】

某企业与客户签订的合同金额为5万元，合同中约定的付款期为40天，如果客户可以在20天内付款，将给予其3%的销售折扣，即1 500元。由于企业采取的是销售折扣方式，折扣额不能从销售额中扣除，企业应按照5万元的销售额计算增值税销项税额。这样，应纳增值税销项税额为：

50 000×17%＝8 500（元）

该企业应如何进行纳税筹划呢？

【筹划方案】

对于这个企业，可以进行如下纳税筹划：

企业在承诺给予对方3%的折扣的同时，将合同中约定的付款期缩短为20天。这样就可以在给对方开具增值税专用发票时，将以上折扣额与销售额开在同一张发票上，使企业按照折扣后的销售额计算销项增值税，应纳增值税销项税额为：

50 000×（1-3%）×17%＝8 245（元）

这样，企业收入没有降低，但省下了255元的增值税。当然，这种方法也有缺点：当对方企业没有在20天之内付款时，企业会蒙受损失。

还有办法进一步将筹划进行细化。企业主动压低该批货物的价格，将合同金额降低为4.85万元，相当于给予对方3%折扣之后的金额。同时在合同中约定，对方企业超过20天付款加收1 500元滞纳金。这样，企业的收入并没有受到实质影响，并且如果对方在20天之内付款，可以按照4.85万元的价款给对方开具增值税专用发票，并计算8 245元的增值税销项税额。如果对方没有在20天之内付款，企业可向对方收取1 500元滞纳金，并以"全部价款和价外费用"，按照5万元计算销项增值税，也符合税法的要求。

在市场商品饱和的今天，许多厂家和商家都有如何销售其商品或保持其商品的市场份额的问题，降价销售和折扣销售是一些企业解决上述问题所惯用的手段。降价销售是指卖方通过调低商品销售价格来销售其商品，它具有相对的长期性、普遍性和稳定性；折扣销售是卖方在特定情况下给予买方价格优惠来销售其商品，往往是相对短期的、有特殊条件的和临时性的，比如季节折扣、批量折扣、一次性清仓折扣等。纳税人降价销售其商品，同样销售量的销售额会随之下降，流转税会相应减少，随着销售收入的减少，所得税也会相应减少。也就是说，降价销售一方面会产生减少利润的负面效应，另一方面又会产生促销和节税的正面效应。按照我国税法，折扣销售如果在同一张发票上注明，可按折扣后的销售额征收增值税，也可以产生与降价销售同样的效应。所以，降价销售和折扣销售可能减少厂家和商家的利润，但由于降价销售和折扣销售可以节税，实际减少的利润比人们想象的要少。

【注意事项】

折扣销售可能会给商业企业带来其所期望的营业额增加，即薄利多销效应，但随着薄利多销效应的逐渐增强，会逐渐抵消降价销售和折扣销售的节税效应。就上例而言，当企业提供的折扣或折让在340元以下时，企业就会享受到纳税筹划的好处。而如果企业提供的折扣或折让超过了340元时，企业的节税数额被折扣额抵消。因此，企业在做出折扣销售或折让的时候，应注意将折扣数额限制在节税数额之内，以充分利用税法提供的节税空间。

§36 代垫运费筹划

> 采取代垫运费的方式，让运输单位直接开具发票给购买方，或者把运费当作价外费用，再向购买方开具发票收取，这两个方法能够实现节税。

企业在进行商品销售时，为了便利买家，卖家往往送货上门。其中，有些买卖行为中，卖方虽然负责送货，但收取运费，而运费收取、入账方式一旦不当，就会多纳税，严重时甚至构成偷漏税。

【纳税案例】

税务机关在税收检查中发现，甲公司2016年1月在销售货物时，每次都开具两张发票同购买方结算销售款项，一张是增值税专用发票，另一张是运费发票。对于开具的增值税专用发票，该厂已按票面金额计算缴纳了增值税，对此国税部门毫无疑义，但对运费处理提出了意见。

该公司对开具的运费发票做了以下账务处理：计入购货方的应收账款，明细账上注明"代收款项"，并按规定的比例代扣了增值税等有关税费，余下的款项准备分批、分次付给承运单位。截至1月底，该公司共收取运费代收款项118 560元，扣除代扣的税费8 062元，余下的代收款项为110 498元，该公司付给承运单位86 314元，其余的24 184元该公司未付给承运单位，暂挂在账上。

税务部门对甲公司做出处理决定：认定该公司收取的代收款项属于增值税范畴的价外费用，应补缴增值税17 226.67元；认定公司该行为属于偷税，处以少缴增值税税款50％的罚款，补税罚款共计25 840元，并按规定按日加收5‰的滞纳金。

该企业的老总面对如此严重的处罚，感到难以接受，遂找到税务机关，申明代收款项是代垫运费，不应缴纳增值税，并要求说明处罚依据。

税务机关的解释是：按照《增值税暂行条例》第六条和《增值税暂行条例实施细则》第十二条之规定，销售额为纳税人销售货物或者应税劳务向购买方收取的全部价款和价外费用。价外费用是指价外向购买方收取的手续费、补贴、基金、集资费、返还利润、奖励费、违约金（延期付款利息）、包装费、包装物租金、储备费、优质费、运输装卸费、代收款项、代垫款项及其他各种性质的价外收费。凡价外费用，无论其会计制度如何核算，均应并入销售额计算应纳税额。但符合条件的代垫运费不包括在销售额中。代垫运费应符合两个条件：一是承运部门的运费发票开具给买方；二是卖方将发票转交给买方。

很显然，该厂收取的款项不符合代垫运费的条件，因为代垫运费是销售单位在销售货物时必须先拿出资金支付给承运单位，然后才向购货方收取这笔款项，并且由承运单位直接开具发票，由销货方转给购货方。该厂收取的费用应属于价外费用中的"代收款项"，应合并在销售额中缴纳增值税。

该厂老总了解上述规定后，表示接受处罚。对此，应如何筹划以节税？

【筹划方案】

甲公司1月的做法使企业构成偷税，现实中，在运费的处理上有以下几种方案可供选择：

〖方案1〗自己送货。

销货方企业用自己的车辆送货，把取得的送货运费当作价外费用，直接开具增值税专用发票给购货方。这种方案销货方要多缴纳增值税。上述案例中的该公司如果采取这种方式，要多缴纳17 226.67元增值税。好处是购货方取得了增值税专用发票，可以申报抵扣进项税，购货方为此少缴的增值税正是销货方多缴的17 226.67元。这样购货方很可能在价格上给予销售方一定的补贴和优惠，但会涉及其他税收问题。

〖方案2〗代垫运费。

该公司还可采取代垫运费的方式。该公司不考虑销货运费，在销售货物时直接委托运输单位运输，让运输单位直接开具发票给购货单位，先由本公司付给承运单位运输费，然后再由本公司向购货单位收取运费。这种方案下，该公司收取的运费不纳增值税，因此当年可少缴增值税17 226.67元。同时由于购货方取得的运费发票符合国家税法规定，还可以向税务机关申报抵扣进项税。

〖方案3〗运费作为价外费用。

如果该公司不想麻烦，为了规避三角债，也可这样处理：首先向承运单位支付运费，承运单位开具运输发票，然后该厂把运费当作价外费用再向购货方开具增值税专用发票，直接向国税部门申报缴纳增值税。这样该厂当年度虽说是多提了17 226.67元的销项税额，但可以抵扣8 299.2元（118 560×7%）的进项税额，实际上只是多缴了8 927.47元的增值税。购货方取得的增值税专用发票还可以申报抵扣，在货物价格上也很可能给本公司一定的补贴和优惠。

综上所述，第一种方案不可取。对于第二种方案，如果购货方能及时付款，收回货款无大风险，这种方案最佳。如果购货方不能及时付款、收取货款有很大的风险，这时候则可用第三种方案。好处是即使购货方不能及时付款、资金回收困难、对方占用资金时间长，该厂当月也可以直接抵扣运费进项税额8 299.2元，给企业挤出一定的资金进行周转。

§37 自产自销筹划

> 通过选择代购、自购、自产自销的经营角色，能够获得退税等税收收益。

一个企业根据自己所开展业务的特征，选择不同的经营角色，不仅有利于企业业务的顺利进行，还会为企业带来意想不到的节税效果。

【纳税案例】

康林公司是生产型外贸企业，经营电子产品，主要生产A产品以及经销B产品。对于B产品，平均每月出口200万件，该公司未自行生产，而是从生产企业甲公司购进后销售给乙外贸公司出口至国外的客户。

B产品的制造成本为110万元，其中材料成本为100万元（不含税，取得17%的增值税专用发票），非材料成本为10万元。甲公司以120万元的不含税价销售给康林公司，其当月的利润为10万元，进项税额17万元，销项税额为20.4万元，应缴纳增值税为3.4万元（20.4-17）。

康林公司以120万元的不含税价购进B产品，以130万元的不含税价格售出，有关计算为：

当月进项税额=120×17%=20.4（万元）

当月的销项税额=130×17%=22.1（万元）

当月应缴增值税=22.1-20.4=1.7（万元）

税前利润=130-120=10（万元）

乙公司以130万元的不含税价（含税价152.1万元）售出B产品，由于康林公司销售非自产货物，所以无法开具税收缴款书，因此乙外贸公司无法办理出口退税。购进成本应是含税价152.1万元，出口售价160万元，利润7.9万元，不缴税，不退税。B产品征税率和退税率均为17%。

【筹划方案】

对于此案例，一共有3个方案可以选择。

〖方案1〗代购。

改变康林公司中间经销商的属性，由康林公司为乙外贸公司向甲公司代购乙产品，按照规范的代购程序由甲公司直接卖给乙外贸公司，康林公司为乙外贸公司代购货物应向其索取代理费。按该方案运作后由于甲公司属生产型企业，其销售给乙外贸公司的自产货物，可开具税收缴款书，乙外贸公司凭该税收缴款书可办理出口退税，具体操作为：

1.甲公司用100万元购料加工后，以120万元（不含税价格）开具增值税专用发票销售给乙外贸公司，同时提供给乙外贸公司税收缴款书，甲公司进项税额17万元，销项税额20.4万元，应缴增值税3.4万元。

2．康林公司向乙外贸公司收取 28.7 万元代购货物的代理费，应缴纳 1.926 万元的增值税（32.1 万元×6%），利润为 30.495 万元。

3．乙外贸公司以 120 万元（不含税价格）购入货物，同时支付康林公司 32.1 万元代理费。该货物的出口售价为 160 万元，利润 7.9 万元（160-32.1-120），同时购货时应支付 20.4 万元的进项税，货物出口后能取得 20.4 万元的出口退税，因此增值税税负为 0。按此方案，甲公司和乙外贸公司的利润及税负未变，而康林公司利润增至 30.495 万元，少缴 1.7 万元（22.1-20.4）的增值税。

【方案 2】自购销售。

康林公司为甲公司供货，由康林公司购入原材料加上自己应得的利润后将原材料销售给甲公司。再由甲公司生产出成品后销售给乙外贸公司，同时提供税收缴款书，由乙外贸公司办理出口退税。具体操作为：

1．康林公司以 100 万元的不含税价格购入材料，取得增值税专用发票，以 132.1 万元（含税价 154.557 万元）销售给甲公司当月进项税额 17 万元，销项税额 22.457 万元，应缴增值税 5.457 万元，利润 32.1 万元。

2．甲公司以 132.1 万元的价格（含税价 154.557 万元）购进，以 152.1 万元的价格（含税价 177.957 万元）销售给乙外贸公司，利润为 10 万元，进项税额为 22.457 万元。销项税额为 25.857 万元，应缴增值税 3.4 万元，税负及利润额未发生变化。

3．乙外贸公司以 152.1 万元（含税价 177.951 万元）购进，出口售价 160 万元，利润 7.9 万元未变，购货时支付的进项税额 25.857 万元在货物出口后可全额退税；因此，增值税税负为 0，未发生变化。

按此方案，甲公司和乙外贸公司的利润及税负不变，康林公司利润增至 32.1 万元，增值税税负增加 3.757 万元。

【方案 3】租赁。

康林公司以甲公司应得利润 10 万元／月的额度整体租赁，甲公司生产乙产品的设备（含人工费等），自购材料加工成成品后直接出口，使 B 产品变成自产自销。若按照此种方式，康林公司出口应享受生产企业的"免、抵、退"政策。由于购进 100 万元的材料相应取得 17 万元进项税额，该产品以 160 万元报关出口后可退增值税 17 万元，因此增值税税负是 0，其成本是 110 万元（制造成本）+10 万元（租赁费），销售价 160 万元，利润 40 万元。

以上 3 个方案中，由于经营方式的改变，解决了根本问题，就使整个环节可以办理出口退税了。其中，方案 3 最优。

§38 视同销售筹划

> 对待视同销售业务，最好的办法是选择用销售收入科目进行会计核算，这样能有效地节税。

《增值税暂行条例实施细则》第四条列举了8种视同销售行为，而按照会计销售的确认条件，8种视同销售行为中，有的构成会计销售，有的则不构成会计销售。对于构成会计销售的，纳税人自然会按规定增计企业的销售收入，而对那些不构成会计销售的行为，纳税人又该如何进行处置呢？纳税人至少有两种选择：其一是在会计处理上按成本结转，不作为销售处理；其二是按照税法的规定及会计核算原则进行处理，即在发生视同销售业务时，按照税法的有关规定增计企业的销售收入。对纳税人来说，哪一种方法更能有效地减轻税收负担呢？下面举例进行分析比较。

【纳税案例】

某钢铁生产企业为增值税一般纳税人。2015年4月份将自产的钢材用于建造办公房。该批钢材成本为45万元（不含税价），市场售价为80万元（不含税价）。该企业所建办公房于2015年10月份完工并交付使用。该企业应通过什么方法来节税呢？

【筹划方案】

（1）如果按成本结转、不作为销售处理，则2015年4月份，在移送使用钢材时，须缴纳增值税136 000元（800 000×17％），其应交税费的账务处理为：

借：在建工程　　　　　　　　　　　　　　　　　586 000
　贷：库存商品　　　　　　　　　　　　　　　　　　450 000
　　　应交税费——应交增值税　　　　　　　　　　　136 000

8月份，纳税人将在建工程转为固定资产，须作会计分录（不考虑其他因素）：

借：固定资产　　　　　　　　　　　　　　　　　586 000
　贷：在建工程　　　　　　　　　　　　　　　　　　586 000

年终，企业进行所得税申报时，还须调增计税利润。该纳税人应调增的计税利润为350 000元（800 000-450 000）。在不考虑其他因素的情况下，纳税人为视同销售业务须缴纳所得税87 500元（350 000×25％）。

（2）如果纳税人在账务处理上作为销售处理，则2015年4月份，在钢材移送使用时，应计算缴纳增值税136 000元（800 000×17％），同时作账务处理：

借：在建工程　　　　　　　　　　　　　　　　　936 000
　贷：应交税费——应交增值税　　　　　　　　　　　136 000
　　　主营业务收入　　　　　　　　　　　　　　　　800 000

8月份，纳税人将工程交付使用时，须作账务处理（不考虑其他因素）：

借：固定资产   936 000

　　贷：在建工程   936 000

显然，按第二种方法进行会计核算，纳税人的固定资产账面价值比第一种方法多出了 350 000元，假设该固定资产使用期为20年，预计净残值率为5%，那么，仅2012年9—12月份就比选用第一种方法多计提折旧4 156.25元。

同样，企业该笔视同销售业务到年终时还须计缴所得税。该笔业务应计缴的所得税为 86 460.94元（（800 000-450 000-4 156.25）×25%），此时已无须再作纳税调整，因为企业已经做销售收入处理。与第一种方法相比，选用第二种方法可以少缴所得税 1 039.06元（4 156.25×25%）。实际上，如果依上述纳税筹划，纳税人在该固定资产报废前，将多提折旧约332 500元（350 000×（1-5%）），从而少缴纳企业所得税 83 125元（332 500×25%）。

很显然，选择第二种方法，对纳税人来说更能减轻税收负担。因此，当纳税人发生视同销售业务时，最好的办法仍然是选择用销售收入科目进行会计核算，因为这样能有效地节税。

§39 供应商重选择

> "营改增"试点全面实施后，由于营业税和增值税计算方法的差异，以及新的多档次的增值税率和征收率，从企业税负考虑，应及时调整供应商的选择依据。

2016年5月1日起，建筑业、房地产业、金融业、生活服务业纳入"营改增"试点范围，"营改增"试点全面实施，由于营业税和增值税计算方法的差异，从企业税负考虑，应及时调整供应商的选择方式。

增值税纳税人分为一般纳税人和小规模纳税人。增值税抵扣制度下，供给方的纳税人身份直接影响购货方的增值税税负。对于一般纳税人购货方，选择一般纳税人作为供给方，可以取得增值税专用发票，实现税额抵扣。如果选择小规模纳税人为供给方，取得的是小规模纳税人出具的增值税普通发票，购货方不能进项抵扣，如果能够取得由税务机关代小规模纳税人开具的3%的增值税专用发票，购货方则可按照3%的税率作进项税额抵扣。"营改增"后，在选择供应商时，销售方身份的不同会对采购方的税负产生直接的影响。企业在选择供应商时，不能只看价格高低和可抵扣的进项税额，而应以利润最大化作为选择供应商的标准。

对一笔采购业务来说，其对企业利润的影响就在于税前可扣除成本的大小。假设从一般纳税人处购入货物价格（含税）为A，进项税额抵扣后，在所得税税前扣除成本为：

A−A÷（1+增值税税率）×增值税税率×（1+城建税税率+教育费附加率）

从小规模纳税人处购入货物价格（含税）为B，并取得税务机关代开的发票，则进项税额抵扣后在所得税税前扣除成本为：

B−B÷（1+征收率）×征收率×（1+城建税税率+教育费附加率+地方教育费附加率）

据此就可以计算出一个临界点。若城建税税率为7%、教育费附加率为3%，则公式为：

A−A÷（1+增值税税率）×增值税税率×（1+7%+3%）=B−B÷（1+征收率）×征收率×（1+7%+3%）

假设纳税人拟采购货物增值税率为17%，从而得出B=0.868A，也就是说仅考虑税负影响时，从小规模纳税人采购货物价格不能高于从一般纳税人处采购价格的86.8%。

当纳税人选择采购税率11%服务，例如货物运输商、工程承包方时，按照同样计算方式，得出B=0.92A，即从小规模纳税人处价格不能高于从一般纳税人处采购价格的92%。

当纳税人选择允许抵扣增值税6%服务商时，按照同样计算方式，得出B=0.9687A，即从小规模纳税人处采购价格不能高于从一般纳税人处采购价格的96.87%。

【纳税案例】

甲公司需要购买一台设备。现有A、B两个供应商，其中A公司为增值税一般纳税人，从A公司可以取得税率为17%的增值税专用发票，B公司为增值税小规模纳税人，从

B公司可以取得由税务机关代开的征收率为3%的增值税专用发票。A、B两个公司所提供的设备相同，A公司的设备售价为3万元、B公司售价则为2.8万元，以上金额为含税金额。从税负角度，甲公司应选择A公司还是选择B公司作为供应商？

【筹划策略】

根据案例中的数据计算可得：

购买A供应商可抵扣的进项税额=30 000÷（1+17%）×0.17=4 358.97（元）

购买B供应商可抵扣的进项税额=28 000÷（1+3%）×0.03=815.53（元）

可抵扣进项税额之差=4 358.97-815.53=3 543.44（元）

A、B两供应商设备货款之差=30 000-28 000=2 000（元）

显然，购买A供应商对公司更为有利。

这一点还可从应用前述所得税税前扣除成本比率的计算得知：

从B、A两个公司购进货物的含税额实际比率=28 000÷30 000×100%=93.33%＞86.8%

因此，选择A公司作为供应商，甲公司收益较高。

上述例子也引出了一个纳税筹划的目的问题。纳税筹划为企业提供的是一组智能产品，它为企业创造的综合效益，如果用某一方面的效益标准，很难评价纳税筹划结果的好与坏。这要从筹划面对整个购销全过程比较，用综合效益指标进行比较，否则，就有可能得出错误的结论。

§40 规避通胀影响

> 考虑通胀因素，纳税人通过比较不同成本费用核算方法的节税效应，能够选择到规避掉通货膨胀不利影响的措施，实现节减税负。

税收负担的评判离不开纳税人所处的税收经济环境，在市场经济条件下，税收负担的评判必须充分考虑资金时间价值与通货膨胀水平的影响。通货膨胀不可避免，有时候企业没有实现实际盈利，却因为通货膨胀而多交税款，令人哭笑不得。

通货膨胀对企业税负的不利影响主要表现在，通货膨胀时，商品和劳务的一般价格水平持续上升，货币贬值。通货膨胀对纳税人最直接影响就是使纳税人实际购买力下降，使纳税人的实际税收负担与名义税收负担相背离。实际税负是指纳税人在一定时期内实际缴纳的税额。一般用实际负担率来反映纳税人的税负水平，即用纳税人在一定时期内的实纳税额占其实际收益的比率来表示。

通货膨胀对纳税人税收负担水平的影响主要表现在：

1.影响流转额和非商品营业额

通货膨胀会影响纳税人的商品流转额和非商品营业额，进而影响流转税负。流转税以商品流转额和非商品营业额为课税对象，价格的持续上升，必然使商品流转额和非商品营业额持续扩大，导致纳税人实际缴纳的流转税税额增加，甚至影响到纳税人的实际税收负担水平。

【纳税案例】

某纳税人用 1 000 元购进某种商品 1 件，支付进项税额 170 元，购进该商品时计划以 1 404 元的含税价格出售，但由于通货膨胀的存在，致使该商品实际销售价为 1 521 元（含税价）。这笔业务简单，但其中的纳税筹划内容却是很丰富的。

【筹划方案】

该企业经营该商品实际缴纳的增值税金及增值税负担率增减变化计算如表 40-1 所示：

表 40-1　　　　　　　　　增值税金及增值税负担率变化表

项目	实纳税金（元）	税收负担率
价格上涨前	1 404÷（1+17%）×17%－170=34	34÷1 200×100%=2.83%
价格上涨后	1 521÷（1+17%）×17%－170=51	51÷1 300×100%=3.92%
价格上涨后比价格上涨前增加	17	1.09%

虽然我国目前的增值税属于价外税，销项税额是向购货方收取的，这种税收负担的增

加似乎完全是由购货方来承受，更确切地说，税收负担的增加可以转嫁给购货方。但是，这种转嫁会通过价格机制反作用于销货方，使税收负担的转嫁不够彻底，销货方的税收负担不可避免地受到影响。

通货膨胀虽然不会改变消费税和增值税等流转税的税收负担率，但会导致纳税人实际缴纳的消费税税额和增值税额的增加。

2.虚增收益

通货膨胀对所得税的直接影响便是导致纳税人营业收益的虚假增长，进而影响所得税税负。价格上涨会使纳税人的收入同比例地增加，在成本和费用不变的情况下，结果便是应税收益的增加。但是，在历史成本计价原则下，由于成本和费用确认的价格基础是历史成本，纳税人应税收益的增加便包含了虚假的成分，用虚增后的应税收益计算缴纳的所得税税额也不可避免地虚增了。例如，在上述例子中，假设纳税人经营该商品应承担的费用为50元，所得税税率25%，价格上涨后购进同样商品的价格为1 100元／件（不含增值税价），则应税收益和应纳所得税额计算如表40-2所示：

表40-2 　　　　　　　　　　　　**应税收益和应纳所得税额计算表** 　　　　　　　　单位：元

项　　　目	收入	成本	费用	应税收益	所得税额
按上涨前价格计算	1 200	1 000	50	150	37.5
按上涨后价格计算	1 300	1 000	50	250	62.5
增加	100	0	0	100	25

根据表40-2的计算结果可以看出，按现行会计法规和税法计算出来的应税收益为250元，虚增了100元（250-150），使企业的所得税税负增加了25元（62.5-37.5）。如果再考虑通货膨胀对费用的影响，结果更加明显。

3.应收账款贬值

通货膨胀会使按账面历史成本所收回的资金的实际购买力贬值，使纳税人无法按现行市价进行简单再生产，导致企业所得税税负相对加重。因为在通货膨胀的情况下，企业作为法人主体，其生存和发展的首要前提是资产的保值与增值。但现行税法和会计法规对应税收益的计算，却不考虑企业的成本费用是否得以充分补偿，尽管在核算方法上的确也采取了加速折旧法等补救措施，但其对通货膨胀所产生的不利影响的抵消作用有限。例如，在上述例子中，假设企业税后利润中的留存收益与对投资者分红的比例各占50%，则按历史成本计价原则企业经营该商品可收回的资金为1 087.5元（1 000+（250-75）×50%），不足以支付通货膨胀后购买该种商品的价格1 100元，也就是说，企业连进行简单再生产的条件都无法具备。导致这种结果的原因在于历史成本的核算原则使得企业账面利润虚增100元，虚增利润缴纳的所得税为25元，分配给股东35元，虚增利润部分企业留存收益份额只有40元，造成企业资金净流失60元。

4.通货膨胀对企业税负不利影响的消除

虽然通货膨胀会对纳税人产生税负增加的不利影响，但如果企业采取相应的措施便可有效地利用通货膨胀达到延缓税负增加成本降低税负的效果。

在通货膨胀的市场环境下,企业对固定资产如果采用加速折旧法进行折旧,必然有利于前期的折旧成本,取得更多的抵税效应,即相当于政府将一部分税款以无息贷款的方式提供给了企业,从而达到降低税负的效果。

四、投融资纳税筹划

§41 企业投资筹划

投资设立新企业时，企业组织形式、投资地点、投资行业、被投资企业税率、投资方式都具有纳税筹划空间。

1.企业组织形式选择的纳税筹划

（1）公司制与合伙制企业的选择

从节税角度看，合伙制企业比公司制企业更为有利，可以少纳所得税。当然，投资者要组建什么样的企业形式，并不能只考虑税收问题（因为税收问题只是一个部分），要综合考虑其他因素。

（2）子公司与分公司的选择

按照规定，分公司与母公司的所得要合并纳税，在分公司亏损或母公司所属各分支机构盈亏不平衡时，可实现盈亏互补，降低应纳税所得额。而子公司与母公司均应作为独立的纳税人依法履行纳税义务，一方的亏损额不能抵减另一方的应纳税所得额，企业不能得到合并纳税的好处。一般来说，初创期企业亏损的可能性较大，从纳税角度看，此时设立分公司比较有利。而当生产走向正轨，对投资地环境已经熟悉，产品也打开销路，有盈利时，则应考虑改组为子公司，以保证享受投资的利润，以及享受子公司所在地的税收优惠。

2.投资地点选择的纳税筹划

投资者选择投资地点，除了应考虑投资地点的硬环境等常规的因素外，不同地点的税收差异也应作为考虑的重点。因此，投资者应根据税法规定的优惠条件选择注册地点，这对企业节省税金支出和实现国家生产力布局的战略转移和政策导向都有积极影响，是一个双赢的选择。

3.投资行业选择的纳税筹划

2008版《企业所得税法》除了保留原税法中对农、林、牧、渔和公共基础设施项目免征、减征企业所得税的优惠以外，还取消了其他方面诸多的税收优惠，但同时又新增了一些对环境保护、节能节水、资源综合利用和高科技等方面的优惠政策。要进行投资行业的纳税筹划，就必须了解各行业的税收待遇并对其进行比较。一般来说，国家给予生产性的行业较多的税收优惠，如对于以废水、废气、废渣等"三废"物品为原料进行生产的内资企业减免征收企业所得税；对于进出口业务的企业，实行"免、抵、退"等税收优惠。对于某些非生产性的行业，国家也给予了相应的税收支持，如对投资于高新技术产业的企业，除执行15%的优惠税率外，还享受自投产年度起免征所得税两年的优惠；对新办的独立核算的交通运输业、邮电通信业的企业实行减免征收所得税的优惠。

4.被投资企业税率选择的纳税筹划

《企业所得税法》将小型微利企业列入了税收优惠政策中，第二十八条规定，符合条件的小型微利企业，减按20%的税率征收企业所得税。

按照《企业所得税法》规定，投资企业从被投资企业分回的税后利润，需要按照税率差决定是否补税。如果投资企业所得税税率高于被投资企业适用的所得税税率，则要按照税率差补缴所得税；如果双方所得税税率相同，即使被投资方享受所得税减免优惠，也不需要补缴税款。《国家税务总局关于企业股权投资业务若干所得税问题的通知》（国税发〔2000〕118号）规定，企业的股权投资所得是指企业通过股权投资从被投资企业所得税后累计未分配利润和累计盈余公积金中分配取得股息性质的投资收益。凡投资企业适用的所得税税率高于被投资企业适用的所得税税率的，除国家税收法规规定的定期减税、免税优惠以外，其取得的投资所得应按规定还原为税前收益后，并入投资企业的应纳税所得额，依法补缴企业所得税。

同样道理，我国企业在境外投资有分回股利时，如果被投资企业所在国有税收优惠（不仅仅是税率优惠），也按照税收饶让原则处理。财政部、国家税务总局《境外所得计征所得税暂行办法（修订）》（财税字〔1997〕116号）规定，纳税人境外投资、经营活动按所在国（地区）税法规定或政府规定获得的减免所得税，应区别不同情况按以下办法处理：纳税人在与中国缔结避免双重征税协定的国家，按所在国税法及政府规定获得的所得税减免，可由纳税人提供有关证明，经税务机关审核后，视同已缴所得税进行抵免。对外经济合作企业承揽中国政府援外项目，当地国家（地区）的政府项目、世界银行等世界性经济组织的援建项目和中国政府驻外使领馆项目，获当地国家（地区）政府减免所得税的，可由纳税人提供有关证明，经税务机关审核后，视同已缴所得税进行抵免。

【纳税案例】

我国境内甲企业2009年在A国投资设立乙企业，A国所得税税率为30%。按照A国税收政策规定，投资前两年所得税按税率减半征收，适用税率为15%。2009年度，乙企业实现所得100万元，缴纳所得税15万元（100×15%），税后利润85万元全部分回甲企业。甲企业适用25%的所得税税率，该企业的会计人员对乙企业该项分回所得进行了补纳所得税处理，其做法对否？

【筹划方案】

甲企业的会计人员补纳所得税的处理是错误的。在计算甲企业分回此项所得时，按照我国税法规定，虽然乙企业实际缴纳所得税15万元，但是减免的15万元视同缴纳，乙企业在A国缴纳所得税合计视为30万元。此外，按照新《企业所得税法》的规定，乙企业100万元所得，应该缴纳所得税25万元，因视同缴纳30万元的所得税，还剩余5万元可以留待以后年度按规定抵补。也就是说，该项分回所得不需要再在我国补税。

《企业所得税法》第二十三条规定，企业取得的下列所得已在境外缴纳的所得税税额，可以从其当期应纳税额中抵免，抵免限额为该项所得依照本法规定计算的应纳税额；超过抵免限额的部分，可以在以后5个年度内，用每年度抵免限额抵免当年应抵税额后的余额进行抵补：居民企业来源于中国境外的应税所得；非居民企业在中国境内设立机构、场所，取得发生在中国境外但与该机构、场所有实际联系的应税所得。

如果投资企业不注意税收减免优惠可以视同缴纳的话，就会出现错误的补税结果。所以，分清被投资企业是适用低税率还是税收优惠，对投资企业特别是境外投资企业而言，是一个需要关注的问题。

5.投资方式选择的纳税筹划

按投资的对象，投资分为直接投资和间接投资。企业进行直接投资涉及到所得税、财产税、行为税等，面临是新办企业，还是收购现有亏损企业等问题。如果税法允许投资企业与被收购企业合并报表集中纳税，则盈亏抵销以后，投资企业的所得税负担将有所减轻。间接投资是指对股票或债券等金融资产的投资，对这种投资方式，需要关心的是投资收益及投资风险，而税收是一个重要影响因素。我国税法规定，企业分回的国库券利息收入，在计算应纳税所得额时准予扣除，即国库券利息收入是免税的。在投资方式的选择上，还可以考虑是分期投资或是一次性投资的纳税筹划。采用分期投资方式可以获得资金的时间价值，而且未到位的资金可通过金融机构或其他途径来融通解决，其利息支出可以部分地准许在税前扣除，从而达到节税的目的。

▶▶▶▶▶▶▶▶▶▶▶▶▶▶▶【注意事项】◀◀◀◀◀◀◀◀◀◀◀◀◀◀◀

1.要考虑成本效益原则

一项纳税筹划方案是多种方案的优化选择，税负轻的方案不一定是最优方案，只有当发生新加的费用或损失小于取得的利益时，该项筹划方案才是合理的。

2.要把握全局，统筹考虑

纳税筹划的风险主要包括三个方面：一是对有关税收优惠政策的运用和执行不到位的风险；二是不依法纳税的风险，即从表面或局部的角度看，日常的纳税核算是按规定进行操作，但是由于对有关税收政策的精神把握不准，造成事实上的偷税，从而受到税务机关处罚；三是在系统性纳税筹划过程中对税收政策的整体性把握不够，造成纳税筹划风险，如在企业分设过程中的纳税筹划涉及多种税收优惠，如果不能系统地理解和运用，就很容易面临筹划失败的风险。

3.要正确区别纳税筹划和避税

纳税筹划是通过合法手段减少税收负担，但其税收利益是立法者所允许的，或至少是立法者能接受的，符合或至少不违背立法者本意和立法导向。纳税筹划权是纳税人享有的基本权利之一。

避税是用合法手段以减少税收负担，但其手段通常是钻税法上的漏洞、反常和缺陷，谋取不是立法者原来所期望的税收利益，与立法者的立法本意、立法导向是相违背的。

§42 投资核算方法

企业在进行长期投资时采用不同的核算方法可以产生不同的所得税缴纳结果，因此应综合分析选择对企业最有利的投资核算方法。

企业在经营过程中对资金周转要求相对高，因此需要通过各种方式进行筹资，其中可以采取长期股权投资的方式。长期股权投资核算方法的转换，分为成本法转换为权益法和权益法转换为成本法。根据会计准则中关于成本法与权益法各自适用范围的规定，无论是成本法转换为权益法还是权益法转换为成本法，都可能是由于投资单位对被投资公司持股比例上升或下降而引起。另外，无论采用成本法核算还是采用权益法核算，长期股权投资的初始计量均相同，二者的区别仅限于对长期股权投资的后续计量。因此，当投资单位对被投资公司的持股比例发生变化而导致两种方法之间发生转换时。其主要工作是调整原持股比例（增加持股比例时）或剩余持股比例（减少持股比例时）在原投资点与新增投资点（或出售点）之间后续计量中的差异，从而使其达到在原投资点即按转换后的方法进行核算。

1.持股比例上升由成本法转换为权益法

此时，新增持股比例部分直接在新增投资点按权益法进行核算即可。原持股比例部分应作以下调整：（1）将原持股比例的成本与原投资点上可辨认净资产公允价值的份额比较，考虑是否调整长期股权投资的初始投资成本：原持股比例的成本大于原投资点上可辨认净资产公允价值的份额，其差额作为商誉，不要求调整长期股权投资的账面价值；原持股比例的成本小于原投资点上可辨认净资产公允价值的份额，调整长期股权投资的账面价值，同时调整留存收益（两点处于不同的会计年度时）或营业外收入（两点处于相同的会计年度时）。（2）原持股比例部分按原投资点至新增投资点之间被投资公司可辨认净资产公允价值的变动份额进行调整：属于在此之间被投资单位实现净损益中应享有份额的，调整长期股权投资和留存收益或营业外收入；其余部分调整长期股权投资和资本公积。经过上述两次调整，将原持股比例部分的价值调整至新增投资点可辨认净资产公允价值的份额，从而达到与新增持股比例的计量相同，以后期间增加后总的持股比例直接按权益法进行后续计量即可。

2.持股比例下降由成本法转换为权益法

此时，对于出售部分按正常处置处理即可。对于剩余比例部分只须从原投资点至出售点之间重新按权益法进行后续计量即可（即初始确认部分除外）。

3.持股比例上升由权益法转换为成本法

比照上述由成本法转换为权益法的处理，当因持股比例的变化导致由权益法变为成本法时，应将原持股比例（增加持股比例时）或剩余持股比例（减少持股比例时）在原投资点与新增投资点（或出售点）按权益法进行的后续计量全部冲销。

【纳税案例】

甲公司是一家软件公司，于2015年购买乙公司股票50万元，甲公司获得乙公司有表决权股份的30％。这一年乙公司报告净收益为16万元，乙公司享受的企业所得税税率为15％。

甲公司采用哪种投资核算方式能够为企业增加更多的收益？

【筹划方案】

〖方案1〗成本法——甲公司若采取成本法核算股票长期投资。

有关会计分录如下：

长期投资入账：

借：长期投资   500 000

   贷：银行存款   500 000

乙公司将甲公司应得股利48 000元于2015年底分给甲公司：

借：银行存款   48 000

   贷：投资收益   48 000

若乙公司将甲公司应得股利48 000元保留在乙公司之内，即甲公司于2015年末未实际收到应得股利，则甲公司不作任何账务处理。

〖方案2〗收益法——甲公司若采取权益法核算股票长期投资。

有关会计分录如下：

长期投资入账：

借：长期投资   500 000

   贷：银行存款   500 000

乙公司2015年底实现净收益160 000元，甲公司应得股利48 000元（160 000×30％），则应相应调整长期投资账户：

借：长期投资   48 000

   贷：投资收益   48 000

甲公司收到股利48 000元：

借：银行存款   48 000

   贷：长期投资   48 000

对比分析上述两种方式成本法和权益法，成本法在其投资收益已实现但未分回投资之前，投资企业的"投资收益"账户并不反映其已实现的投资收益，而权益法无论投资收益是否分回，均在投资企业的"投资收益"账户反映。这样，采用成本法的企业就可以将应由被投资企业支付的投资收益长期滞留在被投资企业账上作为资本积累，也可挪作他用，来长期避免部分投资收益应补缴的企业所得税。

§43 核算股权投资

> 企业在进行投资时，可根据自身的财务经营状况，通过投资额的控制，选择长期股权投资的核算方法，达到节税的目的。

长期股权投资的持有收益的核算方法有成本法和权益法两种。采用成本法还是权益法，取决于投资企业的投资额在被投资单位所有者权益中所占比重的大小和两者的实际控制能力对比。当投资企业拥有被投资企业表决权资本的20%以上，对被投资企业具有控制、共同控制或重大影响时，长期股权投资应采用权益法核算；反之，则采用成本法核算。因此，企业在进行投资时，可根据企业的财务经营状况，通过投资额的控制，选择长期股权投资的核算方法。通常情况下，如果被投资企业先盈利后亏损则选用成本法，若被投资企业先亏损后盈利，则宜选用权益法。

税法规定，凡投资方适用的所得税税率高于被投资方适用的所得税税率的，除国家税收法律法规规定的定期减税、免税优惠以外，其取得的投资所得应按规定还原为税前收益后，并入投资企业的应纳税所得额，依法补缴企业所得税。会计法规规定，企业应在每年末按有关规定（区分成本法和权益法）计算应享有（或分担）的被投资单位当年实现的净利润（或亏损）的份额，确认投资收益（或损失），并相应调整投资的账面价值。而税法规定，不论企业会计账务中对投资采取何种方法核算，被投资企业会计账务上实际做利润分配处理时，投资方企业均应确认投资所得的实现。股权转让所得（即资本利得）是投资企业处理股权的收益，即企业收回、转让或清算处置股权投资所获的收入，减除股权投资成本后的余额。这种收益一般应全额并入企业的应纳税所得额，依法缴纳企业所得税。纳税人可充分利用上述政策进行纳税筹划。

具体方法主要有以下两种：

1.保留低税地区被投资企业的利润不予分配

如果被投资单位未进行利润分配，即使被投资单位有很多未分配利润，也不能认定为投资方企业的股息所得实现。各国所得税法中都有"受控子公司"的反避税条款，我国所得税法中尚未涉及。如果投资企业是盈利企业，而且其所得税税率高于被投资企业，应尽可能地促使被投资企业不向或推迟向对投资者分配利润（含股息、红利），避免或推迟分回的利润（股息、红利）补缴所得税。要达到这一目的，投资企业可追加对被投资企业的投资并控股，从而控制被投资企业的利润分配政策。这样做，对投资方来说，可以达到不补税或递延纳税的目的；对于被投资企业来说，由于不分配利润可以减少现金流出，而且这部分资金无须支付利息，等于增加了一笔无息贷款，因而可以获得资金的时间价值。

将盈利留在企业内部作为积累项目，则股东的权益增加，且不用缴纳个人所得税。虽然在这种情况下，股东没有现实的股息收入，但伴随着股东权益的增加，股东拥有的股票价值会上涨，这时股东可以从股价上涨中获取实惠。如果被投资企业是母公司下属的全资子公司，则没有进行利润分配的必要。

2. "先分配后转让"

在须进行长期投资股权转让时，企业如保留利润不分配，将导致股权转让价格增高，使得本应享受免税或须补税的股息性所得转化为应全额并入应纳税所得额的股权转让所得。因此，可筹划先进行利润分配，然后再转让股权。

【纳税案例】

A公司于2015年2月以银行存款900万元投资于B公司，占B公司股本总额的70%，B公司当年获得税后利润500万元。2016年9月，A公司将其拥有的B公司70%的股权全部转让给C公司。A公司2016年度内部生产、经营所得为100万元。A公司所得税税率为25%，B公司所得税税率为15%。怎样筹划可使A公司降低所得税税负？

【筹划方案】

〖方案1〗直接转让股权。

B公司保留盈余不分配。2016年9月，A公司将其拥有的B公司70%的股权全部转让给C公司，转让价为人民币1 105万元。转让过程中发生税费0.5万元。

按照本方案，生产、经营所得100万元，税率25%，则：

应纳所得税=100×25%=25（万元）

转让所得204.5万元（1 105-900-0.5），则：

应纳所得税=204.5×25%=51.125（万元）

因此，A公司2016年所得税总体税负为：

应纳所得税合计=25+51.125=76.125（万元）

〖方案2〗先分配后转让。

2016年9月，A公司将其拥有的B公司70%的股权全部转让给C公司。在转让前，决定B公司将税后利润的30%用于分配，A公司分得利润105万元。然后，转让给C公司的转让价则为人民币100万元。转让过程中发生税费0.5万元。

按照本方案，生产、经营所得100万元，税率25%，则：

应纳所得税=100×25%=25（万元）

股息收益105万元，因A公司所得税税率为25%，B公司所得税税率为15%，须补纳所得税：

应补纳所得税=105÷（1-15%）×（25%-15%）=12.35（万元）

转让所得99.5万元（1 000-900-0.5），则：

应纳所得税=99.5×25%=24.875（万元）

因此，A公司2009年所得税总体税负为：

应纳所得税合计=25+12.35+24.875=62.225（万元）

方案2比方案1减轻税负13.90万元（76.125-62.225）。应当注意，税收上确认股权转让所得与会计上确认的股权转让收益不同。在计算股权转让所得时，应按计税成本计算，而不能按企业会计账面反映的长期股权投资科目的余额计算。如果A、B公司所得税税率均为25%，则方案2分回股息无须补税，2016年应纳所得税额仅为49.875万元（25+24.875）。

由于A公司在股权转让之前进行了股息分配，有效地避免了重复纳税，实现了节税。

企业除了投资直接办企业以外，还可以通过在证券市场购入股票进行股权等间接投资。对于企业的股权投资，在会计上有两种方法：成本法和权益法。在不同的核算方式下，投资收益确定的数额和时间不同，所得税的缴纳时间也不同，这就为企业的纳税筹划提供了空间。

【纳税案例】

甲公司2015年购买乙公司的股票500 000元，甲公司获得乙公司有表决权的股份的30%。这一年乙公司报告净收益为160 000元，乙公司所在地区的企业所得税税率为15%。

企业应采取哪种长期股权投资的会计核算方法实现节税？

【筹划方案】

我国会计法规规定，企业应在每年末按有关规定（区分成本法和权益法）计算应享有（或分担）的被投资单位当年实现的净利润（或亏损）的份额，确认投资收益（或损失），并相应调整投资的账面价值。

现行的会计制度规定：企业在取得股份以后，其账务处理应根据投资者的投资在被投资企业资本中所占的比例和所能产生的影响程度，决定采用成本法还是采用权益法。

甲公司若采用成本法核算股票长期投资，则会计分录如下：

借：长期投资   500 000

 贷：银行存款   500 000

乙公司将甲公司应得股利48 000元于2015年底分给甲公司：

借：银行存款   48 000

 贷：投资收益   48 000

若乙公司将甲公司应得股利48 000元保留在乙公司之内，即甲公司于2015年末未实际收到应得股利，则甲公司不做任何账务处理。

甲公司若采用权益法核算股票长期投资，则会计分录如下：

借：长期投资   500 000

 贷：银行存款   500 000

乙公司2015年底实现净收益160 000元，甲公司应得股利48 000元（160 000×30%），则应相应调整长期长期投资账户：

借：长期投资   48 000

 贷：投资收益   48 000

甲公司收到股利48 000元：

借：长期存款   48 000

 贷：长期投资   48 000

从以上分析可知，采用成本法可以实现节税。

　　纵观成本法和权益法，成本法在其投资收益已经实现但未分回投资之前，投资企业的投资收益账户并不反映其已实现的投资收益，而权益法无论是否分回，均在投资企业的投资收益账户反映。这样，采用成本法的企业就可以将应由被投资企业支付的投资收益长期滞留在被投资企业的账上作为资本积累，也可以挪作他用，来长期避免部分投资收益应补缴的企业所得税。总之，在被投资企业处于低所得税税率地区时，企业的长期股权投资方法的选用，对企业的企业所得税税负是有影响的，总体而言，采用成本法核算长期股权投资更为合适。其实，即使采用成本法核算长期投资的企业无心避税，投资收益实际收回后也会出现滞纳税款的现象。因为一般来说，股利发放均滞后于投资收益的实现，企业于实际收到股利的当期才缴纳企业所得税；而国家税收应于收益实现当期就应实现的。所以，无论是规避还是滞纳，均能为股票投资企业带来一定的好处。

　　但是，我国现行的会计制度明确规定了企业采用成本法和权益法的条件。当长期股权投资的股份低于被投资企业的股份的20%时，所拥有的股权不足以对被投资企业的经营决策产生重大影响时，适用以成本法进行长期股权投资的核算。当投资企业对被投资企业具有控制、共同控制或重大影响时，长期股权投资应采用权益法核算。在这种规定下，企业无法规避其应补缴的企业所得税。但是，在企业投资份额未达到20%的比例时，仍然可以成功地规避其应补缴的企业所得税或滞纳其应补缴的企业所得税。

　　虽然成本法和权益法不是可以随意选择的，但如果投资企业想通过两种方法的选择进行筹划，就可以通过控制自己在被投资企业中所占股权的比例，实现节税。

§44 选择筹资方式

不同筹资方式的资金成本不同，对纳税的影响也不同，企业应衡量相关财务风险和税收负担的大小，采用对企业最为有利的筹资方案。

企业筹资的纳税筹划，是指纳税人利用一定的筹资技术使企业达到最低税负和最佳获利水平的一种决策活动。企业筹资的方式很多，除所有者投入企业的资本金外，还有企业自我积累、向金融机构贷款或企业之间相互拆借、融资、向社会集资（发行股票、债券）等。这些方式，无论采用哪一种或几种并用，都能满足企业的资金需要。但从企业纳税的角度考虑，不同的筹资方式所产生的税负影响大不相同。

企业筹资几种常见方式的税负成本比较如下：

1.长期借款

长期借款指借款期在5年以上的借款，其成本包括两部分，即借款利息和借款费用。一般来说，借款利息和借款费用高，会导致筹资成本高，但因为符合规定的借款利息和借款费用可以计入税前成本费用扣除或摊销，所以能起到抵税作用。

2.债券

发行债券的成本主要指债券利息和筹资费用。债券利息的处理与长期借款利息的处理相同，即可以在所得税前扣除，应以税后的债务成本为计算依据。若债券溢价或折价发行，为更精确地计算资本成本，应以实际发行价格作为债券筹资额。

3.留存收益

留存收益是企业缴纳所得税后形成的，其所有权属于股东。股东将这一部分未分派的税后利润留存于企业，实质上是对企业追加投资。如果企业将留存收益用于再投资，所获得的收益率低于股东自己进行另一项风险相似的投资所获得的收益率，企业就应该将留存收益分派给股东。留存收益成本的估算难于债券，这是因为很难对企业未来发展前景及股东对未来风险所要求的风险溢价做出准确的测定。计算留存收益成本的方法很多，最常用的是"资本资产定价模型法"。由于留存收益是企业所得税后形成的，因此企业使用留存收益不能起到抵税作用。

4.普通股

企业发行股票筹集资金，普通股成本一般按照"股利增长模型法"计算。发行股票的筹资费用较高，发行费用可以在企业所得税前扣除，但资金占用费即普通股股利必须在所得税后分配。

【纳税案例】

某企业需筹资1 000万元资金用于新项目建设，该企业本年度实现息税前利润为800万元，对外流通股票1 000万股，试从纳税角度作以筹划。

【筹划方案】

〖方案1〗向银行借款1 000万元，借款利率为10%。

〖方案2〗向银行借款400万元，并发行600万股普通股。

〖方案3〗对外发行1 000万股普通股。

方案1的财务情况：

年利息=1 000×10%=100（万元）

税前利润=800-100=700（万元）

应纳所得税=700×25%=175（万元）

每股收益=525÷1 000=0.525（元／股）

方案2的财务情况：

年利息=400×10%=40（万元）

税前利润=800-40=760（万元）

应纳所得税=760×25%=190（万元）

每股收益=570÷1 600=0.35 625（元／股）

方案3的财务情况：

应纳所得税=800×25%=200（万元）

每股收益=600÷2 000=0.3（元／股）

以上3个方案中，全部利用债权筹资所得税费用最低，且有较高的每股收益。

▶【注意事项】◀

需注意的是，如果企业全部用债权筹资的话，会加重企业的债务负担，增大财务风险，这是在纳税筹划之外需决策者考虑的。

§45 负债融资筹划

> 从纳税角度而言，向非金融机构借款、企业间筹资及内部集资虽然透明度低、限制条款多，但节税效果最佳。

1.融资纳税筹划概述

企业融资方式主要有：向银行借款、向非金融机构或企业借款、企业内部筹资、企业自我积累、向社会发行债券或股票、租赁等。所有这些筹资方式基本上都可满足企业从事生产经营的资金需要，但就税收负担而言，这些融资方式产生的税收后果却彼此迥异。

从纳税筹划的角度分析，可以将上述融资方式分为负债融资（包括向银行借款、向非金融机构或企业借款、企业内部筹资、发行债券）和权益融资（包括企业自我积累、发行股票）和其他融资（如租赁）三种类型。总的来说，负债融资是税前付息，只要符合规定均有税收屏蔽作用，而权益融资是税后分配，不能抵销所得税，所以前者的资金成本一般均小于后者。且权益融资方式由于资金拥有者与使用者融为一体，税收负担难以转嫁与分摊，因而往往难以实现纳税筹划。但具体到不同的负债方式，其成本与效果的差异还是非常大的。

融资纳税筹划的主要工作是分析不同融资方式的税后资金成本，最终目的是确定最佳融资结构。既然融资对企业经营业绩的影响主要是通过资本结构的变动发生作用的，而资本结构又是由融资方式决定的，因此筹划的目的就是在适度负债基础上，通过比较不同融资方式的税务影响和税后资金成本，选择最佳融资结构。

综上，成功的融资决策，应是一项充分利用税收杠杆作用，服务于企业价值最大化财务目标的整体性、增值性的理财行为，需要我们有正确的纳税观和理财观，并熟练掌握财经法规政策和企业管理技巧，提前思考，周密规划，精打细算，才能达到资金综合利用的最大效果。

2.负债融资

向金融机构借款的利息和费用一般都较高，资金成本也较高。公开发行债券属直接融资，发行费较高，但利息因避开了中间商，在同等资信条件下，往往比银行贷款低。向非金融机构借款和企业间拆借资金由于涉及机构和人员较多，具有还本付息等不同还款方式，容易利用利息计算、资金回收期等的弹性寻找节税途径。企业内部集资也具有拆借方式的特点，且操作更方便灵活，风险责任更小，税负一般也更低。

从以上可以发现，从纳税角度而言，向非金融机构借款、企业间筹资及内部集资虽然透明度低、限制条款多，但效果最佳。特别是对于集团企业，通过设立财务中心，对外可利用集团的资源和信誉优势，整体筹资，承担财务风险；对内可层层分贷，解决集团内部筹资问题，并调节资金结构和债务比例。这样，除了因财务功能集中而节约费用外，财务中心还能为集团带来可观的税收利益和资金管理效益，如通过内部拆借，在差别税率的两企业间转移税负；通过对利息收入的筹划，取得抵免税或延缓纳税的效果；集中优势资金、有效利用闲置资金、转移利润等。

【纳税案例】

某集团有A、B两子公司，所得税率分别为25%与15%，各有1 000万元的流动资金，如何调配筹划，使所得税税负降低？

【筹划方案】

A、B两关联公司互相提供1 000万元的贷款给对方（未超税法限额），A向B提供的是长期借款，年息3%；B则每年与A签订短期合同，年息10%，利率均低于银行同期贷款水平。此关联交易前，双方税前利润均为100万元，则A所得税支出25万元，税后净利润为75万元，B所得税支出为15万元，税后净利润为85万元，集团总税负40万元，税后净利润160万元。

关联交易发生后，有：

A税前利润=（100+1 000×3%-1 000×10%）=30（万元）

A应纳所得税=30×25%=7.5（万元）

A税后净利润=30-7.5=22.5（万元）

同理，B税前利润170万元，所得税支出25.5万元，净利润144.5万元；集团总税负则为33万元，净利润167万元。利润及税负向低税率B企业的成功转移使集团共节税7万元。

§46 租赁融资筹划

> 租赁使承租人既避免承担资金占用风险，又可通过租费抵减税负。

作为一种特殊的筹资方式，租赁使承租人既避免承担资金占用风险，又可通过租费抵减税负。在集团企业或关联企业中，特别是双方适用税率有差别的情况下，租赁更可方便地达到转移利润和减税目的。

【纳税案例】

某集团有A、B两子公司，所得税率分别为15%与25%，A拟处置一台年经营利润为100万元（折旧已扣）的闲置设备给B，如何筹划，使所得税负担降低？

【筹划方案】

有两个方案可供选择。

〖方案1〗A直接出售设备。

A直接出售该设备给B，获400万元的净收入。不考虑增值税等，有关所得税为：

A增加的应纳所得税=400×15%=60（万元）

B增加的应纳所得税=100×25%=25（万元）

集团增加的应纳所得税=60+25=85（万元）

〖方案2〗A将设备租赁。

A以40万元的年租金将该设备租赁给B。不考虑增值税，有关所得税为：

A增加的应纳所得税=40×15%=6（万元）

B增加的应纳所得税=（100-40）×25%=15（万元）

集团增加的应纳所得税=6+15=21（万元）

可见，集团至少获得三大税务利益：其一，避免缴纳资产转让所得税60万元（400×15%）；其二，因税率差别税前多扣租金成本的抵税收益4万元（40×（25%-15%））；其三，避免缴纳租金收入所得税6万元（40×15%）。

§47 巧用内部集资

> 企业生产经营过程中，通过内部集资，往往会付出比市场更多的利息，更多的利息可以起到更高的抵税作用。

企业处于扩张期时需要及时、足额地筹措资金，企业内部员工对本企业经营的好坏有清晰的了解，所以很多企业以职工集资方式筹措资金，这样既能克服银行贷款手续繁琐之苦以解燃眉之急，又能给职工带来收入，更能享受纳税所得额减免，从而成为一些企业的重要选项。与之相应，企业筹资管理的纳税筹划，也是整个纳税筹划方法体系的重要内容之一。

我国《企业所得税法实施条例》第三十八条规定，企业在生产经营活动中发生的下列利息支出，准予扣除：（一）非金融企业向金融企业借款的利息支出、金融企业的各项存款利息支出和同业拆借利息支出、企业经批准发行债券的利息支出；（二）非金融企业向非金融企业借款的利息支出，不超过按照金融企业同期同类贷款利率计算的数额的部分。

一些企业因资金紧张，银行贷款手续繁琐等原因，经常以职工集资方式筹措资金，以解燃眉之急。根据上述规定，纳税人经批准集资的利息支出，凡不高于同期、同类商业银行贷款利率的部分允许税前扣除，超过部分不得扣除。

【纳税案例】

某企业一项刚投产的项目市场销售形势良好，急需流动资金100万元，但由于企业目前负债率过高，无法从外部获得资金，若企业动用内部资金积累，将错失大好的市场盈利机会。

鉴于上述情况，企业决定以内部集资的方式解决资金问题。该企业现有职工100人，每人1 000元即可以满足企业资金的需要。为了调动职工集资的积极性，企业对集资款的利息定为年利率20%，目前市场上同类金融机构的同期贷款利率为8%。假定该企业当年会计利润为100万元。

【筹划方案】

企业支付利息有两种形式：一是以利息形式支付全部利息20万元；二是将8万元以利息的名义支付，另外12万元以奖金的形式发给职工。

对企业借款利息的支付形式进行纳税筹划如下：

如果支付给职工的回报全部以利息的名义支付，则企业本年应纳所得税为：

应纳所得税=（100+12）×25%=28（万元）

如果企业将8万元以利息的名义支付，另12万元以奖金的形式发给职工，企业本年应纳所得税为：

应纳所得税=100×25%=25（万元）

通过纳税筹划，企业本年节税：

节税额＝28－25＝3（万元）

企业在筹资时，可以将眼光从外部转向内部，发动员工进行集资。通过内部职工集资，企业既可以解决一部分生产经营所需要的资金，还可以调动企业员工的积极性，从而为企业发展带来更大的益处。

企业为了调动职工的积极性，往往会付出比市场更多的利息，更多的利息可以起到更高的抵税作用。由于国家对利息的所得税前扣除有限制，要求按照不高于市场金融机构的贷款利率进行扣除，集资时也要考虑纳税筹划问题，以合理减轻企业税负。集资利息和工资都是付给员工个人，则企业可以通过两种支付方式的转化来进行筹资活动中的纳税筹划：将税法规定可以扣除的利息部分以利息形式支付给员工，超过税法规定可以扣除的利息部分转化为以奖金形式支付给企业参加集资的员工。

但是，需要注意的是，企业在进行内部集资时，还要考虑职工缴纳个人所得税的因素，考虑职工利益有助于集资的顺利进行和提高职工的工作积极性，以收到最佳的、综合的节税效果。

【纳税案例】

KL软件有限公司现有核心职工30人，人均月工资7 000元，该地计税工资标准为每人每月8 000元。当年向职工集资人均200 000元，年利率8％。假定同期同类银行贷款利率为4.875％，当年度税前会计利润总额为200 000元。

因为同期同类银行贷款利率超过可扣除标准，根据税法规定，对于超支利息应调增应纳税所得额计算如下：

应纳税所得额＝200 000×30×（8％－4.875％）＝187 500（元）

该企业应纳企业所得税＝（200 000＋187 500）×25％＝96 875（元）

应代扣代缴个人所得税＝200 000×30×8％×20％＝96 000（元）

试分析如何处理能够为企业节税。

【筹划方案】

软件公司采取将职工的名义集资利率降为4.875％，把降低的利息通过提高职工奖金或工资的方式来解决的方案。那么，虽然职工的名义集资利率降了下来，但是个人毛收入不但没有减少，而因集资利息的应纳税所得额降低，使得个人的税后收益增加。对企业来说，集资利息未超过同期同类银行贷款利息，可以获得全额扣除。

因此，该公司可以将集资利率降为4.875％，而将利息超支部分187 500元按人按月分摊，每人每月增加工资或奖金520.83元，增加后人均月收入达到7 520.83元，仍在原纳税级距之中。将187 500元利息费用转移为工资性费用后，企业职工集资利息可全额扣除，应纳企业所得税额减少了46 875元（187 500元×25％）。同时，职工因利息收入降低，这部分的应纳税额也减少了。经此调整，实现多方受益。

显而易见，通过调整集资利率和集资利息发放形式，使企业税后收益增加了46 875元，达到了节税的目的。

§48 间接投资筹划

> 基于开放式基金现金分红暂不征收企业所得税与分红后赎回的税收利益考虑，企业投资者创造免税收益和亏损的做法，是目前企业投资开放式基金时常用的所得税筹划方法。

投资在方式上可分为两大类，即直接投资和间接投资。直接投资中，投资主体将金融资产转化为实物资产进行生产、经营活动，并从经营活动中取得盈利；间接投资中，投资主体用货币资产购买各种有价证券，以期从持有和转让中获取投资收益和转让增值。直接投资形成各种形式的企业，企业的生产经营成果既要缴纳流转税，如增值税，其纯收益还要征收企业所得税；而间接投资的交易须缴纳证券交易税（目前征收印花税），其收益则缴纳企业所得税。

随着资本市场的逐步完善，投资活动中获取收益或承担亏损虽不是企业通过自身的生产或劳务供应活动所得，却是企业利润总额的重要组成部分，并且其比重发展呈越来越大的趋势。因此，对于投资所得进行纳税筹划越来越重要。

我国企业所得税制度规定了很多税收优惠待遇，包括税率优惠和税额扣除等方面的优惠。比如，设在国务院批准的高新技术产业开发区内的高新技术企业，其企业所得税的税率为15%。其他诸如第三产业、"三废"利用企业、"老、少、边、穷"地区新办企业等都存在企业所得税的优惠待遇问题。投资者应该在综合考虑目标投资项目的各种税收待遇的基础上，进行项目评估和选择，以期获得最大的投资税后收益。

除以上投资活动外，基金作为一种现代化的投资工具，也备受投资者欢迎。

基金拆分和基金分红是开放式基金降低基金净值的两种方式，这两种方式所产生的税收效应不同。依据《财政部 国家税务总局关于企业所得税若干优惠政策的通知》（财税〔2008〕1号）第二条第二款的规定，对投资者从证券投资基金分配中取得的收入，暂不征收企业所得税。因此，企业在现金分红方式下取得的收益暂不缴纳企业所得税。但是在拆分方式下，企业投资者获得更多的基金份额，单位投资成本降低，赎回开放式基金时获得的价差收益增加，而价差收益要缴纳企业所得税。

【纳税案例】

某企业投资者2016年动用1 000万元认购某开放式基金，购买了1 000万份净值为1元的开放式基金。年末基金净值升到2元，基金公司决定拆分，将净值降到1元。企业计划再过半年赎回该基金，假设半年后基金净值为1.20元。企业应如何筹划？

【筹划方案】

基金分红方式下，分配所得为1 000万元（1 000×1），赎回时价差收益为200万元（（1.20-1.00）×1 000），应税利得为200万元，税后利得为1 150万元（1 000+

200×（1-25%））。

基金拆分后，原来1 000万份的基金份额变为2 000万份，企业投资开放式基金的单位投资成本变为0.50元，赎回时价差收益为1 400万元（（1.20-0.50）×2 000），应税利得为1 400万元，税后利得为1 050万元（1 400×（1-25%））。

可见，企业在基金分红方式下比基金拆分方式下少缴纳企业所得税300万元（（1 400-200）×25%），税后利得增加100万元（1 150-1 050）。

因此，出于节税角度，企业在投资基金时应将基金是分红还是拆分这一因素作以考虑，在选择基金时，选择以分红方式为取向的基金。

本筹划的核心在于，基金分红的收益免税。

【纳税案例】

企业投资某开放式基金1 000万份，申购日净值为每单位1.20元。截至某日，该基金单位净值为2.80元，在此期间，基金公司未进行过分红。因此，企业浮动收益为1 600万元（1 000×（2.80-1.20））。企业拟收回此项投资，且该基金已发布将在5日后对每一基金份额分红0.70元的公告。公司目前面临两种选择方案，方案1是在分红前赎回全部基金份额，方案2是待基金分红后再赎回全部基金份额。哪种方案为好？

【筹划方案】

〖方案1〗直接赎回。

企业通过赎回基金实现收益1 600万元（1 000×（2.8-1.2）），根据税法规定，该笔投资的税后净收益为1 200万元（1 600×（1-25%））。

〖方案2〗分红后再赎回。

企业首先收取红利实现收益700万元（1 000×0.70），再通过赎回实现收益900万元（1 000×（2.10-1.20）），假定分红到赎回期间净值和公司累计净值不发生变动，即基金分红除权后基金净值从2.80元降为2.10元。

可以看出，方案2与方案1实现的税前收益相同，均为1 600万元。由于分红收益不征收企业所得税，公司仅须就赎回实现的价差收入缴纳企业所得税，则公司该笔投资的税后净收益为1 375万元（700+900×（1-25%）），通过基金分红，企业多实现税后收益175万元（1 375-1 200）。

基于以上企业投资开放式基金的免税分红和赎回时点的选择，企业具备了筹划的空间，可实现节税。

本筹划的核心在于，分红后赎回提高税后净收益。

【纳税案例】

利用分红免税和分红后赎回的筹划方案。

某企业预测2016年度利润将大幅增加，初步估计应纳税所得额为2 000万元，应纳所得税税额为500万元。企业向某税务师事务所咨询，寻求减少应纳税所得额的途径。该税务师事务所建议企业购买临近分红的开放式基金，在分红后赎回，用投资损失减少应纳税所得额。

【筹划方案】

某开放式基金发布公告，将在近期进行大比例分红，将其净值从1.80元降低到1.00元（假定该基金自成立后一直未进行分红，即基金累计净值也为1.80元）。企业于是动用3 600万元购买了2 000万份净值为1.80元的该基金。一周后，每一份基金单位分红0.80元，使得基金净值降低到1.00元。企业取得免税的分红所得1 600万元（2 000×0.80），取得分红收入后不久，企业将基金赎回，假定基金净值仍为1.00元，则产生赎回损失1 600万元（3 600-2 000×1.00）。

通过上述操作，企业3 600万元的投资在账面上产生1 600万元的分红收入（免纳所得税）和1 600万元的亏损，虽然对企业利润总额的影响为零（不考虑交易成本），企业的应纳税所得额从2 000万元变成了400万元（2 000万元应纳税所得额+1 600万元分配收入-1 600万元免税分配收入-1 600万元投资损失），应纳所得税税额从500万元（2 000×25%）减少为100万元（400×25%），成功实现节税。

通过开放式基金现金分红暂不征收所得税与分红后赎回的税收利益的筹划方案可知，基金分红取得的分配收入因暂不征收企业所得税而提高了投资的税后净收益水平，分红后赎回的策略能有效降低赎回价差，提高税后净收益水平。基金分红或者拆分是由基金公司决定而不是由投资企业决定的，企业仅有选择的权利，但是从税收利益角度出发，企业投资开放式基金在选择投资对象时，最好选择偏好分红的基金；赎回基金阶段，应选择在分红后赎回的策略。

▶▶▶▶▶▶▶▶【注意事项】◀◀◀◀◀◀◀◀

如果企业采用两者结合的策略，则极可能存在较大的税务风险，税务机关完全有理由进行纳税调整。以上纳税案例中，企业的税务风险主要有以下两点：

第一，购买开放式基金是一种投资行为，为分红免税和产生亏损而投资，属于不具有合理商业目的的安排行为。根据《企业所得税法》第四十七条的规定，企业实施其他不具有合理商业目的的安排而减少其应纳税收入或者所得额的，税务机关有权按照合理方法调整。不具有合理商业目的，是指以减少、免除或者推迟缴纳税款为主要目的。对开放式基金分配中取得的收入，暂不征收企业所得税，此税收优惠政策的目的是支持开放式基金的发展，充分利用开放式基金手段进一步拓宽社会投资渠道，大力培育机构投资者，促进证券市场健康、稳定发展。企业动用大额资金，短期内申购赎回，产生巨额的免税所得和投资损失，显然以减少、免除纳税义务为主要目的，与税收优惠的初衷不符。

第二，对投资成本的认定不同导致的风险。财税〔2008〕1号文件中没有明确税法上确认暂不征税的分配所得是否仅限于投资后享有的开放式基金净值的升值部分，对所获分配所得超过上述数额的部分是否应作投资成本的收回，从上面的筹划方案来看，是不考虑该因素的。如果税务机关认定理解为确认暂不征税的分配所得仅限于投资后享有的开放式基金净值的升值部分，所获分配所得超过升值数额的部分应视作投资成本的收回，上述筹划行为中的分红所得1 600万元应视为成本的收回，赎回基金时，因成本降为每份1.00元，赎回收益为零，不存在赎回损失。因此，基于以上理解，税务机关有权进行调整，企业不仅可能会承担巨额补税和滞纳金，还可能会有信用受损的风险。

§49 直接投资筹划

IT企业在进行长期股权投资时，可以根据相关规定进行纳税筹划，能够实现企业节税。

IT企业股权转让、资产重组行为相对较多，在进行长期股权投资时可以通过纳税筹划为企业节税。税法对于长期股权投资的有关规定为：

（1）凡投资企业适用的所得税税率高于被投资企业适用的所得税税率的，除国家税法规定的定期减税、免税优惠以外，其取得的投资所得应按规定还原为税前收益，并入投资企业的应纳税所得额，依法补缴企业所得税。

（2）被投资企业分配给投资企业的全部货币性资产和非货币性资产（包括被投资企业为投资企业支付的与本身经营无关的任何费用），应全部视为被投资企业对投资企业的分配支付额。被投资企业向投资企业分配非货币性资产，在所得税处理上应视为以公允价值销售非货币性资产和分配两项经济业务，并按规定计算财产转让所得或损失。

（3）对于股权投资所得的确认，除另有规定者外，不论企业会计账务中对投资采取何种方法核算，被投资企业会计账务上实际做利润分配处理（包括以盈余公积和未分配利润转增资本）时，投资企业应确认投资所得的实现。

（4）企业从被投资企业分配取得的非货币性资产，除股票外，均应按有关资产的公允价值确定投资所得。企业取得的股票，按股票票面价值确定投资所得。

（5）企业股权投资转让所得或损失是指企业因收回、转让或清算处置股权投资的收入减除股权投资成本后的余额。企业股权投资转让所得应并入企业的应纳税所得，依法缴纳企业所得税。企业因收回、转让或清算处置股权投资而发生的股权投资损失，可以在税前扣除，但每一纳税年度扣除的股权投资损失，不得超过当年实现的股权投资收益和投资转让所得，超过部分可无限期向以后纳税年度结转扣除。

（6）企业以经营活动的部分非货币性资产对外投资，包括股份公司的法人股东以其经营活动的部分非货币性资产向股份公司配购股票，应在投资交易发生时，将其分解为按公允价值销售有关非货币性资产和投资两项经济业务进行所得税处理，并按规定计算确认资产转让所得或损失。

（7）企业整体资产转让是指一家企业（以下简称转让企业）不需要解散而将其经营活动的全部（包括所有资产和负债）或其独立核算的分支机构转让给另一家企业（以下简称接受企业），以换取接受企业资本的股权（包括股份或股票等），包括股份公司的法人股东以其经营活动的全部或其独立核算的分支机构向股份公司配购股票。企业整体资产转让原则上应在交易发生时，将其分解为按公允价值销售全部资产和进行投资两项经济业务进行所得税处理，并按规定计算和确认资产转让所得或损失。

（8）企业整体资产置换是指：一家企业以其经营活动的全部或其独立核算的分支机构与另一家企业的经营活动的全部或其独立核算的分支机构进行整体交换，资产置换双方企业都不解散。企业整体资产置换原则上应在交易发生时，将其分解为按公允价值销售全部资产和按公允价值购买另一方全部资产的经济业务进行所得税处理，并按规定计算和确认资产转让所得或损失。

根据上述规定，企业在进行长期股权投资时可以进行以下纳税筹划为企业节税：

（1）如果投资企业打算将拥有的被投资企业的全部或部分股权对外转让，则很有可能造成股息所得转化为股权转让所得。因为，企业保留盈余不分配将导致股权转让价格增高，使本应享受免税或补税的股息性所得转化为应全额并入所得额征税的股权转让所得。因此，对于投资企业而言，除非保留利润一直到转让投资前分配或清算，否则，保留利润不分配导致股息转化为资本性利得，对企业是不利的。

（2）被投资企业保留利润不分配，对投资企业来说，可以不用补税，但在转让该项股权时，却会造成股息性所得转化为投资转让所得，结果是全额并入利润总额征税，并且被重复征税。

对此，从纳税筹划角度来考虑，正确的做法是：平时被投资企业保留利润不分配，但必须在转让之前将累积未分配利润进行分配。这样做，对投资企业来说，可以达到不补税或递延纳税的目的，同时又可以有效避免股息性所得转化为资本利得，从而消除重复纳税。对于被投资企业来说，由于不分配可以减少现金流出，而且这部分资金无须支付利息，等于是增加了一笔无息贷款，从而可以有效利用资金，获得资金时间价值。

【纳税案例】

K公司2015年2月20日以银行存款90万元投资于B公司，占B公司（非上市公司）股本总额的70%，B公司当年获得净利润50万元。A公司所得税率为25%，B公司所得税率为15%。

对于A公司的投资所得，该如何分配使用能为公司节税？

【筹划方案】

〖方案1〗分配利润后转让。

2016年3月，B公司董事会决定将税后利润的30%用于分配，A公司分得利润10.5万元。2016年9月，A公司将其拥有的B公司70%的股权全部转让给C公司，转让价为100万元。转让过程中发生的税费为500元。

A公司应纳企业所得税计算如下：

生产经营所得应纳税额=100 000×25%=25 000（元）

股息所得应补税额=105 000÷（1-15%）×（25%-15%）=12 353（元）

转让所得应纳税额=（转让收入-计税成本-税费）×税率

$\qquad$=（1 000 000-900 000-500）×25%

$\qquad$=24 875（元）

A公司2016年度合计应纳所得税额=25 000+12 353+24 875

$\qquad$=62 228（元）

【方案2】不分配利润转让。

B公司保留利润不分配。2016年9月，A公司将其拥有的B公司70%的股权全部转让给C公司，转让价为110.5万元。转让过程中发生的税费为600元。假设A公司2017年度内部生产经营所得（不含投资收益）为10万元。

则A公司应纳企业所得税计算如下：

生产、经营应纳所得税额=100 000×25%=25 000（元）

转让所得应纳税额=（转让收入-计税成本-税费）×税率

　　　　　　　　=（1 105 000-900 000-600）×25%

　　　　　　　　=51 100（元）

A公司2016年度应纳所得税额=25 000+51 100=76 100（元）

将上述两种方案进行对比分析可以发现，方案1比方案2减轻税负13 872元（76 100-62 228）。

如果A、B公司所得税税率相同，均为25%，则在方案1中A公司分回股息无须补税，2016年度应纳所得税额为49 875（25 000+24 875）元。方案2中应纳所得税额仍然是76 100元。方案1比方案2节税26 225元。

§50 投资收益筹划

> 企业取得的符合条件的居民企业之间的股息、红利等权益性投资收益为免税收入。

企业的对外投资包括债权性投资和权益性投资，与所得税直接有关的是企业的投资收益。在日常的会计核算中，企业的投资收益，不管是债权性投资收益还是权益性投资收益，全部记入"投资收益"账户进行核算。

企业在国内投资、联营取得利润，由接受投资或联营企业向其他所在地税务机关纳税。对于投资方或联营方分得的利润（股息），因其已是所得税后利润，一般不再征税。但如果涉及地区所得税适用税率存在差异，则纳税人从其他企业分回的已经缴纳企业所得税的利润，其已缴纳的税额需要在计算本企业所得税时予以调整。

【纳税案例】

甲公司是一家民营企业，主要生产通信设备和计算机软硬件及外围设备，自设立以来经营状况一直很好，积累了大量的资金。2015年底，甲公司决定将闲置的500万元对外进行投资，并计划于2017年5月收回后用于进一步扩大经营规模。2016年1月，甲公司用此500万元购买了乙公司60%的股权，成为其第一大股东。乙公司是北京市中关村科技园区的高新技术企业，享受15%的所得税优惠税率。2016年，乙公司实现税后利润200万元，对此利润甲公司应如何处理呢？

【筹划方案】

〖方案1〗甲公司转让股权前，乙公司分配股利。

假设乙公司决定将税后利润的50%用于分配现金股利，2017年4月，甲公司分得60万元。2017年5月，甲公司将其拥有的乙公司60%的股权全部转让，转让价格为550万元，转让过程中除发生印花税外无其他税费。甲公司2017年的生产、经营所得为100万元（企业所得税税率为25%），结合现行政策，甲公司应纳税额计算如下：

1. 印花税。根据《中华人民共和国印花税暂行条例》的规定，产权转移书据按所载金额的0.5‰贴花，包括财产所有权和版权、商标专有权、专利权、专有技术使用权等转移书据，均应当按规定缴纳印花税。

应纳印花税=550×0.5‰=0.275（万元）

2. 企业所得税。根据《企业所得税法》的规定，企业取得的符合条件的居民企业之间的股息、红利等权益性投资收益为免税收入。《企业所得税法实施条例》规定："符合条件的居民企业之间的股息、红利等权益性投资收益，是指居民企业直接投资于其他居民企业取得的投资收益，不包括连续持有居民企业公开发行并上市流通的股票不足12个月取得的投资收益。"因此，甲公司取得的60万元现金股利属于股息性所得，按税法规定免税。

同时，《国家税务总局关于企业股权投资业务若干所得税问题的通知》（国税发〔2000〕118号）规定："企业股权投资转让所得或损失是指企业因收回、转让或清算处置股权投资的收入减除股权投资成本后的余额。企业股权投资转让所得应并入企业的应纳税所得，依法缴纳企业所得税。"

甲公司取得的股权投资转让所得应纳所得税=（550-500-0.275）×25%=12.43125（万元）

自营业务应纳所得税=100×25%=25（万元）

以上甲企业应纳各种税额合计=0.275+12.43125+25=37.70625（万元）

【方案2】甲公司转让股权前，乙公司保留盈余不分配。

2017年5月，甲公司将其拥有的乙公司60%的股权全部转让，转让价格为610万元（因为乙企业保留盈余不分配导致股权转让价格增高），转让过程除发生印花税外无其他税费，其他条件同上。甲公司应纳税额计算如下：

1．应纳印花税=610×0.5‰=0.305（万元）

2．企业所得税。《国家税务总局关于企业股权转让有关所得税问题的补充通知》（国税函〔2004〕390号）规定："企业在一般的股权（包括转让股票或股份）买卖中，应按《国家税务总局关于企业股权投资业务若干所得税问题的通知》（国税发〔2000〕118号）有关规定执行。股权转让人应分享的被投资方累计未分配利润或累计盈余公积应确认为股权转让所得，不得确认为股息性质的所得。企业进行清算或转让全资子公司以及持股95%以上的企业时，应按《国家税务总局关于印发〈企业改组改制中若干所得税业务问题的暂行规定〉的通知》（国税发〔1998〕97号）的有关规定执行，即：投资方应分享的被投资方累计未分配利润和累计盈余公积应确认为投资方股息性质的所得，为避免对税后利润重复征税，影响企业改组活动，在计算投资方的股权转让所得时，允许从转让收入中减除上述股息性质的所得。"可见，甲公司该项转让股权的行为属于上述规定中的一般股权买卖。

取得的股权投资转让所得应纳所得税=（610-500-0.305）×25%=27.42375（万元）

甲公司的自营业务应纳所得税=100×25%=25（万元）

甲公司应纳各项税额合计=0.305+27.42375+25=52.72875（万元）

由此可见，方案1与方案2相比可以节约税款15.0225万元（52.72875-37.70625），甲公司应该选择方案1。

从我国相关税法的规定可以看出，如果被投资企业保留盈余不分配，投资企业的股权转让会导致股息性所得转化为资本利得，即投资企业本应获得的免税股息性所得转化成了需全额缴税的资本利得，极大地增加了投资企业的税负。因此，投资企业在转让股权前应使被投资企业尽可能最大限度地分配未分配利润，即先分配后转让。需要强调的是，要做到先分配后转让，投资企业首先应对被投资企业控股，从而控制被投资企业的利润分配政策；其次，被投资企业要有足够的现金可供分配。

另外，如果被投资企业是我国境内的上市公司，采用先分配后转让的方法会对自然人股东的利益造成损害。因为按照现行个人所得税法的规定，自然人获得的股利收入要按10%的税率缴纳个人所得税（2005年6月13日前为20%）。而如果将利润留存于企业，股东虽没有取得现实的股息所得，但随着股东权益的增加，股票价格会上涨，这时股东如果转让股票，则对其股票转让所得暂不征收个人所得税，股东只需按成交金额缴纳印花税，其税负大大低于先分配后转让的纳税负担。

§51 短期投资计价

> 企业在进行短期投资时，采用成本与市价孰低计价法，价值的增加数一般不入账，有利于企业合法减轻税负。

投资所得主要包括股息、债券利息、银行存款利息、贷款利息、投资利润等。对于这些收入，各国采取了不同的标准来征税。同时，各国企业也可以利用这些标准来达到合法避税的目的。具体确定标准有以下三个方面：

第一，各国对股息、债券利息、存款利息等大多采用所得支付者标准，即凡是由本国居民、在本国境内的非居民个人和非居民（非本国籍）公司在本国的常设机构支付的这类所得，视为本国境内来源所得。

第二，各国对贷款利息、特许权使用费等主要采取权利使用费标准，即对凡是与本国境内的经营活动有关的贷款利息、提供在本国境内使用的专利、专有技术等所收取的费用都规定为本国境内来源所得，如美国、日本。

第三，一些国家还采取将常设机构的全部投资所得规定为本国境内所得的办法来扩大对非居民公司的课税范围。例如，西欧国家对常设机构实行全球所得征税。对于这一点的避税也有可能，但具体方法不是本书主旨，这里不详述。

根据这些标准，各国企业便存在诸多避税可能，具体如下：

（1）可以利用的免税优惠。世界上许多国家为了吸引外国公司和个人的资金，往往对某些类型的投资所得采取将其划到境外所得范围的方法，实质上对其给予免税优惠。这些所得主要是银行存款利息、公债利息及本公司债券利息。

（2）可以利用的变通规定。有的国家在考虑投资所得支付者的经营活动与本国经济的关系时，会相应作出一些特殊规定。

建立分支机构的好处如下：分支机构作为非独立的经济实体，往往可以不公布或少公布财务资料，易于规避有关税务当局的征缴；可以不缴纳资本注册税和印花税；可以避免对支付利息和特许权使用费征收的预提所得税，在一定条件下，税后利润汇回母国不受限制；各国一般允许国外分支机构的经营损失和某些费用（如折旧等）冲抵总机构在世界范围内的利润；可以利用本国免除国际重复课税的直接抵免方法。

当然，建立分支机构也有一定的弊端，为合理避税造成一定困难。严重时，甚至可能是"赔了夫人又折兵"。所以，正确地把握好度，扬长避短，这样才能真正实现避税的目的。具体弊端如下：

一般情况下，在转移定价方面会遇到更多的困难。因为总机构与分支机构是同一法律实体，各国对总分机构内部交易的审核较作为独立法人的母子公司更严格；分支机构参股所得不能免税，也不能享受间接抵免待遇。参股所得是指分支机构在另一股份公司或合伙企业的参股所得的收入；由于分支机构不是独立法人，在大多数国家，不能享受他们所提供的免税期优惠或其他税收优惠待遇；分支机构一经取得利润，总机构在同一纳税年度内，须就这些所得在居住国纳税，无从获得延缓纳税的好处；分支机构与总机构之间支付的利息、特许权使用费等一般是不能作为费用扣除的，在两国税率存在差异的情况下，税负可能会有所增加。子公司建立后，利弊正好相反。

短期投资的计价，是指会计期末企业在编制会计报表时对短期投资账面价值的反映方法。会计实务中，对短期投资的计价方法一般有三种，即成本法、市价法和成本与市价孰低法。采用成本计价法时，短期投资的价值即按账面上的置存价值，也即短期投资账面上的余额来确定。这种方法符合"资产计价应以成本为基础"的计量原则。

【纳税案例】

A公司是元器件生产及销售公司，于2015年3月1日购入同年1月1日B公司发行的公司债券作为短期投资，以每张1 050元的价值购入面值为1 000元、年利率9%的公司债20张，另付经纪人佣金500元，2015年12月31日该债券的市价为1 020元。

试对A公司的短期投资行为进行纳税筹划，A公司采用哪种计价方法更有利？

【筹划方案】

1. 成本计价法

B公司债券——按成本（市价为20 400元） 21 200元

报告期末短期投资的账面价值按市场公允价值反映，当期计列由于市价变动所产生的未实现投资收益，以衡量企业实际可用资金，真实表达企业的财产状况。

2. 市价计价法

仍以上例，按市价法计价时，应编制如下的分录：

借：短期投资跌价损失　　　　　　　　　　　　　　　　　　　　　　800

　　贷：短期投资——B公司债券　　　　　　　　　　　　　　　　　　800

（市价上升作相反的会计分录）

在会计报表上的列示：

在利润表上：

短期投资跌价损失 800

在资产负债表上：

短期投资

B公司债券——按市价（成本21 200元） 20 400

3. 成本与市价孰低计价法

成本与市价孰低计价法是指采用每种证券的成本与市价中较低者或者采用企业投资的所有证券的成本与市价总值中较低者作为短期投资的账面价值。这种方法只考虑市价形成的投资损失，而不考虑市价升高所带来的投资收益，这是会计上的稳健主义原则在短期投资计价上的具体体现。

仍以上例，按成本与市价孰低计价法，应编制如下的分录：

借：短期投资跌价损失　　　　　　　　　　　　　　　　　　　　　　800

贷：备抵短期投资跌价损失　　　　　　　　　　　　　　　　800

"备抵短期投资跌价损失"在报表上的列示：

流动资产：

短期投资——B公司债券

成本 21 200元

备抵短期投资跌价损失 800元

市价 20 400元

　　我们从A公司所进行的短期投资不同计价法中可看到，在三种方法中，采用成本计价法和市价计价法，都有可能引起虚增利润现象，当然也有可能引起虚减利润现象，这取决于市价相对于面值的变化，但是采用成本与市价孰低计价法时，由于当市价升高到成本以上时，其价值的增加数一般不入账，因此只算损失不算收益，符合企业避税要求，也合乎企业的利益，故采用成本与市价孰低计价法有利于企业合法避税。

§52 企业合资筹划

> 企业合资如果利用好税法中赋予的税收优惠，就能达到减税、缓税或免税的目的。

内外合资的企业纳税筹划的重点和关键在于如何利用涉外企业的特定的税收优惠。

1.尽量合法减少收入总额，增加允许扣除的成本费用、税金和损失，将其贯穿到企业经营中纳税筹划的全过程

应纳税所得额和税率在决定企业税负上起着最重要的作用，在收入确定的前提下，税前可扣除成本费用的增加，必然会减少应纳税所得额。以合并后的企业所得税统一了计税工资扣除标准、广告费扣除标准等为例，为企业通过筹划最大限度地增加税前扣除的成本费用提供了空间，可以说成本费用将成为外商投资企业今后纳税筹划的一项重要内容。

2.合法地推迟所得税纳税时间，利用货币的时间价值，增加企业当期的运营资金

外商投资企业可以根据自身特点选择固定资产折旧方式、存货计价方式、坏账损失的处理方法，以及无形资产、递延资产的摊销期限等。如符合税法规定允许采用加速折旧的固定资产，在一般情况下，为了获取直线法所不具有的延期纳税的好处，宜选用加速折旧法计提折旧。我国税法允许各项存货的发出或者领用，其实际成本的计价方法，可以在先进先出法、移动平均法和加权平均法等方法中选用。一般来说，在存货价格预计不断下降的情况下，应选择先进先出法；在存货价格波动较大的情况下，则宜采用加权平均法或移动平均法，以获取延期纳税的好处，增加企业的运营资金。再如，坏账损失的处理，按照税法及现行财务制度和《企业会计准则》的规定，企业可以选择备抵法或者直接冲销法。一般来讲，可以选择备抵法，通过提取坏账准备金，就可以增加当期扣除项目，降低当期应纳税所得额，从而减轻企业的所得税负担，即使两种方法计算的应纳税所得额相等，也会因备抵法将企业的一部分利润后移，使企业能够获得因延迟纳税而增加企业运营资金的好处。

3.针对财务会计制度规定进行纳税筹划

在确定应纳税所得额时，财务会计制度规定与税法有冲突时应以税法为准，但是当某一具体事项如果税法对其没有规定时，则以会计制度规定为准。

因此，充分利用财务会计制度进行纳税筹划就存在一定的筹划空间。如外商投资企业可以按照财务会计制度的规定，通过对长期股权投资会计核算方法的选择和债券溢价、折价摊销方法的选择，达到节税的目的。具体处理如下：如果企业对被投资企业没有控股的目的，应选择成本法进行核算，因为成本法是在被投资企业宣告发放股利或实际收到股利时确认投资收益。基于宣告发放股利或实际发放股利的时间往往是在资产负债表日后，投资收益不计入当年的纳税所得，而并入下一年度纳税所得，从而延缓了所得税的缴纳时间，增加了企业的运营资金，而选择权益法则得不到此好处。因为权益法在年度终了，必须按投资比例确认投资收益，只要被投资企业盈利，即使其未将已实现的收益分配给投资企业，投资企业仍然要在本年度确认投资收益，缴纳企业所得税。对于债券溢价、折价摊销方法的选择，在一般情况下，纳税人选择实际利率法摊销债券溢价，选择直线法摊销债券折价，可以获得节税效应。

4.充分利用亏损弥补规定，合理归属所得年度

合理归属所得年度是指利用合理的手段将所得归属在能负担最低税负的年度内，实现纳税最优化。合并后的企业所得税法规定，企业发生的年度亏损，可以用下一年度的所得弥补，下一年度所得不足弥补时，可以逐年延续弥补，但是延续弥补期最长不得超过5年，如果企业5年内的所得不够弥补，就必须在5年后用税后利润弥补。因此，在制订企业财务计划时，一方面有必要利用合理的手段，将5年以后的所得提前到5年内，达到节税目的；另一方面尽量避免出现前盈后亏的情况，因为企业出现前盈后亏，则亏损部分就只能用亏损后的盈利补亏，不能用以前年度的盈利弥补。这样，在同样的时期内，如果税前累计利润总额相同，势必造成前期多纳税，损失了货币的时间价值。要充分利用有关纳税规定，合并后的企业所得税法规定以公司法人为基本纳税单位，不具备法人资格的机构不是独立纳税人，这和原来独立核算但不具备法人资格的分支机构也需独立纳税的规定有很大不同。企业把设立在各地的子公司改变为分公司，使其失去独立纳税资格，就可以由总公司汇总缴纳企业所得税。这样做的好处是：各分公司间的收入、成本费用可以相互弥补，实现均摊，避免出现分公司税负严重不均匀的现象，实现亏损不纳税、盈利少纳税的目的。

例如，某合资企业8年间的盈亏状况如下：第一年亏60万元，第二年亏45万元，第三年亏25万元，第四年亏15万元，第五年盈25万元，第六年盈30万元，第七年盈35万元，第八年盈45万元。

该企业第一年亏损的60万元，可以用后5年的利润来弥补，但是后5年中，只有第五、六年盈利，两年共实现利润55万元，弥补第一年亏损后，仍有5万元未能弥补。第七年企业实现利润35万元，这35万元不能再用以弥补第一年的亏损，而只能用来弥补第二年的亏损45万元，第七年的利润弥补第二年的亏损后仍有10万元亏损弥补不了。第八年的利润45万元，只能用来弥补第三年的亏损25万元和第四年的亏损15万元，因为对第三、四年而言，第八年是它们的法定弥补期。弥补后还有5万元盈利，标志着该企业在第八年才真正达到获利年度。

外商投资企业如果利用好税法中赋予的税收优惠，就能达到减税、缓税或免税的目的。

【纳税案例】

某内资企业准备与某外国企业联合投资设立中外合资企业，投资总额为6 000万元，注册资本为3 000万元，中方1 200万元，占40%，外方1 800万元，占60%。中方准备以自己使用过的机器设备1 200万元和房屋建筑物1 200万元投入，投入方案有两种：

〖方案1〗以机器设备作为注册资本投入。

以机器设备作价1 200万元作为注册资本投入，房屋、建筑物作价1 200万元作为

其他投入。

〖方案2〗以房屋、建筑物作为注册资本投入。

以房屋、建筑物作价1 200万元作为注册资本投入，机器设备作价1 200万元作为其他投入。

哪种方案对企业有利？

【筹划方案】

方案1的纳税情况：

按照税法规定，企业以机器设备作为注册资本投入，参与合资企业利润分配，同时承担投资风险，不征收增值税和相关税金及附加。但把房屋、建筑物直接作价给另一企业，作为新企业的负债，不共享利润、共担风险，应视同房产转让，需要缴纳增值税、城市维护建设税、教育费附加及契税，具体数据为：增值税60万元，城市维护建设税、教育费附加6万元，契税36万元（由受让方缴纳）。

方案2的纳税情况：

房屋、建筑物作为注册资本投资入股，参与利润分配，承担投资风险，按国家税收政策规定，可以不缴纳增值税、城市维护建设税及教育费附加，但需要缴纳契税（由受让方缴纳）。同时，税法又规定，企业出售自己使用过的固定资产，其售价不超过原值的，不征收增值税。

方案2中，企业把自己使用过的机器设备直接作价给另一企业，视同转让固定资产，且其售价一般达不到设备原价，因此，按政策规定可以不缴纳增值税。其最终的税收负担为：

应纳契税=1 200×3%=36（万元）（由受让方缴纳）

从上述两个方案的对比中可以看到，中方企业在投资过程中，虽然只改变了几个字，但由于改变了出资方式，最终使税收负担相差66万元。这只是投资筹划链条中的小小一环，对企业来说，投资是一项有计划、有目的的行动，纳税又是投资过程中必尽的义务，企业越早把投资与纳税结合起来规划，就越容易综合考虑税收负担，达到创造最佳经济效益的目的。

§53 先销售后入股

> "先销售后入股"可以避免按纳税人销售同类应税消费品的最高销售价格作为计税依据计算缴纳消费税，实现节税。

企业用自产的应税消费品进行对外投资、换取生产资料和消费资料以及抵偿债务，虽然没有直接发生销售行为，但仍是一种有偿转让应税消费品所有权的行为，应当视同销售应税消费品计算缴纳消费税。按照规定，纳税人用应税消费品进行投资、换取生产资料和消费资料以及抵偿债务等，应当按纳税人销售同类应税消费品的最高销售价格作为计税依据计算缴纳消费税。这将给企业带来一定的税收负担，那么怎样利用相关的政策进行筹划，以减少企业的这种负担呢？

【纳税案例】

2015年11月，某汽车厂以小汽车20辆向某出租汽车公司进行投资。按双方协议，每辆汽车折合价款为200 000元。每辆车生产成本为120 000元，正常销售价格为200 000元（不含税）。该汽车厂当月销售该种小汽车的最高售价为220 000元。

汽车厂该项业务应纳消费税税额为：

应纳消费税=220 000×20×9%=396 000（元）

【筹划策略】

在这项业务中，该汽车厂虽然没有直接发生销售行为，但以汽车进行投资，属于有偿转让应税消费品的行为，因而应当计算缴纳消费税。

根据《消费税暂行条例》的规定，纳税人自产的应税消费品用于换取生产资料和消费资料、投资入股或抵偿债务等方面，应当按照纳税人同类应税消费品的最高销售价作为计税依据。

在实际操作中，当纳税人用应税消费品换取货物或者投资入股时，一般是按照双方的协议价或评估价确定的，而协议价往往是市场的平均价。如果按照同类应税消费品的最高售价作为计税依据，显然会加重纳税人的负担。

由此，我们不难看出，如果采取先销售后投资入股（换货、抵债）的方法，则会少缴消费税，从而达到减轻税负的目的。

在投资方式中，应选择设备投资和无形资产投资，而不应选择货币资金投资方式。原因是：第一，设备投资其折旧费可以作为税前扣除项目，减小所得税税基；无形资产摊销费也可以作为管理费用税前扣除，也可减小所得税税基。第二，用设备投资，在投资资产计价中，可以通过资产评估提高设备价值。实物资产和无形资产的产权发生变动时，必须进行资产评估。评估的方法主要有重置成本法、现行市价法、收益现值法、清算价格法等。

§54 先销售后抵债

"先销售后抵债"使企业不必以同类应税消费品的最高销售价格作为计税依据，从而降低税负。

企业用自产的应税消费品进行对外投资、换取生产资料和消费资料以及抵偿债务，虽然没有直接发生销售行为，但仍是一种有偿转让应税消费品所有权的行为，按照税法规定，应当按纳税人销售同类应税消费品的最高销售价格作为计税依据计算缴纳消费税。这样显然会使纳税人的税负增加较多，对此如何寻找纳税筹划方法呢？

【纳税案例】

A酿酒厂2016年4月A牌粮食白酒的销售情况是：以80元/千克的价格销售500千克，以100元/千克的价格销售1 500千克，以120元/千克的价格销售50千克。另外以80元/千克的价格用500千克A牌白酒抵偿对B粮食加工有限公司2008年的债务。企业在月末以80元/千克计算缴纳消费税10 500元。

2016年5月初，当地主管税务机关对A酿造厂的纳税情况进行检查时，发现A酿酒厂有以货抵债行为，于是责成A酿酒厂将抵偿债务的500千克白酒按最高销售价格120元/千克补缴消费税5 000元。该企业的负责人对此很不理解。

税务人员指出：纳税人用于换取生产资料和消费资料、投资入股和抵偿债务等方面的应税消费品，应当以纳税人同类应税消费品的最高销售价格作为计税依据计算消费税。

【筹划策略】

如果A酿酒厂要使该笔业务以较低的税收负担成交的话，就应该将其分成两笔业务来做：A酿酒厂以80元/千克的价格和正常销售的手续将A牌白酒销售给B粮食加工有限公司；然后再通过有关账户调整抵减"应付账款"。这样既符合有关法律规定，又能收到节税效果。

§55 先销售后采购

> 企业在处理业务的时候，如果通过先销售后采购的方式，能够为企业带来节税的效果。

按照规定，如果纳税人需要向另一企业采购物资，同时该企业也需要采购自己的物资，那么，作为纳税人，可以通过先销售后采购的方式，进行筹划，以减少企业的税负。

【纳税案例】

某市国税局稽查局对汽车制造企业 KL 公司进行纳税检查时，发现该公司 2015 年 11 月有一份凭证有如下记载：

```
借：长期股权投资——环地物流                          260
    库存商品——××型钢材                            280
  贷：库存商品——K牌小汽车                           280
      银行存款                                     260
```

其凭证的附件是投资合同以及 20 辆小汽车的调库单证。

对这一笔业务的处理，稽查人员感觉不正常，于是向有关人员进行进一步查证，最终发现事情的真相。

原来，KL 汽车公司发现物流业有很好的利润空间，于是决定向该行业发展。几经研究，公司决定与其长期的贸易伙伴某轮胎公司合资，共同投资成立环地物流有限公司。而该汽车制造企业本来就与轮胎公司存在长期的业务合作关系，账面存在较多的业务往来记录。该笔业务是两个企业大量的关联业务中的一笔，双方经过协商，将各自的产品降价互相串换，财务人员出于隐藏目的，故意做了一笔多借多贷的会计分录。

KL 汽车公司最近 3 个月小汽车的销售价格有较大的起伏。以 2015 年 9 月 K 牌小汽车的销售情况为例，该公司以 14 万元/辆的价格销售了 50 辆，以 15 万元/辆的价格销售 100 辆，以 17 万元/辆的价格销售 60 辆，以 18 万元/辆的价格销售 5 辆（小汽车的消费税税率为 8%，增值税税率为 17%，城建税税率为 7%，教育费附加率为 3%）。

主管税务机关认定其为偷税行为，应该依法补缴相关的税费。

应纳消费税=180 000×20×8%=288 000（元）

应纳增值税=180 000×20×17%=612 000（元）

应纳城建税及教育费附加=（288 000+612 000）×（7%+3%）=90 000（元）

公司接到税务机关的"税务行政处罚告知书"后，立即做出陈述：公司与轮胎公司串换轮胎的协议价格是每辆小汽车 14 万元，而税务机关以每辆 18 万元的价格作为计税依据不正确。

税务机关认为，汽车制造企业虽然没有直接发生销售行为，但以汽车串换轮胎，属于有偿转让应税消费品的行为，因而应当按企业销售该种汽车的最高销售价格计算缴纳消费税。

【筹划策略】

如果企业通过先销售汽车，再采购轮胎，就可以避免税务机关要求以该企业的最高销售价格计算消费税。若汽车公司先以14万元/辆的价格销售给轮胎公司，则其税负为：

应纳消费税=180 000×14×8%=201 600（元）

应纳增值税=180 000×14×17%=428 400（元）

应纳城建税及教育费附加=（201 600+428 400）×（7%+3%）=63 000（元）

经此筹划，大大降低了该公司的税负，一共减少了27 000元。先销售后再采购其轮胎，就达到了节税的效果。

五、并购重组纳税筹划

§56 关联企业收购

> 关联企业收购方式的不同决定了企业的税负不同。对此企业应选择合理的收购方式，从而使企业利益最大化。

企业在进行对外投资、增资、减资、合并、分立等行为时，应当统筹考虑各种税种的影响，从可行方案中选择最优方案，从而达到企业利益最大化。

企业收购时应综合考虑企业所得税、契税、土地增值税、增值税等税种。《契税暂行条例细则》规定，以土地、房屋权属作价投资、入股，视同土地使用权转让、房屋买卖或者房屋赠与征税；以无形资产、不动产投资入股，参与接受投资方利润分配，共同承担投资风险的行为，不征收增值税，对股权转让不征收增值税；对于以房地产进行投资、联营的，投资、联营的一方以土地（房地产）作价入股进行投资或作为联营条件，将房地产转让到所投资、联营的企业中时，暂免征收土地增值税；考虑企业所得税时，若两公司存在关联关系则要注意免税分立和免税合并等相关问题。

【纳税案例】

A公司是B公司投资设立的一家以生产发动机为主的现代化股份制企业，B公司占其总股本的16.19%，是A公司的第一大股东。某年，A公司下属C工厂（A公司的分支机构，非独立法人）开始受B公司委托生产某型汽车产品。经过多年的经营，A公司为B公司的产品生产做出了很大的贡献。

但是，随着B公司的发展和国内外市场环境的变化，B公司与A公司之间这种委托生产关系的弊端越来越明显：一方面，管理成本不断上升，管理效率降低，产品质量难以保证，正常的生产经营和融资等活动受到制约，长期存在的关联交易的审议和披露，也牵扯了大量精力；另一方面，A公司作为B公司的一个重要的发动机生产企业，其产品的创新、研发、升级的需求日益扩大，B公司对上游零部件生产的掌控已经成为战略需求。因此，B公司收购A公司下属的C工厂，对其今后的发展有着至关重要的意义。

目前，C工厂资产合计为42 502万元，负债合计为41 786万元，差额为716万元。具体为：

1. 固定资产：账面价值13 265万元，评估价值19 778万元。其中，房屋、建筑物账面价值6 848万元，评估价值12 272万元，初始购买价格为10 790万元；机器设备账面价值6 417万元，评估价值7 506万元。

2. 无形资产：土地账面价值4 886万元，评估价值13 712万元。

3. 其他资产和负债的账面价值与评估价值基本一致。

经过讨论，最后提出了四种收购方案，哪种收购方案税负最小呢？

【筹划方案】

〖**方案1**〗以承接负债方式收购。

B公司拟以承接负债的方式购买C工厂的资产，C工厂资产和负债的差额716万元，由B公司用现金补足。

1.B公司应负担的税负：

（1）应纳契税＝（12 272+13 712）×3%=780（万元）

（2）所得税：B公司取得资产可以按照评估价值进行折旧摊销。

2.A公司应负担的税收：

（1）增值税。

机器设备应缴纳增值税（评估价值大于账面原值）：

应纳增值税=7 506÷（1＋4%）×4%×50%=144（万元）

转让存货产生的增值税销项税，购买方应当作为进项税抵扣，可忽略。

（2）应纳增值税＝（12 272+13 712－10 790）×11%=1 671（万元）

（3）土地增值税大约应缴纳2 480万元（计算过程略）。

（4）应纳所得税＝（19 778＋13 712－13 265-4 886－144－1 671－2 480）×25%

$$= 11\ 044×25\%$$

$$= 2\ 761（万元）$$

A公司合计应负担税款＝144＋760＋2 480＋2 761=6 145（万元）

3.方案1税收负担合计=6 145＋780＝6 925（万元）

〖**方案2**〗先剔除再收购。

A公司先将C工厂除土地、建筑物外的其他资产（机器设备、存货等），以及相等金额的负债转让给B公司，然后A公司用C工厂的剩余资产（土地、建筑物和剩余负债）投资成立C公司（A公司的全资子公司），最后，B公司以716万元的价格收购C公司的全部股权。

1.B公司和C公司应负担的税收：

（1）契税：《契税暂行条例细则》规定，以土地、房屋权属作价投资、入股，视同土地使用权转让、房屋买卖或者房屋赠与征税。因此，C公司承受土地、建筑物，应当缴纳契税780万元。

（2）企业所得税：B公司购买C公司的全部股权，其长期股权投资的计税成本为716万元。C公司取得资产可以按照评估价值进行折旧、摊销。

2.A公司应负担的税收：

（1）增值税：与方案1相同。

（2）土地增值税：《财政部、国家税务总局关于股权转让有关营业税问题的通知》（财税〔2002〕191号）规定，以无形资产、不动产投资入股，参与接受投资方利润分配，共同承担投资风险的行为，不征收营业税，对股权转让不征收营业税，"营改增"后，相应的增值税也免征。

《财政部、国家税务总局关于土地增值税一些具体问题规定的通知》（财税字

〔1995〕48号）规定，对于以房地产进行投资、联营的，投资、联营的一方以土地（房地产）作价入股进行投资或作为联营条件，将房地产转让到所投资、联营的企业中时，暂免征收土地增值税（注：接受投资、联营的企业从事房地产开发的，或者房地产开发企业以其建造的商品房进行投资和联营的除外）。

对于A公司以土地、建筑物投资成立C公司，如何征收增值税和土地增值税存在两种不同的意见：第一种意见认为，A公司以土地、建筑物和部分债权投资成立C公司，纯粹属于投资行为，因此不需要缴纳增值税和土地增值税。第二种意见认为，A公司以评估价值为25 984万元（12 272+13 712）的不动产对外投资，形成注册资本的部分只有716万元，其余25 268万元（25 984－716）实际用于抵偿债务，因此，对抵偿债务的部分应当征收销售不动产增值税和土地增值税。我们认为，A公司的上述资产和负债最终归属于其全资子公司，本质上没有发生"有偿"对外销售不动产行为，因此不征收增值税和土地增值税较为合理。

（3）所得税：根据《企业所得税法》及其实施条例的规定，A公司以土地、建筑物对外投资，应当视同转让财产。

A公司应负担的所得税＝（19 778＋13 712－13 265－4 886－144）×25%

$$＝15 195×25\%$$

$$＝3 799（万元）$$

A公司转让C公司股权无增值，不需要负担企业所得税。

A公司合计应负担税款＝144＋3 799＝3 943（万元）

3.方案2合计税收负担＝3 943＋780＝4 723（万元）

【方案3】先"分立"公司再收购。

A公司先将C工厂的全部资产和负债"分立"出来，成立C公司（投资主体与A公司完全相同），然后B公司以716万元的价格收购C公司的全部股权。

1.C公司应负担的税收：

（1）契税：《财政部 国家税务总局关于企业改制重组若干契税政策的通知》（财税〔2003〕184号，执行到2008年底）规定，企业依照法律规定、合同约定分设为两个或两个以上投资主体相同的企业，对派生方、新设方承受原企业土地、房屋权属，不征收契税。

《国家税务总局关于企业改制重组契税政策有关问题解释的通知》（国税函〔2006〕844号）规定："财税〔2003〕184号文件规定的'企业分立'，仅指新设企业、派生企业与被分立企业投资主体完全相同的行为。"根据上述规定，对C公司承受分立资产不征收契税。

（2）所得税：目前新《企业所得税法》对企业资产重组的税务处理尚未做出明确规定，预计新税法仍将维持免税改组和应税改组的分类，同时对免税改组增加"经营延续"和"权益延续"的限制。

因为A公司的股东最终转让了其持有的C公司的全部股权（权益未延续），所以上述分立行为很可能属于应税分立。在应税分立的前提下，C公司取得分立资产可以按照评估价值进行折旧、摊销。

2.B公司所得税：B公司购买C公司的全部股权，其长期股权投资的计税成本为716万元。

3.A公司应负担的税收：

（1）增值税和土地增值税。

根据现行政策规定，企业分立一般不涉及增值税和土地增值税。

（2）所得税：A公司在应税分立环节应负担的所得税为：

应纳所得税＝（19 778＋13 712-13 265-4 886）×25%＝15 339×25%＝3 835（万元）

此外，A公司的股东在应税分立环节，可能需要负担少量企业所得税或者个人所得税。

4.方案3合计税收负担为3 835万元。

〖方案4〗先"分立"公司再合并。

A公司先将C工厂的全部资产和负债"分立"出来，成立C公司（投资主体与A公司完全相同），然后B公司吸收合并C公司。

1.企业所得税：因为B公司是A公司的最大股东，两公司存在关联关系，所以上述分立、合并行为完全有可能操作为免税分立和免税合并。如果免税分立和免税合并成立，那么A公司可比方案3少负担企业所得税3 835万元，但是B公司取得相关资产也只能按评估前的账面价值进行折旧、摊销，即方案3与方案4的企业所得税负担差异属于时间性差异。

2.增值税、土地增值税、契税负担与方案3相同。

3.方案4的总体税收负担接近于0。

方案比较：

（1）方案1的优点是操作较为简单，但税收负担最重。

（2）方案2能避开土地增值税负担，从税负的角度看，方案2优于方案1。

（3）方案2与方案3操作均较为繁琐，但方案3税负明显低于方案2，因此，方案3优于方案2。方案2与方案3的共同不足是，B公司与C公司之间仍然存在关联交易的困扰。

（4）方案4的操作比方案2和方案3更为繁琐，但是如果能够起到递延缴纳所得税的效果，那么方案4最优。

风险分析：

（1）方案2仍然存在缴纳土地增值税的风险，在具体操作前，应当先咨询主管税务机关。

（2）方案4中的免税改组能否成立，需要等待财政部和国家税务总局的进一步明确规定。此外，方案4也存在被主管税务机关认定为"不具有合理商业目的"的风险，实施前需要与主管税务机关充分沟通。

（3）企业的对外投资、增资、减资、合并、分立等行为，有可能会受到其他法律规定的实体性和程序性限制，纳税人应当统筹考虑，从可行方案中选择最优方案。

§57　企业并购筹划

> 企业并购的纳税筹划要求并购双方从税收角度对并购方案进行科学、合理的事先筹划和安排，实现企业整体价值最大化的目的。

无论是企业并购行为还是企业纳税筹划，目标是一致的———实现企业价值最大化，因而企业并购中的纳税筹划问题，也就成为并购方案中不可或缺的组成部分。在企业的并购活动中，如果纳税筹划到位，则可使企业享受税收政策上的种种好处，从而减轻企业税收负担。针对企业不同并购类型中涉及的主要税种进行纳税筹划，通过并购支付方式的纳税筹划、企业组织形式的纳税筹划及有关纳税筹划方案的设计，可使企业并购行为更加科学合理。

在并购活动中，并购企业是购买方，目标企业是销售方，所选择支付方式的适当与否直接决定了目标企业的合作态度，进而影响到并购交易能否顺利完成。在税收方面，表现为支付方式对目标企业有没有税收利益的吸引，因此，并购支付方式的纳税筹划主要是针对目标企业税收利益的筹划。

在企业并购活动中，不同支付方式的税收分析如下：

1.现金购买式

现金购买式包括购买资产式与购买股票式两类。对于购买资产式，根据税法的有关规定，应征增值税货物的转移应当征收增值税，其增值税纳税义务人为被并购企业，应从被购买的当天缴纳增值税，销售不动产应征11%的增值税，同时，转让固定资产若同时满足下列条件则可不征增值税：①属于企业固定资产目录所列货物；②企业按固定资产管理，并确已使用过的货物；③销售价格不超过其原值的货物。对于购买股票式，并购企业通过购买其他企业的股权达到控股实现并购。根据税法有关规定，不具备销售商品收入的三个条件，销售商品的收入不能确认，所以不应征收增值税。

2.股票交换式

股票交换式分为以股票换取资产式与以股票换取股票式两类。对于股票换取资产式，根据税法有关规定，属于以非货币性资产投资，应分解为按公允价值销售有关非货币性资产和投资两项经济业务。对于应征增值税货物的转移应当征收增值税，纳税义务人为被兼并方，资产投入的当天缴纳增值税，对于以不动产投资入股，参与接受投资方利润分配、共同承担投资风险的行为，不征增值税。关于股票换取股票式并购行为，不涉及增值税的征税问题。

3.承担债务式

根据税法有关规定，企业产权交易行为不缴纳增值税。

以上各种并购的支付方式各有利弊，在选择时要结合具体情况灵活运用。下面以案例加以说明。

【纳税案例】

A企业是盈利企业，公司预测明后两年的市场需求还有进一步扩大的趋势，于是准备提高生产能力。离A企业不远的B企业生产的产品正好是A企业的原料，由于该企业经营管理不善，处于严重的资不抵债状态，已无力经营，经评估确认资产总额2 000万元，负债总额3 000万元，但该企业的一条生产线性能良好，正是生产A企业原料的流水线，其原值700万元，评估值1 000万元。A、B双方经协商，形成三种资产重组的方案：其一，A企业以现金1 000万元直接购买B企业的原料生产线，B企业宣告破产。其二，A企业以承担全部债务的形式整体并购B企业。其三，B企业首先以原料生产线的评估价值1 000万元重新注册一家全新公司C，同时由C企业承担B企业1 000万元债务，这样，C公司资产总额为1 000万元，负债为1 000万元，净资产为0，然后再由A企业购买C企业，B企业破产。这三个方案哪个更好一些呢？我们从税收的角度加以分析。

【筹划方案】

〖**方案1**〗**以现金购买。**

方案1属于资产买卖行为，其相关的税收负担为：

（1）流转税（即增值税）

按规定销售不动产应缴纳11%的增值税。

应纳增值税＝1 000×11％＝110（万元）

转让固定资产如果符合下列条件的不缴纳增值税：①属于企业固定资产目录所列货物；②企业按固定资产管理，并确已使用过的货物；③销售价格不超过其原值的货物。如果不同时满足上述三个条件，则要按4％的税率缴纳增值税。在本案例中，该原料生产线已经由700万元增值到1 000万元，故应缴纳增值税。

应纳增值税＝1 000×4％＝40（万元）

（2）所得税

按照有关规定，企业销售非货币性资产，要将该资产转让所得与原账面价值的差额计入应纳税所得额，依法缴纳企业所得税。生产线原值为700万元，评估价为1 000万元，实际增值300万元，这300万元应缴纳所得税。

应纳所得税＝300×25％＝75（万元）

方案1合计应纳税额＝50＋40＋75＝165（万元）

该笔税款应该由B企业承担。

〖**方案2**〗**通过承担债务并购。**

方案2属于企业产权交易行为，其相关税收负担如下：

（1）流转税

按现行税法的有关规定，企业的产权交易行为不缴纳增值税。

（2）所得税

根据国家税务总局的有关规定，如被合并企业的资产与负债基本相等，即净资产几乎为零，合并企业以承担被合并企业全部债务的方式实现吸收合并，不视为被合并企业按公允价值转让、处置全部资产，不计算资产的转让所得。合并企业接受被合并企业全部资产的成本，须以被合并企业原账面净值为基础确定。B企业资产总额为2 000万元，负债总额为3 000万元，已严重资不抵债，根据上述规定，在企业合并时，被兼并企业不视为按公允价值转让、处置全部资产，不缴纳企业所得税。

【方案3】通过新设公司并购。

方案3属于企业的产权交易行为，其相关税收负担情况如下：

B企业先将原料生产线重新包装成一个全资子公司，即从B企业先分设出一个独立的C企业，然后再实现A企业对C企业的并购，即将资产买卖行为转变为企业产权交易行为。

（1）流转税同方案2，不缴纳增值税。

（2）所得税，可从以下两个步骤分析：

第一步：从B企业分设出C企业。根据企业分设的有关税收政策规定，被分设企业应视为按公允价值转让其被分离出去的部分或全部资产，计算被分设资产的财产转让所得，依法缴纳企业所得税。分设企业接受被分设企业的资产，在计税时可以按评估确认的价值确定成本。B企业分设出C企业后，B企业应按公允价值1 000万元确认生产线的财产转让所得300万元，则应纳所得税为：

应纳所得税＝300×25％＝75（万元）

另外，C企业的生产成本可以按1 000万元确认。

第二步：C企业被A企业合并。根据企业合并有关政策规定，被合并企业应视为按公允价值转让、处置全部资产，计算资产转让所得，依法缴纳企业所得税。由于C企业生产线的资产评估价为1 000万元，计税成本也为1 000万元，转让所得为0，所以不缴纳企业所得税。

从以上分析可以看出，对于合并方A企业来说，方案1虽然只要出资购买对方的生产线，而不需要购买其他不必要的或没有利用价值的资产，更不要承担对方的巨额债务，但是，在较短时间内筹措到一大笔现金1 000万元，不是一件容易的事。方案2中，A企业需要购买B企业的全部资产，这从经济核算的角度来讲是没有必要的。同时，A企业还要承担大量的不必要的债务，这对以后的生产经营也会有许多负面作用。方案3对于A企业来说效果最好，一是避免了支付大量现金，二是C企业只承担B企业的一部分债务，A企业购买C企业所付出的代价最小。A企业既购得了自己需要的生产线，又未购买其他无用资产，增加了经济上运行的可行性。

对被兼并的B企业而言，各个方案所承担的税收负担不同：方案1的税收负担最重，为165万元；方案2的税收负担最轻，为0；方案3的税收负担为75万元。从税收负担的角度来说，B企业当然倾向于方案2，但由于对合并方来说几乎不具有可行性，那么权衡之下，对A、B企业而言，方案3是双方都可以接受的方案。

另外，需注意的是：各种形式下的并购交易，所要支付的税负并不一致，有些交易是应税交易，有些交易是免税交易。因此，企业在进行并购时，应当进行分析，从而实现自己的并购目标，并在实现并购目标的前提下进行纳税筹划。

§58 并购亏损企业

> 如果合并纳税中出现亏损，并购企业可以通过亏损的递延，推迟纳税。因此，目标公司尚未弥补的亏损和尚未享受完的税收优惠是并购中的一个重要考量因素。

当今市场竞争激烈，企业之间扼制战术的频出使并购已成为激烈竞争市场的常见现象。2015年以来，最引人注目的并购莫过于宝能对万科的收购了。但是，并购的成功却并不容易，巨大的并购成本也往往是拖垮并购企业的元凶。并购成本，很多人会理所当然地认为是并购企业购买目标企业所需要的费用，事实上，这笔费用往往只是整个并购成本的一部分，有时还是很小的一部分。大量的并购成本隐藏在并购后风险的暴露及企业的整合过程中。那么，并购企业在并购前应该如何评估整个并购的成本，如何策略性减少并购支出，并最大限度地规避风险损失呢？本部分通过总结并购过程中的关键环节及关键影响因素，为企业之间在进行并购时如何进行纳税筹划提示相关思路及技巧。

【纳税案例】

甲软件集团设在税收优惠地区，享受15%的优惠企业所得税率。其下辖的本市子公司中，有一家以传统网络增值服务为主业的内资有限责任公司（以下称乙公司）和另一家以新兴网络增值服务为主业的内资股份有限公司（以下称丙公司）。乙、丙公司有关情况和数据见表58-1：

表58-1 　　　　　　　　　　　乙、丙公司有关情况和数据

项目	乙公司	丙公司
2015年度经营成果	亏损20万元	税前利润150万元
2015年末账面净资产	200万元	1 000万元
尚处在法定弥补年限内的2015年度以前（含本年）未弥补亏损	30万元	无
计划中的业务转让潜亏	已转让业务相关存量资产减值潜亏100万元	无
未来四年经营前景	主业转让后，辅业收入入不敷出预计每年新增经营性亏损20万元	盈利前景良好预计每年税前利润200万元以上
适用所得税率	15%	15%
是否享受法定减免税政策	否	否
股权结构和股本总额	总股本1 000万股，由甲企业与另一甲企业的间接全资子公司共同持有	总股本6 000万股，普通股，每股1元，甲直接持股40%，通过控股公司间接持股25%
公允评估市值	220万元	1 200万元，合并后每股市价2元

以前年度未弥补亏损的30万元中有20万元系2015年度亏损，其余10万元为2014年度亏损。计划中的业务转让指按照集团资源整合战略规划、乙公司从其原主业退出，相关业务服务预收费和未了服务期间的服务义务一并转让给在该网络增值服务领域取得微利

规模竞争优势的第三方网络服务商。乙公司在按照服务合同向其网络用户一次性收取（预收）网络服务费时会计核算上未确认为当期应税收入，而是挂在往来账上。因此，前述预收服务费随同服务义务一并转让未涉及乙公司当期盈亏。但由于技术进步等原因，乙公司原有与该转让业务有关的专用设备与器材减值严重，并且业务受让方拥有自己完备的通信服务设施与设备，既不需要也不能兼容乙公司的专用设备和器材，因此，转让业务必然造成乙公司专用设备与器材的闲置，预计此项潜亏将高达100万元——当然，如果不转让，乙公司还将发生相关运营性亏损。

在推动集团战略规划实施或至少不妨碍集团战略规划实施的前提下，如何进行筹划能够最大限度地获取节税收益。

【筹划方案】

进行筹划时应努力达到如下目标：

（1）使适用所得税率虽然相同但业绩落差大的集团成员企业乙公司的尚未超过法定弥补年限的30万元以前年度未弥补亏损得到合理的弥补。

（2）使适用所得税率虽然相同但业绩落差大的集团成员乙公司与其他关联企业（如丙公司）的未来经营产生的盈亏可以互抵。

（3）使乙公司因转让原有主业而造成的资产闲置巨额潜亏得以抵减集团其他成员企业的税前所得额。

（4）在采取某盈利主体"吸收合并"乙公司的情况下，依法规避乙公司可能产生的企业所得税纳税义务。

具体筹划思路如下：

财务成本管理学上信奉的原则是"不同目的需要不同意义的成本"。在纳税筹划意义上，乙公司的历史沉落亏损30万元、资产减值和闲置潜亏100万元以及未来持续经营每年预亏20万元——应当视为：可以使集团整体税收成本最小化而存在、发生和转移的一种"税前扣除资源"。

要达成前述各项税务筹划具体目标，必须在有关成员企业之间建设起某种可以共享乙公司"税前扣除资源"纳税务管理平台，由此需要精细地运用"柔性管理"思维开展系统的税务筹划。

由丙公司以适当方式和条件适时"吸收合并"乙公司、不失为合法架构共享乙公司"税前扣除资源"税务管理平台的首选思路并具有现实可行性。

具体筹划方案操作要点为：

（1）在乙公司业务转让法律行为实施之前，启动并完成由丙公司吸收合并的法律程序、保证合并程序的合法性。

（2）丙公司按照公允评估市值220万元购买乙公司，采取纯股权支付方式或股权支付与非股权支付相结合的混合支付方式，务使支付总额折计市值为220万元。

与此同时，丙公司接受乙公司资产时，以乙公司原账面净值为基础作为资产的计税成本，并报主管税务机关审核确认。

（3）丙公司通过吸收合并法律行为依法取得了原乙公司名下的公司财产所有权以

后，再依法启动并完成转让原乙公司既定业务的民事行为。

（4）在合理的期限内，乙公司原有非主业予以保留，税务管理的目的旨在维系造成取得"与被合并企业资产相关的所得"的运营基础。

（5）以税务管理认可的方式清理与转让业务相关的闲置资产，使潜亏外化为合并后的丙公司当期资产清理净损失、全额冲抵当期应纳税所得额。

具体筹划效果如下：

成功运用此法可以使甲企业集团以丙公司为载体获得如下节税收益或避免如下节税"机会损失"：

（1）乙公司的历史亏损30万元可以在法定可弥补期限内由合并后的丙公司继续按规定用以后年度实现的与乙公司被合并资产相关的所得弥补，此项节税最高值为4.5万元。

所谓"与乙公司被合并资产相关的所得"可以是业务转让后闲置的部分专用和通用设备及物品的清理所得，或保留下来的乙公司非主业经营所得。

（2）乙公司的资产减值和闲置潜亏100万元，虽然按照《企业所得税税前扣除办法》的规定，不能以减值核算和计提折旧的会计方法税前列支，但可以在适当的时候采用资产清理手段，使潜亏合法合理地浮出水面，抵减清理当期合并后的丙公司的应纳税所得额。

此项操作最高可节税15万元。

（3）乙公司未来持续经营每年预亏数额80万元，则可直接消减合并后的丙公司同年度的应纳税所得额。

（4）由于吸收合并支付安排中，非股权支付额不超过股权支付面额的20%、当事各方可以依法报主管税务机关确认，选择按照"乙公司不确认全部资产的转让所得或损失，不计算缴纳所得税"税务处理方法。

【注意事项】

（1）相关法律程序启动顺序不要颠倒，注意不要先由乙公司完成业务转让、再启动由丙公司"吸收合并"乙公司的法律程序。

由于现行吸收合并企业所得税政策规定被合并企业合并以前的未超过法定弥补期限的以前年度亏损，只能由合并企业按规定用以后年度实现的与被合并企业资产相关的所得弥补，如顺序颠倒将直接造成乙公司转让业务相关专用设备与器材的巨额闲置潜亏无法用合并后的丙公司持续经营取得的与被合并企业资产无关的所得予以弥补的法律事实。另一方面，合并后的丙公司持续经营取得的与被合并企业资产相关的所得又不足以弥补潜亏。

（2）吸收合并法律行为完成以后，合并后的丙公司要及时采取税法认可的方式清理与转让业务相关的闲置资产，不要急于清理或试图采取计提"未使用、不需用"的闲置专用设备与固定资产器材折旧和固定资产减值准备的会计手段达成冲减合并后的丙公司持续经营税前收益的管理目的。原因在于：①急于清理、无疑将造成税收递延损失；②按照《企业所得税法》及其实施细则以及《企业所得税税前扣除办法》的相关规定，计提固定资产减值准备符合现行会计制度、但不能于税前列支，而"未使用、不需用"的固定资产不仅不能计提折旧，更不能税前列支所谓的折旧。

§59 换股并购筹划

> 换股的特殊性税务处理与一般性税务处理相比，虽然最终既不会多缴税，也不会少缴税。但可以递延纳税，如果再考虑到股息红利所得免税节税效果明显。

随着市场经济的活跃，并购重组活动日益频繁，其在带来整合效益的同时，企业还需要面对不可忽视的并购税负问题。所谓换股，是指在并购过程中，并购方支付的对价并不是现金，而是自身的股权或者控股子公司的股权。这么做除减轻现金支付压力外，避税也是重要原因之一。换股并购涉及两种税务处理，一种是特殊性税务处理，一种是一般性税务处理。特殊性税务处理虽然最终既不会多缴税，也不会少缴税，但是可以递延纳税，如果再考虑到股息红利所得免税的话，节税效果明显。

1.有关文件

2009年，财政部、国家税务总局出台了《关于企业重组业务企业所得税处理若干问题的通知》（财税〔2009〕59号），并在此通知的基础上于2010年发布了《企业重组业务企业所得税管理办法》（国税〔2010〕4号）。根据文件，当符合控股75%和股权支付85%两个比例时，并购各方可以采用特殊性税务处理以避免并购所得税的发生。企业利用这两个文件，只要符合有关规定，就能够获得节税利益。

需注意的是，根据财税〔2009〕59号文，符合特殊性税务处理需要满足5个条件：并购重组业务具有合理的商业目的；被收购股权达到75%以上比例；被收购企业在重组日12个月内依然保持原来的经营业务不变；收购企业支付对价中股权支付额不低于收购价款的85%；被收购企业的原股东取得股权后，自重组日12个月以内不转让获得的股份支付。需要指出的一点是，即使是特殊性税务处理，非股权支付额部分还是要确认所得并当期缴纳相应税款。

2.有关特殊性税务处理

当并购采用特殊性税务处理时，交易各方对其交易中的股权支付部分，可以按以下规定进行特殊性税务处理：企业债务重组确认的应纳税所得额占该企业当年应纳税所得额50%以上，可以在5个纳税年度的期间内，均匀计入各年度的应纳税所得额。企业发生债权转股权业务，对债务清偿和股权投资两项业务暂不确认有关债务清偿所得或损失，股权投资的计税基础以原债权的计税基础确定，企业的其他相关所得税事项保持不变。

在股权收购的情形下，收购企业购买的股权不低于被收购企业全部股权的75%，且收购企业在该股权收购发生时的股权支付金额不低于其交易支付总额的85%，可以选择按以下规定处理：被收购企业的股东取得收购企业股权的计税基础，以被收购股权的原有计税基础确定；收购企业取得被收购企业股权的计税基础，以被收购股权的原有计税基础确定；收购企业、被收购企业的原有各项资产和负债的计税基础和其他相关所得税事项保持不变。

在资产收购的情形下，受让企业收购的资产不低于转让企业全部资产的75%，且受让企业在该资产收购发生时的股权支付金额不低于其交易支付总额的85%，可以选择按以下规定处理：转让企业取得受让企业股权的计税基础，以被转让资产的原有计税基础确定；受让企业取得转让企业资产的计税基础，以被转让资产的原有计税基础确定。

【纳税案例】

甲公司因业绩不佳于2015年公司筹划进行重组，已经与乙公司等重组方谈好重组框架，试从纳税角度作以筹划。

【筹划方案】

甲公司与乙公司等重组方将重组计划分为两步。首先，实施重大资产置换。公司以截至评估基准日合法拥有的全部资产和负债，与乙公司等企业所合计持有甲公司75.01%的股权进行置换。其次，非公开发行股份。拟置出资产的账面价值为-400万元，评估价值为100万元；拟置入资产的账面价值为7 000万元，评估价值为27 000万元，拟置入资产与拟置出资产之间的差额20 000万元，由公司向乙公司等以非公开发行股份的方式支付。

通过如此重组，甲公司付出价值为20 000万元的股权以及价值100万元的资产，换取了乙公司持有的甲公司75.01%的股权，因此可以选择特殊性税务处理，这种处理可以递延纳税4 000多万元，这将给企业的经营和发展带来坚实的财务基础。

对于特殊性税务处理在企业股权交易中的影响，从上市公司锦江股份（600754）的重大资产重组案可以更直观地看到。2010年5月14日，锦江股份发布重大资产重组报告书，同上海锦江国际酒店集团进行重大资产置换。锦江股份以星级酒店业务资产与锦江酒店集团的"锦江之星"经济型酒店业务资产进行置换，以达到专业经营的目的。在此重组中，锦江酒店集团股权支付比例为89%，收购资产达到锦江股份的95.32%。因此，锦江股份和锦江酒店集团的资产重组行为符合59号文件特殊性税务处理的条件，可以享受特殊性税务处理。据测算，如果锦江股份的重组不符合特殊性税务处理条件，重组双方需当期交纳企业所得税税款9.3亿元。有兴趣的读者可查阅上市公司公告加以详细计算。

【注意事项】

需注意的是，自然人股东并不适用上述筹划方法。59号文件提及的交易利益相关方均为企业法人，换股并购中，在被并购企业的股东为自然人的情况下，是否可以适用特殊性税务处理呢？答案是否定的，因为59号文仅针对企业所得税，而涉及自然人股东时适用个人所得税，需依据个人所得税法及相关政策处理。

§60 重大资产处分

> 企业通过适度剥离不利于企业发展的资产或子公司等可以优化资源配置效率，提升核心竞争力，为企业增加一定的收益。

资产处分是企业资本运作的重要内容，其业务构成要素和财务处置方案的多样性，以及现行税制对企业股权转让、法人财产权转移、资产经营管理权让渡等三类企业行为规定的流转税、所得税差别待遇，为企业开展资产剥离经济活动提供了极富想象力的税务筹划空间。事实上，重大资产处分行为更多地表现为企业发展战略的合理选择，属于企业外部交易型战略范畴中与扩张战略相对应的收缩战略。企业通过剥离不适于其长期战略，没有成长潜力或影响主营业务发展的生产线、事业部、存量动产、不动产、固定资产、无形资产、劳动力甚至分支机构、子公司整体资产，可以优化资源配置效率，提升核心竞争能力和企业在资本市场的价值。

纳税人（无论是一般纳税人还是小规模纳税人）销售自己使用过的应税固定资产（指除游艇、摩托车、应征消费税的机动车以外的），一律按4%的征收率减半征收增值税，不得抵扣进项税额。以前相关文件关于如何界定"应税固定资产"的规定仍然保留，即"应税固定资产"指不同时具备以下三个免税条件的固定资产：

其一，属于企业固定资产所列的货物；

其二，企业按固定资产进行管理并确已使用过的货物；

其三，售价不超过其原值。

纳税人出售自己使用过的游艇、应征消费税的机动车，从2002年1月1日起，一律以售价是否超过原值来确定征免增值税。售价超过原值的，按照4%的征收率减半征收增值税；售价未超过原值的，一律免征增值税。政策依据为财税字〔2002〕29号《财政部、国家税务总局关于旧货和旧机动车增值税政策的通知》、财税〔2009〕9号文件以及国家税务总局2012年第1号公告。

企业依托现行税制提供的法律条件和征管制度保证，经济活动主体运用股权转让和资产经营管理权让渡等方法，可以大大降低资产处分的税收成本，不失为有关利益主体创新资本运营思维和理念的路径之一。

【纳税案例】

甲、乙、丙和丁四家企业均是软件生产企业，因业务需要与利益相关企业签订如下合同：

合同一：丙企业与其贷款担保方丁企业（有限责任公司，增值税一般纳税人）就丁企业因承担连带保证责任代为清偿丙企业应付到期银行贷款本息款3 200万元后依法向丙企业追索债务一事达成以资抵债协议，涉税要点如下：

鉴于丙企业、丁企业之间存在反担保法津关系，双方协议以丙企业设定反担保义务的厂房及厂房占用土地的使用权作价3 000万元抵偿丁企业债务，另200万元债务由丙企业以货币资产偿付。

合同二：内资企业甲（有限责任公司，增值税一般纳税人）与内资企业乙（有限责任公司，增值税一般纳税人）就甲企业将其子公司丙（有限责任公司，增值税一般纳税人，系甲企业上游加工企业）资产转让给乙企业事宜达成协议，涉税要点如下：

1．丙企业存货中计有原材料、燃料、半成品、产成品共折价1 170万元转让乙企业；

2．存量固定资产中除去用于清偿丁企业债务的厂房共折价2 000万元转让乙企业；

3．存量资产中无形资产折价800万元（其中土地使用权折价500万元，专利技术折价300万元）转让乙企业。

4．丙企业售乙企业固定资产折价中含应征消费税的小汽车三辆折价23万元（均未高于原值），含转让价高于账面原值的设备转让折价142.5万元（原值140万元），含不动产折价600万元；

5．丙企业作为"空壳法人"存续。

合同三：乙、丁双方就乙方租赁丁方名下厂房（即A合同中丙企业抵债之厂房）一事达成协议，乙方向丁方按月支付经营租赁费20万元。

综上所述，甲、乙、丙、丁四方利益主体通过一系列的契约行为，完成了以资抵债和转移被剥离资产所有权（公司制下，即公司法人财产权）的法律准备。但是，在这样一组看似专业规范的商事合同约束下，甲企业剥离资产的税收负担却达到了十分严重的程度。换言之，甲企业资本运作管理层在获得大额现金流入的同时却步入了履行纳税义务"欲罢不能"的尴尬境地。

按照现行税法规定，丙企业发生的纳税义务有：

出售增值税应税货物应纳增值税额＝1 170÷（1+17%）×17%＝170（万元）

（假定应税货物适用增值税率均为17%）

出售应征消费税的小汽车，因售价均未超过账面原值，按现行政策，不需补缴增值税。

以高于原值价格销售已使用过的不属于不动产的其他固定资产，则：

应纳增值税＝142.5÷（1+4%）×4%÷2＝2.74（万元）

转让无形资产应纳增值税＝800×6%＝480（万元）

向乙企销售不动产应纳增值税＝600×6%＝360（万元）

以厂房及其所占土地的使用权抵偿丁企债务应征"销售不动产"和"转让无形资产"项下增值税计算：

增值税共计＝3 000×5%＝150（万元）

以上合计应纳增值税392.74万元，约占被剥离资产交易全价的6%，约占被剥离资产中各类流转税应税资产的7%。

此外，丙企业转让房屋、建筑物及土地使用权还涉及土地增值税、（受让方）契税纳税义务，有关应税凭证还应缴纳印花税，剥离资产净收益还应计入应税所得额缴纳企业所得税。

可见，这种以转移被剥离资产所有权为资产处置主导方式的习惯做法虽然满足了法律关系明晰化的要求，却极大地加重了资产剥离的税收成本。

【筹划方案】

为适度简化分析模型，本例税负计算不考虑：增值税进项税额；城建税、教育费附加；消费税；税务机关依法进行的纳税调整。

从查找本例资产剥离高税负成因入手，通过对资产剥离业务类型、业务构成要素以及财务处置方案的比较分析和再选择，尽可能地消除资产剥离经济活动中纳税义务发生、发展的法律基础和事实基础。

建议采取只转移存货资产所有权或不转移资产所有权或转让股权间接切换法人财产所有权的剥离办法，构造低税负的交易模式，以此达到企业资本运作目标和节税目标"双赢"的结果。可行性方案包括但不限于以下两种：

〖方案1〗经营性租赁主导方案。

1.丙企业转移财产所有权的资产限于存货和使用过的固定资产中的机器设备。存货由丙企业销售给乙企业或其他单位和个人，乙企业开具增值税专用发票。机器设备用于清偿丙企业对丁企业所负债务后由丙企业"回租"再转租给乙企业或由乙企业向丁企业租赁使用。

2.其他剥离资产由乙企业以经营性租赁方式实质控制，丙企业让渡资产使用、管理、部分收益权和必要的资产处分权。租赁费用额度及租赁期限约定应体现资产剥离的内在要求。

3.丙企业作为"空壳法人"存续。

据此方案，丙企业仅发生存货销售的增值税纳税义务和"服务业——租赁"项下增值税纳税义务以及少量印花税、城建税、教育费附加缴纳义务，总体税收成本是比较低的。该方案的显著缺陷是：资产剥离不彻底。

〖方案2〗股权转让方案。

1.丙企业股权全额转让给乙企业股东或乙企业及一个以上乙企业之关联企业，股权转让价应充分考虑丙企业资产、负债、所有者权益状况，合理确认。

2.丙企业以股权转让所得货币资产清偿对丁企业债务，或将对丁企业负债转为丙企业股权。丙企业法人资格和名称不变，其他对外法律关系均不改变。

税负评析：

1.由于没有税法意义上的实物资产所有权的转移行为发生，本案不发生与实物资产所有权转让有关的流转税、所得税纳税义务；

2.丙企业股东股权转让收益应分别计入其股东（法人或自然人）当期投资转让收益缴纳企业所得税或个人所得税；

3.债转股系丙、丁两方债务重整的特殊形式，表现为丁企业投资行为和双方的债务重整损益，但由于不牵涉货币资产支付，按现行会计准则的规定，不确认当期损益，在债权等额折抵股份的情况下，不发生流转税、所得税纳税义务。

方案2运用股权转让方法巧妙切换资产的法人所有权，既成功剥离了丙企业资产，获得了大额现金流入，又极大降低了税收成本，比方案1更优，是一种很好的资产剥离手段。

六、技术改造纳税筹划

§61 技术改造优惠

符合条件的企业应该充分利用技术改造和技术创新的相关税收优惠政策进行筹划，从而为企业节税。

为了鼓励企业进行技术改造，促进产品结构调整和提高技术含量，国家对技术改造实行许多优惠政策，如果能合理地运用这些优惠政策，就可以为企业节约不少税收成本。

国家有关部门规定：从事符合国家产业政策的技术改造项目投资的企业，用银行贷款或企业自筹资金购进投资项目所需国产设备，投资额的40%可以从企业技术改造项目设备购置当年比前一年新增企业所得税中抵免，抵免期限不超过5年。如果企业设备购置前一年为亏损，则抵免年限内实现利润先用于弥补亏损，弥补后应缴企业所得税可用于抵免设备投资额。这一规定对于产品技术含量低、生产设备落后的亏损企业进行投资决策是一个最佳选择方案。

但是，并不是企业所有的投资都可以抵免所得税，也不是符合规定的技术发行项目都可以一次抵免40%的企业所得税，享受抵免企业所得税的技术改造项目应满足以下范围和条件。

（1）企业技术改造的项目必须是国家有关部委发布的《当前工商领域固定资产投资重点》中所列明的技术投资和技术改造项目。

（2）企业进行技术改造和技术革新的资金必须是企业自筹的，通过财政拨款进行的技术改造项目不能抵免企业所得税。

（3）企业投资技术改造项目所购置的设备，必须是国内企业生产制造的，从国外直接进口的设备，以"三来一补"方式生产制造的设备不能抵免。

（4）企业所购置的设备必须是作为固定资产管理的生产经营性机器、机械以及运输工具、设备、器具等，不是作为固定资产管理的工具、器具等低值易耗品的投资不能抵免企业所得税。

（5）企业只能从当年新增的所得税里抵免其投资，即企业在每一年度中投资抵免的税额，不得超过该企业当年比前一年度新增加的企业所得税额。如果当年新增加的企业所得税额不足抵免的，可以用以后年度比设备购置前一年新增的企业所得税延续抵免，但抵免的期限最长不得超过5年。

企业对技术革新的要求高，因此应充分运用技术改造的税收优惠政策，在运用该优惠政策时应注意两点：

一是按购买顺序抵免。当同一技术改造项目分年度购置设备时，在同一抵免年度内，对以前年度购置的设备应分别计算抵免额，即"先购置设备先抵免，后购置设备后抵免"。

二是抵免不能超过法定限额。当计算后购置设备的抵免额时，若"新增加税款"大于后购置设备尚未抵免的金额，一般情况下，后购置设备可全部享受抵免，但因本年度应纳税额已经抵免了先购置设备的抵免额。因此，应当按照设备购置前一年抵免企业所得税前实现的应缴企业所得税为基数，计算每一纳税年度可抵免的企业所得税额，如果出现抵免后应纳所得税额为负数，那么确定后购置设备的抵免额时，应先考虑抵免的应纳所得税额以零为限，不足抵免的部分继续结转下期抵免。

【纳税案例】

某软件生产企业2014年度新技术改造投资项目，投资期两年，项目总投资1 000万元，允许抵免的设备购置金额700万元。2014年购买国产设备金额400万元（以下称第一次购置），按规定可在2014—2018年内抵免企业所得税160万元（400×40%）。

2015年购买国产设备金额500万元（以下称第二次购置），按规定可在2008—2012年内抵免企业所得税200万元（500×40%）。

若2013—2016年这4年企业实现的企业所得税额（不考虑税务机关查补数）分别为120万元、90万元、70万元、300万元。

根据上述条件试分析该软件生产企业在2014—2016年各年应纳企业所得税分别是多少。

【筹划方案】

1.2014年企业应纳所得税

由于2014年度实现的所得税额为90万元，与2013年度（第一次购置前一年）实现的所得税120万元相比，没有新增的所得税，故2000年度购置的设备当年不得抵免，2000年应纳企业所得税90万元。

2.2015年企业应纳所得税

（1）计算抵免2014年第一次购置设备的抵免额。

20162年实现税款比1999年（第一次购置前一年）新增税款180万元（300-120=180>160万元）。因此，可以抵免第一次购置设备应抵免的160万元。

（2）计算抵免2015年购置设备的抵免额。

2017年实现的所得比2014年（第二次购置前一年）新增税款210万元（300-90=210>200万元）。因此，可以抵免第二次购置设备应抵免的200万元。

通过上述分析，则得出：

抵免后2016年度应纳企业所得税=300-160-200=-60（万元）

因此，这里只能抵免企业所得税140万元，剩下的60万元（200-140）留等2017—2018年的3年内抵扣。全部抵免后，该企业2016年应纳企业所得税额为0。

还应注意的是，凡是税务机关采取查账征收方式征收企业所得税的内资企业和组织，从事符合国家产业政策技术改造项目的投资后，都可以向其企业主管税务机关申请抵免。因此，符合条件的IT企业应该抓住这一机遇，进行技术改造和技术创新，促进产品更新换代，增强产品的市场竞争力。

【注意事项】

一是按购买顺序抵免。当同一技术改造项目分年度购置设备时，在同一抵免年度内，对以前年度购置的设备应分别计算抵免额，即"先购置设备先抵免，后购置设备后抵免"。

二是抵免不能超过法定限额。当计算后购置设备的抵免额时，若"新增加税款"大于后购置设备尚未抵免的金额，一般情况下，后购置设备可全部享受抵免，但因本年度应纳税额已经抵免了先购置设备的抵免额。因此，应当按照设备购置前一年抵免企业所得税前实现的应缴企业所得税为基数，计算每一纳税年度可抵免的企业所得税额，如果出现抵免后应内所得税额为负数，那么确定后购置设备的抵免额时，应先考虑抵免的应纳所得税额以零为限，不足抵免的部分继续结转下期抵免。

§62 技术革新时机

> 企业处理坏账损失时采用合理的坏账处理方法可以为企业减少很大的税收负担。

技术革新是指企业固定资产使用一段时间后，为改善其工作性能，产生更好的效益，而对其进行技术上和工艺上的改造。从理论上讲，技术革新的选择权在企业自身，所以在固定资产使用的任一阶段内都可进行；也正因为选择权在企业手中，所以可以选择有利于自身的技术改造时间。

从纳税角度讲，企业选择不同的时间进行技术更新也会对纳税产生不同的影响。所以，在实际生活中，如何选择技术革新时间，使企业获得更多的税后利润，是一项技术要求很高的筹划项目。技术革新时间选择得好，会使企业应纳税额相对减少。

技术革新的筹划除了包含技术改造时间的选取之外，还包括技术引进方式的筹划，以及技术转让购进渠道的筹划。所谓技术引进，一般是针对技术进口而言的；所谓技术转让购进，则主要是针对国内企业间相互转让技术而言的。

1.技术引进方式的筹划

为了学习国外先进技术，我国对引进技术、仪器设备的税收实行优惠，主要有：开放地区的企业进行技术改造进口的仪器设备免征关税和增值税；内地企业技术改造、生产制造新设备、新产品而必须引进的关键设备仪器减半征收关税所涉及到的增值税部分。

于是企业可以通过改变自己的身份，来变换技术引进的方式。其具体途径有三：一是挂靠开放地区企业，享受开放地区免征进口税和增值税的优惠；二是挂靠内地企业，享受减征关税所涉及到的增值税部分优惠；三是集中引进先进设备技术来享受免税待遇。

2.技术转让购进的渠道筹划

关联企业间的技术转让当然会依照转让定价的途径来进行纳税筹划，而且这条途径也相对容易一些。若是非关联企业，企业之间可以相互取长补短，在转让技术时合作，使技术转让价格相对较低，甚至低于征税的起点，应该说，这是一个双赢决策。

企业在进行技术革新时应该选好时间，充分利用优惠政策，周密筹划以节省税负。

【纳税案例】

某企业拥有的固定资产价值100万元，使用期限10年，且该企业实行平均使用年限法提取折旧。当机器正常运转且是满负荷工作时，该机器设备10年内生产产品的收入和利润见表62-1（假设成本仅由折旧组成），适用税率见表62-2。

表 62-1　　　　　　　企业 10 年内折旧、销售收入及利润分年表　　　　　　　单位：万元

项目	1	2	3	4	5	6	7	8	9	10
折旧	10	10	10	10	10	10	10	10	10	10
收入	20	19	18	17	16	15	14	13	12	10
利润	10	9	8	7	6	5	4	3	2	0

表 62-2　　　　　　　　　该企业适用税率、利润情况

利润（万元）	适用税率（%）
0.5 以下	5
0.5～2	10
2～5	15
5～10	25

企业 10 年内纳税额及税负如下：

第 1 年纳税额 P_1：

$P_1 = (10-5) \times 25\% + (5-2) \times 15\% + (2-0.5) \times 10\% + 0.5 \times 5\% = 1.875$（万元）

税负 $= (1.875 \div 10) \times 100\% = 18.75\%$

第 2 年纳税额 P_2：

$P_2 = (9-5) \times 25\% + (5-2) \times 15\% + (2-0.5) \times 10\% + 0.5 \times 5\% = 1.625$（万元）

税负 $= (1.625 \div 9) \times 100\% = 18.06\%$

第 3 年纳税额 P_3：

$P_3 = (8-5) \times 25\% + (5-2) \times 15\% + (2-0.5) \times 10\% + 0.5 \times 5\% = 1.375$（万元）

税负 $= (1.375 \div 8) \times 100\% = 17.19\%$

第 4 年纳税额 P_4：

$P_4 = (7-5) \times 25\% + (5-2) \times 15\% + (2-0.5) \times 10\% + 0.5 \times 5\% = 1.125$（万元）

税负 $= (1.125 \div 7) \times 100\% = 16.07\%$

第 5 年纳税额 P_5：

$P_5 = (6-5) \times 25\% + (5-2) \times 15\% + (2-0.5) \times 10\% + 0.5 \times 5\% = 0.875$（万元）

税负 $= (0.875 \div 6) \times 100\% = 14.58\%$

第 6 年纳税额 P_6：

$P_6 = (5-2) \times 15\% + (2-0.5) \times 10\% + 0.5 \times 5\% = 0.625$（万元）

税负 $= (0.625 \div 5) \times 100\% = 12.5\%$

第 7 年纳税额 P_7：

$P_7 = (4-2) \times 15\% + (2-0.5) \times 10\% + 0.5 \times 5\% = 0.475$（万元）

税负 $= (0.475 \div 4) \times 100\% = 11.88\%$

第 8 年纳税额 P_8：

$P_8 = (3-2) \times 15\% + (2-0.5) \times 10\% + 0.5 \times 5\% = 0.325$（万元）

税负 $= (0.325 \div 3) \times 100\% = 10.83\%$

第9年纳税额 P_9：

$P_9 = (2-0.5) \times 10\% + 0.5 \times 5\% = 0.175$（万元）

税负 $= (0.175 \div 2) \times 100\% = 8.75\%$

第10年不用纳税。

10年总税额为8.475万元，总税负为15.69%。

针对此税案，是否有筹划空间？

【筹划策略】

从纳税筹划的角度讲，企业进行技术改造的时间是有讲究的，不同的时间会对纳税产生不同的影响。一般来说，企业在享受所得税免税期间，不便进行技术改造，因为如果企业在享受所得税免税期间进行技术改造，所产生的费用就无法抵免计税所得额，也就不能产生节税效益，只有在所得税免税期届满之后，如果企业预计有较大的计税所得额，而其他情况又允许或者需要的话，那么，企业就可以考虑进行技改投入，从而获得税收上的节税效益。

那么企业应该如何选择技术改造的时间呢？一般说来，企业以最初投资采用的固定资产设备平均年限折旧法时预期实现的利润为基数，技术改造选择的时间不同，利润增长造成的纳税额增长和税负增长也是不同的，即企业利润增长率、纳税额增长率和税负增长率各不相同。如果将不同年限的上述指标作一比较，就可找到哪一年进行技术改造经济效益最大，利润最高，税负最少。

无论技术改造时间选在哪一年，都可以用下面的方式计算出企业的利润增长率、纳税额增长率和税负增长率。

假设折旧年限为n年，那么：

企业利润增长率 $= \dfrac{（技术改造后n年利润总额 - 未进行技术改造时n年利润总额）}{未进行技术改造时n年利润总额} \times 100\%$

税额增长率 $= \dfrac{（技术改造后n年纳税总额 - 未进行技术改造时n年纳税总额）}{未进行技术改造时n年纳税总额} \times 100\%$

税负增长率 $= \dfrac{（技术改造后n年税负总率 - 未进行技术改造时n年税负总率）}{未进行技术改造时n年税负总率} \times 100\%$

最终可以采用公式计算：

技术改造后n年的税负增长率 ÷ 技术改造后n年的纳税额增长率 × 100%

计算出的数值越大，说明企业在哪一年进行技术改造税负越轻，税后利润越多。

根据上述思想，分别测算在第3年至第9年进行技术改造，可知在第7年进行时税负最小，利润最高，使企业经济效益最大。限于篇幅，在此不将各年税负数一一列出，有兴趣的税务工作朋友可以进行试算。

上述案例分析使我们了解到，企业在进行技术革新时都有一个最佳时间选择，这个选择恰当与否与企业的利益有十分重要的关系。上面的分析和公式计算仅是向读者和纳税者提供了一个基本思路和方法，具体到某一企业、某一个纳税人，还应根据自己的实际情况进行测算，以便确定一个符合自己实际情况的技术改造时间表。

§63　技术开发方式

> 企业应综合对比分析购买技术成果和委托开发引进新技术的两种方式，选择最优的方式以为企业节税。

委托其他单位进行科研试制的费用可以作为技术开发费，其依据是财政部、国家税务总局联合发布的财工字〔1996〕41号文和国家税务总局国税发〔1999〕49号文中规定："技术开发费是指纳税人在一个纳税年度生产经营中发生的用于研究开发新产品、新技术、新工艺的各项费用，其包括以下项目：新产品设计费，工艺规程制定费等，委托其他单位进行科研试制的费用。"同时规定上述费用不受比例限制，直接计入管理费用，允许在缴纳企业所得税前据实列支。

之所以在财税政策上将购买科研成果与委托开发作上述区分，这与我国科技成果有效转化为生产力的状况不无关系。长期以来，我国存在着产、学、研相脱节的现象，高校或科研院所有了科研成果后，只满足于职称评定、成果评奖等，而较少关注向现实生产力的转化，不注重科研成果市场的培育；而生产活动中亟需的新产品、新工艺、新技术，限于我国企业研发力量的薄弱，又处于等米下锅且不知在何处找到米下锅的状态，这种现象导致了科技资源和科研成果的严重浪费。为此，有关文件提出："推动产学研的合作，促进联合开发"，"企业技术开发可以采取自主开发、委托其他单位开发和联合开发等形式。"由此我们不难理解，必要的委托开发不仅对委托方有纳税筹划方面的价值，而且有广泛的社会意义。

不过，在一般情况下，特别是在企业当期应纳税所得额较高的情况下，委托开发可合理利用国家的税收优惠而降低税负，但这并非在任何情况下都是最佳的选择。在购入技术成果或是委托开发两者皆可选择时，即在不影响技术成果应用这一社会效益的前提下，有时企业反而应当考虑购入技术成果。属于此类情况的有：

第一，企业当期处于法定的免税年度，一旦委托开发，则无论是技术开发费的据实扣除，还是50%加计扣除的税收优惠，对企业都没有实际价值。而购买技术成果所形成的无形资产，显然可能在今后的应税年度税前摊销扣除。

第二，企业当年微利甚至亏损。由于有文件规定："当年实际发生的技术开发费的50%加计扣除，只能抵扣其当年不超过应纳税所得额的部分，超过部分当年和以后年度均不得抵扣。亏损企业发生的技术开发费可以据实扣除，但不实行增长到一定比例抵扣应纳税所得额的办法。"在这种情况下，企业委托开发的费用不能享受加计扣除的税收优惠，而本身据实扣除时如果使企业亏上加亏，很可能在法定的补亏期内无法得以弥补。

第三，如果取得技术成果的价款标的较高，在委托开发的情况下会使本年度的技术开发费急剧增长，一方面可能使本年得到的加计扣除指标不能充分利用，另一方面又使得下一年度发生的技术开发费难以比本年度增长10%以上，如果下一年度企业的应纳税所得额预计较大，则委托开发并不可取。

在进行上述抉择时还应注意，相对于购入技术成果，委托开始可能面临开发失败的风险，企业如果要选择这种方式，应评估研发失败的概率，与对方讨论和约定相关损失的承担和付款方式、进度等，分析其对企业生产经营活动的间接影响。企业应选择有雄厚研发实力的合作伙伴，并尽量降低本方可能出现的风险，比如尽可能不付或少付预付款。

【纳税案例】

甲公司是一家软件企业，因同行业市场竞争急需一项生产技术，其自身不具备相应的研发力量，了解到某高校正准备进行相关的技术开发。现有两种方案可供甲公司进行选择：一是待该技术研发成功后以200万元购入；另一方案是委托其开发技术，双方签订委托开发合同，在技术开发成功后支付开发费200万元给该高校，甲公司即如约获得该技术所有权。

甲公司该采取上述哪种方案能够使得企业享受更多纳税筹划带来的收益？

【筹划方案】

1. 如果采用第一种方案，按我国税法规定，甲公司购买其他单位或个人的技术必须作为无形资产入账，在该法律保护期限或合同约定使用期限内平均分期扣除。如果甲公司将购入技术分10年扣除，则每年税前扣除金额为20万元。

2. 如果采用第二种方案，甲公司则可将其支付的200万元作为技术开发费。按税法规定，不但可直接在当期税前扣除，而且甲公司当年的技术开发费用比上年增长10%（含10%）以上的，还可以按当年技术开发费实际发生额的50%，抵扣当年度的应纳税所得额（习惯上称为加计扣除）。甲公司如达到上述国家规定的增长比例，即可获得100万元抵减应税所得的指标。

通过上述对比分析可以看出，甲公司采用第二种方案能够给公司带来更多的收益。

§64　技术开发费用

企业可利用关于技术开发费用中的相关规定进行纳税筹划，为企业减轻税负。

技术开发费又被称作"三新"开发费，它是指所有财务核算制度健全、实行查账征收企业所得税的各种所有制的盈利工业企业，在一个纳税年度生产经营中发生的用于研究开发新产品、新技术、新工艺所发生的各项费用。具体包括新产品设计费、工艺规程制定费、设备调整费、原材料和半成品的试验费、技术图书资料费、未纳入国家计划的中间试验费、研究设备的折旧、与新产品的试制及技术研究有关的其他经费以及委托其他单位进行科研试制的费用。会计上，上述技术开发费可全部计入企业管理费用，减少当期会计利润；税法上，对这一块也允许冲减当期应税所得额，但由于规定的多样性，如何运用其来进行所得税筹划就值得好好研究。

1.利用扣除技术的所得税筹划

扣除技术是纳税筹划的基本技术之一，扣除的内容是指从计税金额中允许扣除的项目，其要旨为尽量使扣除额、宽免额或冲抵额最大化，从而使纳税人当年或以后年度税负减少。税法规定，盈利工业企业发生的上述技术开发费比上年增长10%（含10%）以上的，除当年发生额准予在企业应纳税所得额中据实扣除外，经主管税务机关审核批准后，可再按其实际发生额的50%直接抵扣当年应纳税所得额。增长未达到10%的，不得再加计扣除。因此，企业应运用扣除技术进行纳税筹划，使技术开发费的增长比例达到10%以上，来换取10%的纳税扣除额，从而达到减少当年企业所得税的目的。

2.利用扣除顺序的所得税筹划

税法规定，纳税人技术开发费比上年增长10%以上，其实际发生额的50%大于企业当年应纳税所得额的，可准予抵扣其不超过应纳税所得额的部分；超过部分，当年和以后年度均不得抵扣。另外，税法也规定了企业当年度产生的亏损，可用下一纳税年度的所得额进行弥补，下一纳税年度的所得不足弥补的，可逐年延续，但最长不得超过5年。那么，纳税人如果当年既有以前年度亏损需弥补，又有加计扣除的技术开发费时，哪种顺序能使所得税更少呢？这要视以前年度亏损是上年度亏损还是5年前的亏损而定。

3.自行开发还是资助开发的所得税筹划

自行开发同资助开发的区别在于自行开发成本高，对科研成果有独占使用权，而资助开发则成本较低，但对科研成果无独占使用权。税法对二者的规定也不同：对于纳税人当年自行开发的"三新费用"以及委托其他单位进行科研试制的费用（也属于"自行开发"范畴），不受比例限制，计入"管理费用"扣除。扣除后应税所得额如果为负数，该亏损额可在以后不超过5年的时间里结转抵扣；对于纳税人当年资助的科技开发费用，计入"营业外支出"，经主管税务机关审核确定，其资助支出可全额在当年应纳税所得额中扣除。当年度应纳税所得额不足抵扣的，不得结转抵扣。上述规定，对纳税人当年所得税无影响，但对以后年度的所得税影响却不同。

4.选择资助对象的所得税筹划

如果纳税人无法自行开发，而决定资助开发时，那么选择谁为资助对象就需认真考虑。因为税法规定：对社会力量，包括企业单位（不合外商投资企业和外国企业）、事业单位、个人和个体工商户，资助非关联的科研机构和高等学校研究开发新产品、新技术、新工艺所发生的研究开发经费，经主管税务机关审核确定，其资助支出可以全额在当年度应纳税所得额中扣除，而企业向所属的科研机构和高等学校提供的研究开发经费资助支出，不实行加计扣除的办法。

由此可见，如果单纯从税收的角度来考虑，资助非关联单位的技术开发费可起到抵税的作用，尤其可抵减当年的企业所得税。所以，纳税人如果财力不够雄厚，也并不介意是否独占使用科研成果时，应选择资助非关联单位。

【纳税案例】

某软件生产企业内设的研发部门有10个研究人员，上年度发生技术开发费200万元，本年度实际发生技术开发费215万元。由于增长比例只有7.5％，低于10％，所以该企业只能对215万元的技术开发费据实扣除，不能享受加计扣除的优惠政策。

那么该软件生产企业该如何进行筹划，以使得企业能够取得更多的收益？

【筹划方案】

企业若在年终给每个研究人员增加5 000元的年终奖金，这一情况则会发生变化：企业除能得到调动研究人员工作积极性的好处外，还可享受到税收上的好处。

现在企业本年度实际发生的技术开发费=215+10×0.5=220（万元）

技术开发费用比上年增长10％，可享受加计扣除技术开发费50％的优惠政策，加计扣除的金额为110万元，则：

直接减少企业所得税=110×25％=27.5（万元）

若减去多支出的5万元奖金，则：

企业经济上净得额=27.5－10×0.5=22.5（万元）

增发的年终奖可抵减所得税额=10×0.5×25％=1.25（万元）

将增发的年终奖可抵减所得税额也考虑进去，则：

直接减少的当年企业所得税=27.5+1.25=28.75（万元）

实际得到经济上的好处=22.5+1.25=23.75（万元）

由此可见，企业在当年应税所得额大于或等于当年技术开发费的50％，应尽量使当年技术开发费增长比例达不到10％，从而运用加计扣除50％来抵税是十分明智的选择。

§65 费用扣除顺序

企业对技术开发费用的扣除顺序进行合理调整，能够降低应纳税额。

企业的技术开发费用，对扣除顺序进行合理调整，能够降低应纳税额。

【纳税案例】

某企业2016年收入200万元，销售成本60万元，期间费用20万元（未包括技术开发费），允许扣除的税金30万元，损失10万元，另外，当年技术开发费支出50万元。已知上年度亏损20万元，上年度的技术开发费支出为40万元。

试分析该企业应采用哪种技术开发费用的扣除顺序，对企业最有利？

【筹划方案】

根据数据分析得：

2016年技术开发费比2014年增长的比例＝（50-40）÷40＝25%

技术开发费用增长比例超过了10%，则：

从2016年应税所得额中可加计扣除的技术开发费最多＝50×50%＝25（万元）

〖方案1〗先加计再补亏。

先加计扣除技术开发费的50%，然后再补亏，则：

2016年应税所得额＝200-60-20-30-10-50-50×50%-20＝-15（万元）

应纳的企业所得税＝0

这里"-15万元"指的是2015年的亏损在2016年仅弥补了5万元，还有15万元未弥补。根据税法规定，剩余的15万元亏损可用2017年、2018年、2019年、2020年的应税所得额进行弥补。这种顺序能充分利用扣除额，使2016年度所得税额为0，并尽量减少了2016年以后年度的所得税额。

〖方案2〗先补亏再加计。

先弥补2014年度亏损，然后再加计扣除技术开发费，则：

2016年弥补亏损后的所得额＝200-60-20-30-10-50-20＝10（万元）

由于税法规定允许加计扣除的技术开发费不得超过应税所得额，故2016年允许加计扣除的技术开发费为10万元，即：

2016年最终的应税所得额＝10-10＝0

应纳的企业所得税＝0

这种顺序能使2016年企业所得税额为0，但不能减少2016年以后年度的应税所得额，从而不能减少这些年份的企业所得税额。

通过比较，企业应该按先加计扣除技术开发费的50%、然后再补亏的顺序。

【纳税案例】

接前例，如果把2016年度亏损20万元变为2016年度尚有未弥补的亏损20万元，其他条件不变。试分析在这种情况下，不同的技术开发费用扣除顺序对连续年度的所得税有何影响。

【筹划方案】

〖方案1〗先加计再补亏。

先加计扣除技术开发费的50%，再补亏，则：

2016年度应税所得额=200－80－30－10－50－50×50%－20＝－15（万元）

当年应纳所得税为=0

这里"－15万元"指的是2015年的亏损在2016年尚未弥补完的数额，根据税法规定，这亏损额已到了5年亏损弥补期的最后一年，将不得用以后年度税前利润弥补，即纳税人从2017年开始不能用它来冲减所得额，减少所得税。

〖方案2〗先补亏再加计。

先补亏，再加计扣除技术开发费的50%，则：

2016年弥补完亏损后的应税所得额=200－80－30－10－50－20＝10（万元）

由于技术开发费加计扣除的部分不得超过当年应税所得额10万元，所以：

2016年加计扣除技术开发费后的应税所得额=10－10=0

当年应纳所得税=0

加计开发费=50×50%－10＝15（万元）

在当年和以后年度都不得再扣除，即纳税人从2016年开始不能用它来冲减所得额，减少所得税。

通过比较，在当前年度亏损为5年前发生的亏损时，上述两种顺序对企业当年所得税和以后连续年度的所得税都无影响。

七、利用政策的纳税筹划

§66 利用优惠政策

> 我国现行税法对特定行业设定了一系列的优惠政策，企业利用这些优惠政策进行纳税筹划，就能够实现节税。

我国现行税法对特定行业提供了一系列的优惠政策，企业利用这些优惠政策进行纳税筹划，既能实现企业合法节税、提高利润，又符合国家产业导向，两全其美。

我国现行税法中，对软件产品和集成电路产品在流转税方面给予税收优惠。但是，现行税法对技术服务收入的税收优惠力度更大，既有流转税方面的优惠，也有所得税方面的优惠。其具体内容是：对单位和个人（包括外资企业和外籍个人、外商投资设立的研究开发中心）从事技术转让、技术开发业务和与之相关的技术咨询、技术服务业务取得的收入，免征增值税；对高技术企业进行技术转让以及在技术转让过程中发生的与技术转让有关的技术咨询、技术服务、技术培训的所得，年净收入在30万元以下的，暂免征收企业所得税。

因此，对上述特定IT行业的企业而言，技术服务收入较之产品销售收入的税收待遇更为优惠。具体来说，由于IT行业的技术服务收入往往是伴随着产品销售收入一起发生的，它们之间并无严格的界限，如果能够将销售收入合理转变为技术服务收入，就意味着将高税负的收入转变为低税负的收入，就能够实现节税。

【纳税案例】

某计算机公司是一家高新技术企业，该公司生产并销售计算机外设产品，同时也从事技术开发和技术转让业务。2015年，该公司接到一笔业务，将为某客户开发一项工业控制项目，并将该成果转让给客户，预计获得该项技术转让及技术服务价款共20万元，同时该客户还向该计算机公司购买计算机外设产品共40万元（不含税）。而且该公司当年技术及技术服务收入仅此一笔。

试分析该公司应该如何进行纳税筹划，从而达到为企业减轻税负的目的？

【筹划方案】

该公司可将从该客户取得的收入结构进行调整，减少销售计算机外设产品收入，增加技术转让及技术服务收入，具体为：将技术转让及技术服务收入增加为30万元，将销售计算机外设产品收入减少为30万元（不含税）。这样，对客户而言，其总支出不变；客户接受技术转让及技术服务是按无形资产入账，购买计算机外设产品是按固定资产入账，这两项均为资本性支出，其对费用的影响基本相同。而且，购买计算机产品由于不能抵扣增值税进项税额，其实际购买成本为计算机外设产品的价款加上由此负担的17%的增值税进项税额，这样降低计算机外设产品销售价格实际上减少了客户的总支出。因此，这项筹划方案不会受到客户的反对。

上述筹划措施实施后，对该公司而言，技术转让及技术服务价款30万元免征增值税和企业所得税，公司只须对销售计算机外设产品的收入30万元按规定缴纳增值税和企业所得税。而筹划前，在从该客户取得的收入中，技术转让及技术服务价款20万元免征增值税和企业所得税。相对于筹划前，公司多获得了10万元收入免缴增值税和企业所得税的好处，其税收负担大为减轻。

【纳税案例】

F公司主要从事软件产品的生产和销售。该公司由于不断进行技术创新，不断开发新产品，其产品的技术含量比较高。经申请，该企业于2015年5月被认定为"高新技术企业"。该公司享受的"两免三减半"所得税优惠政策于2015年12月底到期，而企业的生产形势却越来越好，当时预计2016年有税前利润2 000多万元，如果全额缴纳企业所得税，当年就得纳税约500万元。

按照税法规定，该公司于2015年11月向主管税务机关提出申请。但被告知，享受3年减半征收企业所得税的税收优惠政策必须拥有"先进技术企业"证书，而"先进技术企业"是由国家商务部负责考核和认定的。在主管税务机关的提醒下，该企业立即向当地主管商务机关提出"先进技术企业"认定申请。然而，无论怎样抓紧时间，认定"先进技术企业"的一套考核流程和审批程序完成后还是过了年底。当该公司取得"先进技术企业"资格时，已经是2016年2月10日。当公司经理拿着有关资格证书向主管税务机关申请办理企业所得税优惠手续时，被告知该企业依法不能享受延长三年减半征收企业所得税的待遇。

试分析F公司出现上述情况的原因是什么？该案例给企业利用税收优惠政策进行纳税筹划哪些启示？

【筹划方案】

出现这种不幸局面的原因是，该公司认为，企业享受生产性外商投资企业所得税"两免三减半"优惠政策之后，自然可以再享受"先进技术企业"减半征收企业所得税3年的优惠。但事实上，"高新技术企业"与"先进技术企业"是两个不同的政策概念，有不同的认定程序，适用不同的企业，其享受的税收待遇也不尽相同。

按税法规定，在国务院确定的国家级高新技术开发区设立的被认定的高新技术企业，自其被认定之日所属的纳税年度起，减按15%的税率缴纳企业所得税。原《外商投资企业所得税实施细则》规定：外商投资举办的先进技术企业，依照税法规定免征、减征企业所得税期满后仍为先进技术企业的，可以按照税法规定的税率延长3年减半征收企业所得税。

该企业的"先进技术企业"资格是在享受"两免三减半"税收优惠之后取得的，时间上没有连续性，所以不以能继续享受3年减半征收所得税的优惠。正是由于该公司的一念之差，导致公司失去享受3年减半征收企业所得税优惠的机会，公司损失超过1 000万元。

该企业的应对策略就是，注意跟踪政策，把握政策时限，充分利用优惠政策，不要因为疏忽使合理合法的优惠无谓地流失。

【注意事项】

从 F 公司的案例中我们可以明确以下两点关于税收优惠政策的启示：其一，优惠政策不能重复享受。生产性外商投资企业可以享受企业所得税"两免三减半"优惠政策；外商投资企业举办的"高新技术企业"可以享受"两免三减半"的税收优惠。企业在两个"两免三减半"税收优惠政策中可以享受一个。其二，时间上的连续性。外商投资举办的先进技术企业，依照税法规定免征、减征企业所得税期满后仍为先进技术企业的，可以按照税法规定的税率延长 3 年减半征收企业所得税，但在依照有关规定适用的减免税期限结束之后，才被认定为先进技术企业的，则不能享受优惠待遇。

§67 小微企业筹划

> 我国现行税法以及特殊经济时期的税收政策都对小微企业提供了税收优惠支持，简单的应用即可收到非常好的节税效果。

《企业所得税法》确定的税率有四档：基准税率25%和三档优惠税率，分别为10%、15%和20%（除直接减免税率外）。在中国境内未设立机构、场所，或者虽设立机构、场所但取得的所得与其所设机构、场所没有实际联系的非居民企业取得的来源于中国境内的所得（即预提所得税）适用20%的税率；国家需要重点扶持的高新技术企业适用15%的优惠税率；小型微利企业适用20%的优惠税率。这就使纳税人可根据税法的低税率优惠来进行筹划，尽可能创造条件来满足优惠税率的条件。

《企业所得税法》对小型微利企业实行较低的税率，因此企业可以根据自身经营规模和对盈利水平的预测情况进行权衡，将有限的盈利水平控制在限额以下，以期适用较低的税率。对于小型微利企业应注意把握《企业所得税法实施细则》对小型微利企业的认定条件，在企业所得税税率临界点附近进行筹划。小型微利企业是指从事国家非限制和禁止行业，并符合以下条件的企业：

（1）工业企业，年度应纳税所得额不超过30万元，从业人数不超过100人，资产总额不超过3 000万元；

（2）其他企业，年度应纳税所得额不超过30万元，从业人数不超过80人，资产总额不超过1 000万元。

【纳税案例】

某一服装企业人数、资产符合小型微利企业的条件。2016年12月31日计算的年应纳税所得额为300 050元，则应纳税额情况为：

应纳所得税 = 300 050×25% = 75 012.5（元）

如何筹划能降低企业的税负？

【筹划方案】

若该企业于12月31日购进一些办公用品，支出100元，则年度应纳税所得额不超过30万元，符合小型微利企业的条件，应纳税额情况变为：

应纳税所得额 = 300 050 - 100 = 299 950（元）

应纳所得税 = 299 950×20% = 59 990（元）

通过纳税筹划，支出费用仅为100元，却获得了15 022.5元（75 012.5 - 59 990）的节税收益。

由此可知，在企业所得税税率临界点附近，对企业所得税税率进行纳税筹划的收益是相当大的。对小微企业的税收优惠，不仅仅是经济下行期的特定政策，还是一贯的税法规定，因此相关筹划办法有着长期的意义。

§68 预提税额筹划

> 投资者选择在与中国签订有税收协定并且预提所得税的税率较低的国家登记注册企业，再由该企业对中国进行投资，可以有效规避较高的预提所得税税负。

《企业所得税法》第四条规定，非居民企业预提所得税的税率为20%，较原税法规定提高了10%。第二十七条对此问题又做了减免税的规定，符合规定的所得可以减按10%的税率缴纳企业所得税。下列所得可以免征所得税：

（1）国际金融组织贷款给中国政府、中国境内银行和居民企业取得的利息所得；

（2）外国银行以优惠利率向中国境内银行提供贷款或购买债券所取得的利息所得；

（3）在中国境内没有设立机构、场所的非居民企业，从其直接投资的国家需要重点扶持的高新企业取得的股息、红利收入。

对此，纳税人可以考虑利用不同国家之间税收协定的优惠政策进行筹划。

《企业所得税法》第五十八条规定：中华人民共和国政府同外国政府订立的有关税收的协定与本法有不同规定的，依照协定的规定办理。这是国内法服从国际法的条款。税法中对外国投资者从外商投资企业取得的利润或股息所得的税率规定为20%，增加了税收负担，这部分非居民纳税人可以利用税收协定进行筹划。

一般来说，在税收协定中，预提所得税的税率均不超过10%。而内地与香港签订的避免双重征税安排，对股息征收预提所得税，税率规定为7%。

投资者可以选择在与中国签订有税收协定并且预提所得税的税率较低的国家登记注册企业，再由该企业对中国进行投资，可以有效规避较高的预提所得税税负。当然，此做法可行的前提是投资来源国承认相关的优惠政策，给予税收豁免。而非居民企业可以通过在上述国家或地区注册，租用邮筒或信托公司等方式规避部分税收。

【纳税案例】

A国和B国签订了双边税收协定，其中规定A国居民从B国取得的投资所得可以免征所得税，B国居民从A国取得的投资所得也可以免征预提所得税。中国和A国签订了双边税收协定，规定中国居民与A国居民从对方国家取得的投资所得同样可以免征预提所得税。但中国和B国之间没有税收协定，中国和B国规定的所得税率都是25%。中国某公司甲在B国投资设立一子公司乙，该乙公司2009年度的税后利润为1 500万元，公司决定将其中80%分配给母公司。该项利润汇回中国需要缴纳预提所得税：

应纳预提所得税=1 000×80%×25%=200（万元）

【筹划方案】

为了避免缴纳该项税收，甲公司可以考虑首先在A国设立一家全资子公司丙，将甲公司在B国乙公司中的股权转移到A国的丙公司，由A国的丙公司控制B国的乙公司。这样，B国的乙公司将利润分配给A国的丙公司时，根据A国和B国的双边税收协定，该项利润不需要缴纳预提所得税。同样，当A国的丙公司将该项利润全部分配给甲公司时，根据中国和A国的双边税收协定，也不需要缴纳预提所得税，这样就减轻了200万元的税收负担，如果设立丙公司以及进行相关资金转移的费用小于200万元，该纳税筹划方案就是可行的。

此外，按照规定，外国政府、国际金融组织的贷款利息免征企业所得税。因此，仅有股息、租金等间接所得的非居民企业在境内不应设机构、场所，或取得的间接所得应尽量不与境内机构、场所发生业务联系，以享受优惠税率。

§69　利用饶让抵免

> 通过在具有税收饶让抵免的国家设立居民公司的办法，可以在没有税收饶让抵免制度的情况下享受有关优惠政策。

纳税人来源于境外的所得首先要在来源地国纳税，回到居民国以后还要向居民国纳税，这样就产生了重复征税。为了避免重复征税，居民国的税法一般都允许纳税人就来源于境外的所得已缴纳的税款可以在本国缴纳的税款中予以扣除，但一般都有一个上限，即不能超过该项所得根据本国税法规定应当缴纳的税款。有时，国家为了吸引外资而给予外资一定的税收优惠，外资回到本国时对于该税收优惠有两种处理方式：一种是将税收优惠视为来源地国给予外资的优惠，虽然本国纳税人没有实际缴纳该税款，仍然视为已经缴纳予以扣除，这种方式就是税收饶让抵免；另一种是对该税收优惠不予考虑，仅对纳税人在来源地国实际缴纳的税款予以扣除，这样，来源地国给予外资的税收优惠外资企业就无法享受了。目前，我国与绝大多数国家的税收协定都规定了税收饶让抵免制度，只有美国等少数国家没有该项制度。在没有税收饶让抵免制度的情况下，可以通过在具有税收饶让抵免的国家设立居民公司的办法享受这一优惠政策。

【纳税案例】

中国和A国签订的双边税收协定有税收饶让抵免制度，并且对缔约国居民来源于本国的投资所得免征预提所得税，A国企业所得税税率为30%，中国和B国的双边税收协定没有税收饶让抵免制度，预提所得税率为10%，但A国和B国的双边税收协定具有税收饶让抵免制度，并且对缔约国居民来源于本国投资的所得免征预提所得税。中国甲公司在B国有一子公司乙，2009年度获得税前利润3 000万元，根据B国税法规定，企业所得税税率为30%，但对外资可以给予10%的低税率。

乙公司在B国应当缴纳企业所得税为300万元（3 000×10%），税后利润为2 700万元（3 000-300）。假设该项利润全部汇回本国，则应缴纳预提所得税270万元（2 700×10%）。

该项所得按照我国税法规定，应当缴纳所得税750万元（3 000×25%）。由于已经在国外缴纳了所得税570万元（300+270），在本国只需要缴纳所得税180万元（750-570）。税后纯所得为2 250万元（3 000-300-270-180）。

试通过纳税筹划使税后利润最大。

【筹划方案】

如果甲公司首先在A国设立一个丙公司，将其持有的乙公司股权转移给丙公司持有，乙公司的利润首先分配给丙公司，然后再由丙公司将利润分配给甲公司，这样就可以享受税收饶让抵免的优惠政策。乙公司在B国应缴纳所得税300万元（3 000×10%），税后利润为2 700万元（3 000-300）。乙公司将利润全部分配给丙公司，则不需要缴纳所得税。该项利润在A国需要缴纳所得税900万元（3 000×30%）。该项所得按照B国税法本应缴纳900万元（3 000×30%）的税款，但A国和B国的双边税收协定具有税收饶让抵免制度，因此，该项利润不需要向A国缴纳任何税款。丙公司再将该项利润全部分配给甲公司，中间不需要缴纳预提所得税。该项所得原本需要向中国缴纳所得税750万元（3 000×25%），但由于在A国已缴纳了900万元的税款，因此不需要向中国缴纳所得税，企业税后利润为2 700万元（3 000-300）。

通过纳税筹划，企业增加了税后利润450万元（2 700-2 250）。

§70 技术服务比重

国家需要重点扶持的高新技术企业，规定了减按15%的税率征收企业所得税等诸多优惠政策，企业应充分利用这些政策获得利益。

国家对高新技术企业的产品销售收入和技术服务收入在税收上的待遇是不一样的。现行税法仅对软件产品和集成电路产品在流转税方面给予税收优惠，对高新技术企业生产的其他产品，既没有流转税方面的优惠，也没有企业所得税方面的优惠。

但是，现行税法对技术服务收入的税收优惠力度大，既有流转税方面的优惠，也有所得税方面的优惠。其具体内容是：对单位和个人（包括外商投资企业、外商投资设立的研究开发中心、外籍企业和外籍个人）从事技术转让、技术开发业务和与之相关的技术咨询、技术服务业务取得的收入，免征增值税；对高新技术企业进行技术转让以及在技术转让过程中发生的与技术转让有关的技术咨询、技术服务、技术培训的所得，年净收入在30万元以下的，可暂免征收企业所得税。

因此，对高新技术企业而言，技术服务收入较之产品销售收入的税收待遇更为优惠。对于绝大多数高新技术企业而言，销售产品都伴随着技术服务，技术服务收入往往伴随产品销售收入发生，它们之间并无严格的界限，如果增加利用技术服务的收入比重，就意味着将高税负的收入转变为低税负的收入，从而可以减轻税收负担，增加净收入。

【纳税案例】

B计算机公司是一家高新技术企业，它既生产并销售计算机产品，也从事技术开发和技术转让业务。2016年，该公司接到一笔业务，将为某客户开发一项工业控制项目，并将该成果转让给客户，预计获得该项技术转让及技术服务价款共20万元，同时该客户还向该计算机公司购买计算机产品共40万元（不含税）。该计算机公司当年技术及技术服务收入仅此一笔。

该计算机公司有无纳税筹划空间？

【筹划方案】

该计算机公司对从该客户取得的收入结构进行调整，减少销售计算机产品收入，增加技术转让及技术服务收入。该计算机公司将技术转让及技术服务收入增加为30万元，将销售计算机产品收入减少为30万元（不含税）。这样对客户而言，其总支出不变。客户接受技术转让及技术服务是按无形资产入账，购买计算机产品是按固定资产入账，这两项均为资本性支出，其对费用的影响基本相同；而且，购买计算机产品由于不能抵扣增值税进项税额，其实际购买成本为计算机产品的价款加上由此负担的17%的增值税进项税额，这样降低计算机产品销售价格实际上是减少了客户的总支出。因此，这项筹划方案不会遭到客户的反对。

筹划以后，对计算机公司而言，技术转让及技术服务价款30万元免征增值税和企业所得税，公司只须对销售计算机产品的收入30万元按规定缴纳增值税和企业所得税。而筹划前，在从该客户取得的收入中，技术转让及技术服务价款20万元免征增值税和企业所得税。相对于筹划前，计算机公司多获得了10万元收入免缴增值税和企业所得税的好处，其税收负担大为减轻。

在《企业所得税法》中，除了利用好高新技术企业的税收优惠政策外，高新技术企业在日常核算中也要关注细节。在财务核算上，注意税务处理与会计处理的差异；避免将资本性支出变为经营性支出；正确区分各项费用开支范围，注意不要将会务费、差旅费等列入业务招待费；在免税和减税期内应尽量减少折旧，在正常纳税期内应尽量增加折旧获得资金的时间价值等等。

高新技术企业应立足资源优势，不断加大技术创新的投入和产出，遵循科学的纳税筹划原则，正确掌握和熟练运用纳税筹划方案，才能真正取得纳税筹划的成功，为企业节减税负、提高收入。

八、外贸企业纳税筹划

§71 利用汇率趋势

> 选择业务发生当天或当月1日的人民币外汇牌价进行折算，会造成较大的税负差异。如能准确预测汇率的年度走势，就能降低税负。

外贸企业面临的最大、最直接的风险就是汇率风险，外贸企业都必须面对汇率问题。与此同时，利用汇率做筹划不仅可以避险，还可以获取收益。税收政策规定，纳税人用外汇结算营业额或销售额的，必须把外汇折算成人民币。纳税人外汇的人民币折合率可以选择业务发生当天或当月1日的人民币外汇牌价，而这种折合率应当事先确定并且在一年之内不得变更。因此，如果人民币汇率具有明显的升值或贬值趋势，外贸企业就可通过选择恰当的人民币折合率，来进行纳税筹划，降低税负。

【纳税案例】

KL外贸公司进货时用人民币进行结算，销货时用美元结算。该公司选择销售额发生当日的人民币汇率为折合率。假设进货单价为1 000元人民币，销货单价为180美元。某月1日美元对人民币汇率为1：6.8，16日发生进货成本100 000元、销售收入为18 000美元，当日美元与人民币汇率为1：6.6。该企业应该如何选择它的折算汇率来降低税负？

【筹划方案】

如果按业务发生当日汇率计算：

销售额=18 000×6.6＝118 800（元人民币）

应纳增值税=118 800×17％－100 000×17％＝3 196（元人民币）

如果按当月1日汇率计算：

销售额=18 000×6.8＝122 400（元人民币）

应纳增值税=122 400×17％－100 000×17％＝3 808（元人民币）

因此，该公司如果预先选择的是按销售额发生当日的汇率进行折算，就可节税612元（3 808－3 196）。

因为税法规定折算汇率应事先确定并且在一年之内不得变更，案例中实现的收益的前提是准确认清人民币汇率的总体趋势。

自2005年7月21日人民币汇率改革以来，人民币汇率的走势总体上是在不断升值的。2008年7月至2010年6月，人民币汇率稳定在1：6.83附近。2010年汇改再次启动以来，人民币又步入上升趋势。2014年1月，人民币兑美元创下汇改以来最高点1：6.0408以后，开始步入贬值趋势，持续至今。在此趋势背景下，以出口为主要业务的外贸企业选用销售当日汇率结算就具有纳税筹划收益；与之相对，以进口为主要业务的外贸企业选用当月1日的汇率结算有纳税筹划收益。2005年汇改以来人民币兑美元汇率走势如图71-1

所示，读者可试着从中分析如何利用大趋势进行纳税筹划。

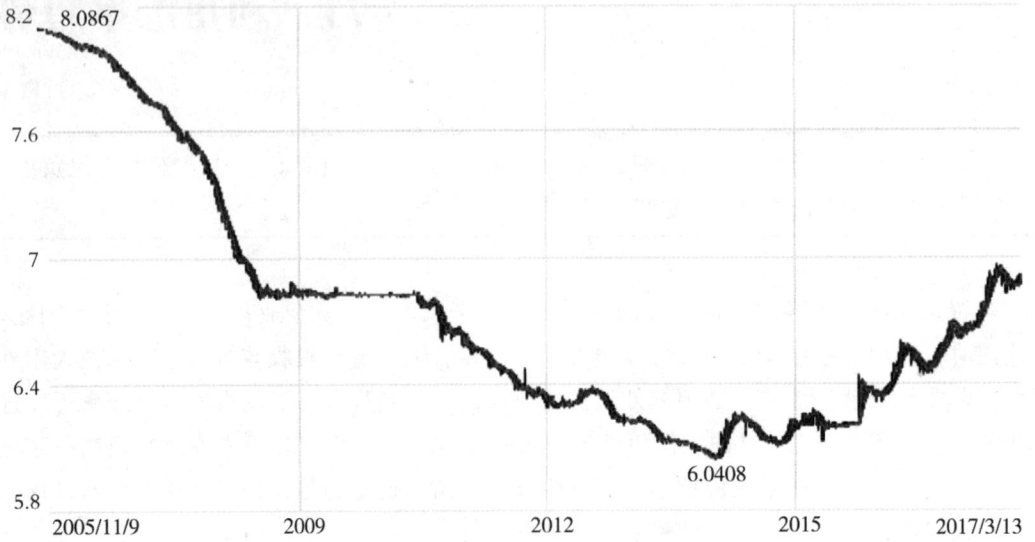

图71-1　2005年汇改以来人民币兑美元汇率走势

§72 避税地点筹划

> 外贸公司在有广泛税收协定的国家设立一个"管道金融公司",再在无所得税的"避税港"地区设立一个"内部金融公司",可以为公司节税。

外贸公司为了在集团内部开展信贷业务,为了能通过支付利息的纳税扣除以实现所得税的最小化,需要建立复合金融公司。复合金融公司类似于企业内部的银行,它的任务是向外贸公司内部的分支机构提供金融服务,开展境外的投资,获取或发放贷款等复合金融公司是外贸公司国际金融业务的管理中心。

构建复合金融公司的好处有以下几点:

(1)子公司首先把利息支付给管道金融公司,因管道金融公司设在有广泛税收协定的国家,所以子公司所在国对向管道金融公司支付的利息就可能免征或征收较低的利息预提税。

(2)管道金融公司取得利息以后,可能要缴纳较高税率的公司所得税,但如果管道金融公司的借贷款利差安排得很小,而且其从内部金融公司借款利息可以作为费用打入成本,则尽管所得税税率较高,也不必缴纳较重的所得税。

(3)管道金融公司再按借款利率向内部金融公司支付利息。由于内部金融公司设在纯避税地或低税国,所以这笔利息在当地不必负担较重的所得税。

(4)由于我们假定母公司设在高税国,所以内部金融公司不应再向母公司支付利息或利润,而应把利息或利润积累在本公司。

复合金融公司最理想的选址应具备以下条件:

(1)拥有广泛的税收协定网络,其中制定了有关利息汇回的规定。

(2)对向非居民分配利息不征税,或按国际税收协定的规定对利息的汇出征收很低的税。

(3)国内所得税负规定,复合金融公司支付给非居民的利息可全部作为扣除项目,而基地公司本身的利润也因此而减少税收。

当外贸公司需要将大量资金以贷款的形式向国外投资时,必然会考虑如何减少税收负担的问题,这里可以建立由两个下属管道金融公司组成的组合体,其中一个设在较低或者没有所得税的国家和地区,另一个设在拥有广泛税收协定网络的和对金融公司有税收优惠的国家。在无税管辖区的公司将能在最小预提税的条件下传导金融资源。

【纳税案例】

KL公司所在国属于高税国,它的子公司KK公司所在国与母公司所在国之间没有税收协定,母公司的资金在转入子公司的过程中,子公司所支付的利息必须缴纳预提所得税。本案例涉及的融资1 000万美元,利息为10%,期限为1年,预提税税率为20%,其结果是100万美元的利息，须缴纳20万美元的预提税，母公司净得利息只有80万美元。

KL公司该如何进行纳税筹划以规避预提所得税？

【**筹划方案**】

KL公司可通过建立"管道金融公司"的办法来规避预提所得税，具体操作原理如下：

母公司可在一个与境外子公司所在国有税收协定的国家建立中介金融公司，然后通过该中介金融公司向外国子公司放款，这样就可以利用中介金融公司所在国与子公司所在国之间的税收协定，减轻子公司所在国的利息预提税税负。

然而，由于与别国有税收协定的国家其所得税税率一般较高，所以，母公司通过中介金融公司取得利息虽可以减轻子公司所在国预提税的负担，但很可能要在中介金融公司所在国负担较重的所得税，从而达不到国际避税的目的。

为此，有必要让中介金融公司安排较小的借贷利差，使子公司的利息支付较少，这又势必导致子公司将大量利润支付给母公司，但母公司又设在高税国，那么其子公司的利润所得在汇往母公司时，同样达不到避税的目的。

为了解决这个矛盾，跨国公司为向海外子公司发放贷款而建立的中介金融公司一般要采取"复合金融公司"结构——在有广泛税收协定的国家设立一个"管道金融公司"，再在无所得税的"避税港"地区设立一个"内部金融公司"。位于高税国的母公司首先将资金支付给"避税地"的内部金融公司，内部金融公司再把这笔资金贷给管道金融公司，最后再由管道金融公司向国外子公司提供贷款。利息的支付方向正好与贷款的运动方向相反。

§73 境外纳税抵免

> 企业取得的符合规定的所得已在境外缴纳的所得税税额，可以从其当期应纳税额中抵免。

我国《企业所得税法》第二十三条规定，企业取得的下列所得已在境外缴纳的所得税税额，可以从其当期应纳税额中抵免，抵免限额为该项所得依照本法规定计算的应纳税额；超过抵免限额的部分，可以在以后5个年度内，用每年度抵免限额抵免当年应抵税额后的余额进行抵补：

（1）居民企业来源于中国境外的应税所得；

（2）非居民企业在中国境内设立机构、场所，取得发生在中国境外但与该机构、场所有实际联系的应税所得。

另外，《企业所得税法》第二十四条中也注明，居民企业从其直接或者间接控制的外国企业分得的来源于中国境外的股息、红利等权益性投资收益，外国企业在境外实际缴纳的所得税税额中属于该项所得负担的部分，可以作为该居民企业的可抵免境外所得税税额，在第二十三条规定的抵免限额内抵免。

【纳税案例】

境内甲公司2016年预计境内取得的应纳税所得额为800万元，适用25%的所得税税率。现该公司计划向A国投资1 000万元，有两种方案可供选择：方案1，在A国设立分支机构乙，预计取得的应纳税所得额为200万元；方案2，向A国的丙公司注资，拥有其30%的股票，甲公司每年均可以从A国获得投资的毛股息为200万元。A国预提所得税率为10%，所得税税率为30%，税后利润全部分配。

甲公司选择何种方式投资税负低？

【筹划方案】

【方案1】在A国设立分公司乙。

甲公司2016年的应纳税额情况如下：

（1）境外所得实际应承担的所得税：

应纳所得税 = 200×30% = 60（万元）

（2）境外所得可抵免税额：

抵免限额 = 200×25% = 50（万元）

由于境外实缴数为60万元，所以境外所得可抵免限额为50万元。

（3）甲公司应缴纳的所得税税额：

应纳所得税 = （800+200）×25% - 50 = 200（万元）

〖方案2〗向A国的丙公司注资。

甲公司2016年的应纳税额情况如下：

（1）境外所得实际应承担的所得税：

A国股息负担的预提所得税=200×10%=20（万元）

A国股息负担的企业所得税：

税前所得=200÷（1-30%）=285.71（万元）

纳税额=285.71×30%=85.71（万元）

分得股息实际应承担的所得税=20+85.71=105.71（万元）

（2）境外所得可抵免限额：

抵免限额=285.71×25%=71.43（万元）

境外实际承担105.71万元，所以，分得股息可扣税额为71.43万元。

（3）甲公司应缴纳的企业所得税税额：

应纳所得税=（800+285.71）×25%-71.43=200（万元）

从上述计算结果看，两种投资方式导致境内甲企业的纳税结果是一致的，但这并不能说明两种方式没有优劣之分。从境外所得税收抵免限额看，第一种方案甲公司在境外实缴企业所得税60万元，可当期只抵免了50万元；而第二种方案甲公司在境外直接缴纳的只有预提所得税20万元，但由于境外所得税收抵免可以采用间接抵免方法，导致可以将甲公司的子公司丙在A国缴纳的企业所得税视同为甲公司的已纳税款进行抵扣，这样，甲公司的境外股息所得可以抵免的税收额上升到了105.71万元，相对于实际只承担20万元预提所得税的甲公司而言，境外子公司投资方式使得甲公司一年就获得了额外的税收利益85.71万元。

综合考虑当年实际的税收抵免情况，2009年甲公司投资子公司方式比分公司多获得税收利益61.43万元（60-50+71.43-20），所以选择第二种投资方式对甲公司更有利。

【纳税案例】

中国甲公司在A国设立了一家子公司乙。2015年度，乙公司获得税前利润3 000万元，2016年度，乙公司获得税前利润4 000万元，A国所得税税率为30%。中国和A国税收协定规定的预提所得税税率为10%。乙公司将税后利润全部分配给甲公司。甲公司在2017年度投资3 000万元在B国设立了另一家子公司丙。

乙公司2015年度需要向A国缴纳企业所得税：

应纳所得税=3 000×30%=900（万元）

将利润分配给甲公司，需要缴纳预提所得税：

预提所得税=900×10%=90（万元）

甲公司获得该笔利润需要向中国缴纳企业所得税：

应纳所得税=3 000×25%=750（万元）

由于该笔所得已经在国外缴纳了990万元的所得税，因此不需要向中国缴纳任何税款。

乙公司2016年度需要向A国缴纳企业所得税：

应纳所得税=4 000×30%=1 200（万元）

将利润分配给甲公司，需要缴纳预提所得税：

预提所得税＝1 200×10％＝120（万元）

甲公司获得该笔利润需要向中国缴纳企业所得税：

应纳所得税＝4 000×25％＝1 000（万元）

由于该笔所得已经在国外缴纳了1 320万元（1 200＋120）的所得税，因此不需要再向中国缴纳任何税款。

甲公司两年一共获得税后纯利润＝3 000+4 000-990-1 320＝4 690（万元）

【筹划方案】

如果甲公司将税后利润一直留在乙公司，则2015年度和2016年度乙公司一共需要缴纳企业所得税：

应纳所得税合计＝（3 000+4 000）×30％＝2 100（万元）

税后纯利润＝7 000-2 100＝4 900（万元）

2017年度，乙公司可以用该笔利润直接投资设立丙公司，设立过程中不需要缴纳任何税款。通过纳税筹划，甲公司减轻了所得税负担：

节税额＝4 900-4 690＝210（万元）

跨国纳税人应综合衡量各方面因素的影响，选择既能给企业带来良好经济效益又能使跨国纳税人税收负担最轻的投资方案。

§74　避免双重征税

在对外交易中签订相关外贸协议，或者签订避免双重征税的税收协定，可以获得节税利益。

在进行许可证贸易的过程中，国内公司与自己的外国伙伴签订了许可证贸易协议，根据协议，公司取得的是特许权使用费，而不是商业利润。以美国为代表的某些发达国家认为，向国外售许可证业务的所得不构成外国的征税对象，因为这种业务是一种被称为商业活动的被动形式，它在国外不设立常设机构。另外，知识产权等无形资产取得的收入来源应确定在提供脑力劳动的居民的所在国，而不应确定在使用知识产权的国家。

因此，许可证售出人不承担外国的所得税。然而，有些国家特别是发展中国家按照地域原则对特许权使用费的汇出，规定要征收预提所得税。如果购证人国家对特许权使用费征收了上述税收，那么售证人可在自己的国家汇总纳税时对国外承担的上述税收予以抵免。如果售证人在国外并没有承担上述税收，那么他应就来自国外的全部特许权使用费向本国政府缴纳所得税。

然而，不管是预提所得税还是汇出税，纳税人还是可以利用某些因素来减轻税收负担。如果贸易双方国家签订了避免双重征税的税收协定，那么上述税收的税率可能会降低很多，甚至不征税。

【纳税案例】

KL公司是中国一家生产服装的公司，该公司具有较强的服装出口能力，为了扩大市场规模，该公司想进一步开发国外市场，将服装出口到美国。如果将服装制成品直接从中国出口到美国，则会被征收较高的关税，因关税太高，该公司不想通过美国独立的代理商直接将制成品从中国向美国出口，而是通过纳税筹划来降低关税成本。

请问中国KL公司该如何进行纳税筹划？

【筹划方案】

KL公司可以采取以下两种形式进行纳税筹划：

（1）与美国独立的生产商签订许可证协议。按照协议，美国厂商有权按中国KL公司的许可证生产产品。而中国KL公司是技术的所有者，拥有美国的专利和许可证，或者说是知识产权其他权利的所有者。

（2）中国KL公司决定把公司技术的使用权转让给美国厂商，同时对美国公司转售许可证的可能加以限制，其目的是不让技术落入竞争对手的手里。

在上述两种形式中，中国公司没有在美国境内开展生产经营活动，因此不承担美国的所得税。中国公司从美国厂商那里得到的是特许权使用费形式的所得。例如，中国公司可以要求以下列条件支付特许使用费：从产品销售额中第1个100万美元中支付5%，从以后的500万美元中支付3%,以及从超过的600万美元中支付1%。

美国厂商向中国公司支付的特许使用费,在汇出国境时通常要缴纳特许权使用费的汇出税。然而美国与中国签订有避免双重征税的税收协定,根据协定,汇出税可以免除。因此,中国公司不是直接进入美国,而是通过与美国厂商的许可证贸易,在美国生产自己的产品,这样既不必缴纳美国的所得税,也不必缴纳特许权使用费的汇出税,又避免了沉重的关税。

就上述案例分析而言,对外经济活动的第一种组织形式通常不承担外国政府的税收,而公司承担的仅是公司位于国的全部税收义务。对于许可证贸易和特许经营权转让来说,如果被征收了外国政府的汇出税或预提所得税,那么回到本国后可予以税收抵免,同时也可以利用国际税收协定提供的优惠待遇。

谋求免除国际双重征税及其外延扩大的方法,是签订国际税收协定的主要目的之一。只有在承认绝大部分国家目前都同时行使了居民管辖权的现实情况的基础上,才有可能期望在协定的缔结各方之间达成协议。实践证明,抵免的方法是能够兼顾这两种税收管辖权利益的可行方法。当然,也不能排除一些国家出于某种政策的需要,而自愿选择免税的方法。因此,国际税收协定通常都允许缔约国各方可选择抵免法和免税法中的一种方法,或者根据不同情况采取上述两种方法。

§75　降低到岸价格

> 在进口应税消费品的税务筹划中，纳税人尽可能降低到岸价格以及其他组成关税完税价格的因素并获得海关认可。

为了公平税负，确保国家财政收入，充分发挥消费税的调节作用，一般情况下，在我国境内实现消费的应税消费品一律不得减税、免税。但出口的应税消费品，除国家另有规定者外，免征消费税，免征办法可实行先征后退或者在生产环节直接免税。

生产企业通过外贸企业出口应税消费品的，应由生产企业先缴纳消费税，待外贸企业办理报关出门后再向税务机关申请退税。退税后发生的退关或退货，生产企业或外贸企业应及时补交消费税。由生产企业直接出口应税消费品的，可以在出口时，直接免税。而后发生退货或退关的，也可以暂不办理退税，待其转为国内销售时，在申报缴纳消费税。

进口应税消费品，由纳税人于报关进口时向报关地海关申报纳税，并应当自海关填发税款缴纳证的次日起15日内缴纳税款。进口的应税消费品，实行从价定率办法计算应纳税额的，按照组成计税价格计算纳税：

组成计税价格=（关税完税价格+关税）÷（1-消费税税率）

应纳税额=组成计税价格×消费税税率

实行从量计征办法计算应纳税额的，进口应税消费品数量，为海关核定的应税消费品进口征税数量。

【纳税案例】

一家钢铁企业，需要进口100万吨铁矿石，可供选择的进货渠道中有两家：一是澳大利亚，一是加拿大。澳大利亚的铁矿石品位较高，价格为20美元一吨，运费60万美元；加拿大的铁矿石品位较低，价格为19美元一吨，但运杂项费用高达240万美元，暂不考虑其他条件，到底应该选择哪一个国家进口铁矿石呢？

【筹划方案】

澳大利亚铁矿石完税价格=20×100+60=2 060（万美元）

加拿大铁矿石完税价格=19×100+240=2 140（万美元）

经过计算应该选择从澳大利亚进口铁矿石。如果按20%征收进口关税的话，至少可以节税16万美元（（2 140-2 060）×20%）。

【纳税案例】

玉兰化妆品有限公司2016年7月发生以下业务：

1. 委托某外贸公司出口高档化妆品一批，价款2 600 000元（人民币），适用税率30%；

2. 自营出口高档化妆品一批，价款2 600 000元（人民币），后有20%的货物退回，但尚未在国内销售。

要求：计算玉兰化妆品公司应缴纳的消费税并作相应的会计处理。

【筹划方案】

1. 玉兰公司将高档化妆品委托外贸公司代理出口时应先缴纳消费税

应纳消费税额＝2 600 000×30%＝780 000（元）

会计处理如下：

(1) 将高档化妆品委托外贸公司代理出口时：

借：应收账款　　　　　　　　　　　　　　　　　　3 380 000

　　贷：主营业务收入　　　　　　　　　　　　　　　　　　2 600 000

　　　　应交税费——应交消费税　　　　　　　　　　　　　　780 000

(2) 化妆品公司缴纳消费税时：

借：应交税费——应交消费税　　　　　　　　　　　　780 000

　　贷：银行存款　　　　　　　　　　　　　　　　　　　　780 000

(3) 应税消费品出口后，化妆品公司收到外贸公司退回的消费税时：

借：银行存款　　　　　　　　　　　　　　　　　　　780 000

　　贷：应收账款　　　　　　　　　　　　　　　　　　　　780 000

2. 该公司自营出口高档化妆品时，可以在出口时直接予以免税

会计处理如下：

(1) 该公司自营出口时：

借：应收账款（或银行存款）　　　　　　　　　　　2 600 000

　　贷：主营业务收入　　　　　　　　　　　　　　　　　2 600 000

(2) 收到退货时：

借：主营业务收入　　　　　　　　　　　　　　　　　520 000

　　贷：应收账款（或银行存款）　　　　　　　　　　　　　520 000

【纳税案例】

某外贸公司进口刚刚面世的高科技产品，进口该产品支付了300万美元，类似产品的市场价格仅为120万美元。

针对该外贸公司的情况，进口刚生产出的高科技产品，海关应如何确定该产品的成交价格及完税价格？那么该企业应怎样筹划以节省税负？

【筹划方案】

该外贸公司进口的高科技产品，海关也因此种产品的创新，而无法依据审定成交价格法确定成交价格及完税价格，而只能以该产品的同一出口国或地区购进的类似货物的成交价格作为确定被估计进口货物完税价格的依据，即按类似货物成交价格法予以确认。

从上面的分析来看，这样的话，该项进口商品的海关估价最多只有120万美元，剩下的180万美元便是纳税筹划空间。

进口货物以海关审定的正常成交价格为基础的到岸价格作为完税价格。到岸价格包括货价加上货物运抵中华人民共和国关境内输入地点起卸前的包装费、运费、保险费和其他

劳务费等费用。我国对进口货物的海关估价主要有两种情况：

（1）海关审查可确定的完税价格；

（2）成交价格经海关审查未能确定的。

成交价格实际上是指进口货物的买方为购买该项货物而向卖方实际支付的或应当支付的价格，该成交价格的核心内容是货物本身的价格（不包括运保费、杂费的货物价格）。该价格除包括货物的生产、销售等成本费用外，还包括买方在成交价格之外另行向卖方支付的佣金。筹划时可选择同类产品中成交价格比较低的、运输及杂项费用相对小的货物进口，才能降低完税价格。

在进口应税消费品的税务筹划中，关税完税价格是筹划的重点，纳税人应尽可能降低到岸价格以及其他组成关税完税价格的因素并获得海关认可。

§76 巧用转让定价

> 关联企业利用世界范围内的税收差异，通过转移价格实现利润的转移，可以减轻企业的总体税负。

转让定价是指关联企业之间内部转让交易所确定的价格，通常不同于一般市场价格。外贸关联行业的转让定价往往受外贸公司集团利益的支配，而不受市场一般供求关系约束。在现代国际贸易中，跨国外贸公司内部企业交易占很大比例。关联企业利用世界范围内的税收差异，通过转移价格实现利润的转移，就会减轻企业的总体税负，从而使企业在总体上获得更大利润。

跨国外贸公司在开展业务之前，综合考虑比较各国的税率、税收计算程序和缴纳方法。开展业务之时，便可灵活选择交易对象，通过转让定价将部分应税所得在不同税负水平的内部成员之间、母子公司之间进行转移，最终可以从整体上降低集团公司的应税所得。

【纳税案例】

A外贸集团公司的4个分公司分布在甲、乙、丙、丁4国。这4个国家公司所得税税率分别为：甲国30%、乙国25%、丙国20%、丁国15%，甲国的分公司为乙国的分公司提供加工原料。甲国分公司以100万元的价格收购了100吨原料，按20%的利润率计算，应以120万元的价格转售给在乙国的分公司，然后由乙国分公司加工后再以500万元的制成品价格出售。按照这样的做法，甲、乙两国分公司的税负应分别为：

甲国分公司应纳税额＝（120－100）×30%＝6（万元）

乙国分公司应纳税额＝（500－120）×25%＝95（万元）

A外贸集团公司的税负总额＝6+95＝101（万元）

【筹划方案】

甲国分公司不采取直接向乙国分公司供货的方式，而是以110万元的低价出售给丁国的分公司，再由丁国的分公司以300万元的价格转售给丙国的分公司，再由丙国分公司以450万元的价格转让给乙国分公司，最后乙国分公司仍以500万元的价格在市场上出售产品。

这样甲、乙、丙、丁四个分公司所承担的税负如下：

甲国分公司应纳税额＝（110－100）×30%＝3（万元）

乙国分公司应纳税额＝（500－450）×25%＝12.5（万元）

丙国分公司应纳税额＝（450－300）×20%＝30（万元）

丁国分公司应纳税额＝（300－110）×15%＝28.5（万元）

纳税总额＝3+12.5+30+28.5＝74（万元）

筹划后节税额＝106－74＝32（万元）

【纳税案例】

某外贸甲企业主要生产制造 X 产品，X 产品有三道工序，第一道工序完成后，单位生产成本为 200 元，第二道工序完成后，单位生产成本为 450 元，第三道工序结束后，完工产品单位成本为 500 元。X 产品平均售价每件 800 元，2014 年销售 X 产品 25 万件。

甲企业适用所得税税率为 25％，其他有关数据如下：

（1）产品销售收入＝25×800＝20 000（万元）

（2）产品销售成本＝25×500＝12 500（万元）

（3）产品销售税金及附加＝200（万元）

（4）管理费用、财务费用、销售费用合计＝2 300（万元）

（5）利润总额＝20 000－12 500－200－2 300＝5 000（万元）

（6）应纳所得税额＝5 000×25％＝1 250（万元）

甲企业有无办法节税？

【筹划方案】

如果甲企业在低税率国家投资设立一全资子公司（以下简称乙企业），低税率地区适用企业所得税税率为 15％。甲企业将 X 产品的第二道工序作为产成品，并按单位成本 450 元加价 20％后，以 540 元的售价销售给乙企业，由乙企业负责完成 X 产品的第三道工序。假设甲企业的管理费用、财务费用、销售费用、税金及附加中的 10％ 转移给乙企业，乙企业除增加甲企业转移过来的费用及税金外，由于新建立公司另增加管理成本 100 万元。则：

甲企业：

（1）产品销售收入＝25×540＝13 500（万元）

（2）产品销售成本＝25×450＝11 250（万元）

（3）产品销售税金及附加＝200×90％＝180（万元）

（4）管理费用、财务费用、销售费用合计＝2 300×90％＝2 070（万元）

（5）利润总额＝13 500－11 250－180－2 070＝0

（6）应纳所得税额＝0

乙企业：

（1）产品销售收入＝25×800＝20 000（万元）

（2）完工产品的单位成本＝540＋500－450＝590（元）

（3）产品销售成本＝25×590＝14 750（万元）

（4）产品销售税金及附加＝200×10％＝20（万元）

（5）管理费用、财务费用、销售费用合计＝2 300×10％＋100＝330（万元）

（6）利润总额＝20 000－14 750－20－330＝4 900（万元）

（7）应纳所得税额＝4 900×15％＝735（万元）

由于乙企业是甲企业的全资子公司，因此，如果乙企业保留盈余不分配，甲企业也就无需按税率之差补缴所得税。在低税率地区设立子公司，节省所得税额 515 万元（1 250－735）。

　　本例中，虽然甲、乙企业存在关联关系，但税务机关不会对甲企业的定价进行调整，因为甲企业的产成品属于中间产品，甲企业取得的只是加工环节的利润，将其利润率确定在20％，已远远超过了税法规定的成本利润率10％。X产品的主要工序集中在甲企业，其管理费用、财务费用大部分集中在甲企业，乙企业所承担的X产品的第三道工序（制造成本只有50元，占整个产品制造成本的10％）只是简单的加工及包装等生产流程，因而其期间费用相当低。成立乙企业后，甲企业销售部门的人员，以及原来第三道工序的生产人员的工资及其他费用会相应地转移到乙企业，其金额约占整个期间费用的10％，乙企业因重新注册，新增加的管理成本在100万元左右。通过转让定价，尽管甲企业将加工利润率确定在20％，但甲企业的利润几乎为零，大部分利润都已转移至乙企业，从而成功地实行了转让定价的纳税筹划。

§77 转口出口节税

> 企业把货物销售给外贸公司出口，由外贸公司办理出口退税的形式，可以减轻企业税负。

财税〔2002〕7号文件《财政部、国家税务总局关于进一步推进出口货物实行免抵退税办法的通知》规定，生产企业自营或委托外贸企业代理出口（以下简称生产企业出口）自产货物，除另有规定外，增值税一律实行免、抵、退税管理办法。对生产企业出口非自产货物的管理办法另行规定。该通知所述生产企业，是指独立核算，经主管国税机关认定为增值税一般纳税人，并且具有实际生产能力的企业和企业集团。增值税小规模纳税人出口自产货物继续实行免征增值税办法。生产企业出口自产的属于应征消费税的产品，实行免征消费税办法。

在日常税收管理中，大部分企业采用自营出口或委托外贸公司出口的形式，也有部分企业把货物销售给外贸公司出口，由外贸公司办理出口退税的形式。这两种形式由于在退税方面采用不同的退税方式，因此也会产生不同的结果。

【纳税案例】

某机械有限公司为增值税一般纳税人，主要业务以机械产品出口为主，2014年度自营出口销售额10 461万元（暂不考虑内销货物的销售额），可抵扣的进项税额为870万元。该公司自营出口执行"免抵退"税政策，征税率为17%，退税率为13%，从2014年开始外贸订单不断增加，预计外贸业务在以后年度会有比较大的增长。

对于直接自营出口和委托关联外贸公司出口两种方式，该公司采用哪种方式能减轻税负？

【筹划方案】

〖方案1〗企业直接自营出口。

由于退税率的差异，应作进项税额转出：

10 461×（17%－13%）＝418.44（万元）

应退税额的计算：

①10 461×13%＝1 359.93（万元）

②应纳税额＝销项税额－进项税额

$\qquad$ ＝0－（870－418.44）

$\qquad$ ＝－451.56（万元）

取①、②两数绝对值较小者为应计算的应退税额，则应退税额为451.56万元，①、②两数绝对值的差额为应计算的免抵税额，则：

免抵税额＝1 359.93－451.56＝908.37（万元）

退税扣减征税后该企业实际可得到的税收补贴为：

税收补贴=451.56-0=451.56（万元）

【方案2】企业委托关联外贸公司出口。

若该机械公司在外地有关联外贸公司，则公司把产品以同样的价格销售给关联外贸公司，关联外贸公司再以同样的价格销售到境外，该机械公司开具增值税专业发票价税合计10 461万元。则：

该公司应纳增值税=10 461÷（1+17%）×13%=1 162.33（万元）

税务机关征税649.97万元，退税机关退税1 162.33万元，该机械公司、关联外贸公司两公司实际可得到的税收补贴计算如下：

税收补贴=1 162.33-649.97=512.36（万元）

从上述对比分析中可以看出，同样的外销收入，却产生了不同的结果。从征税机关来看，该机械公司自营出口可征税0万元，而委托关联外贸公司出口却能征税649.97万元，相差达到649.97万元。显然，企业自营出口不利于征税机关，因为多征的649.97万元可以作为税收收入任务，对地方财力来讲，也相对有利。

从退税机关来看，该机械公司自营出口可退税451.56万元，而委托关联外贸公司出口却能退税1 162.33万元，相差达到710.77万元。显然，自营出口企业如在外地办理关联外贸企业，则可多享受国家退税。

从该机械公司、外贸公司来看，自营出口实际得到的税收补贴为451.56万元，而通过外贸出口实际得到的税收补贴是512.36万元，两者相差达到60.8万元。显然，通过关联外贸公司出口对该机械有限公司更加划算。

▶▶▶【注意事项】◀◀◀

虽然通过关联外贸公司出口对企业的纳税筹划更加划算，但是需要注意的是企业办理关联外贸企业也面临着一定的风险和压力，主要表现在下述6个方面：

一是筹集期间需要一定的开办费；

二是人员的工资以及熟练办理出口报关人员的费用；

三是需要缴纳随销售收入附征的一些费用，该机械有限公司设立关联外贸企业的所在地主要按销售收入征收综合费用率，按2‰缴纳；

四是地方保护主义的压力，有些大中城市已开始提高办理流通型外贸公司的门槛，办理相关手续可能较繁琐；

五是出口退税率仍将不断下降，企业出口成本将不断加大；

六是企业也需承担一些先征税后享受出口退税的资金压力，也包括缴纳这些资金所负担的利息，这对企业来说，自营出口的成本会不断加大，企业应采取相应的措施消除成本增加的压力。

§78 国际许可公司

外贸公司可以通过建立国际许可公司的途径减轻特许权转让的税收负担。

跨国公司可以采取以下许可结构：在一个纯避税地设立拥有最终许可权的公司，然后在一个拥有广泛税收协定并且不对特许权使用费课征预提税的国家设立二级许可公司，由该公司负责利用许可权。通过上述途径可以减轻特许权转让的税收负担，但在建立上述结构的过程中应满足以下条件：

（1）母公司与最终许可公司之间是紧密型关联关系，且要设在避税地。

（2）最终许可公司与二级许可公司的关系是"信箱公司"关系。也就是说，要求二级许可公司人员少、费用低，并利用所在地的税收协定。

（3）最终许可公司，将特许权转让给二级许可"信箱公司"时，可采用转让定价，避免二级"信箱公司"缴纳过多的所得税。

【纳税案例】

中国香港公司要向设在美国的子公司转让专利使用权，由于中国香港与美国之间没有税收协定，因而美国要对该子公司向香港母公司支付的特许权使用费征收30％的预提税。

该香港公司该如何进行纳税筹划以避免缴这笔预提税？

【筹划方案】

为了避免缴这笔预提税，香港母公司可以在避税地如荷属安的列斯建立最终许可公司，在荷兰建立二级许可公司，然后把这项专利卖给设在荷属安的列斯的最终许可公司，这样，香港母公司可以通过在荷属安的列斯和在荷兰的附属二级许可公司把专利使用权转让给美国的子公司。由于美国与荷兰有税收协定，美国对本国公司向荷兰公司支付的特许权使用费预提税税率为零。而荷兰国内税法规定对向非居民支付的特许权使用费不征预提税，这样，特许权使用费从美国子公司流向设在荷属安的列斯的最终许可公司可以免除任何预提税。不过，由于荷兰征收的公司所得税税率较高，所以在荷兰的二级许可公司实现的利润不能过大，要尽可能把从美国子公司收取的特许权使用费转移到设在荷属安的列斯的最终许可公司，否则上述许可结构虽规避了较高的预提税，却又使收取的特许权使用费面临较高的公司税（即企业所得说），达不到彻底避税的目的。

跨国公司向国外公司转让某些知识产权，如商标权、专利权和专有技术等，往往会面临我国政府课征的特许权使用费预提税。尤其是在没有税收协定的情况下，一些国家对本国公司向国外非居民支付的特许权使用费要征收很高的预提税。例如，法国特许权使用费预提税税率为33.3％，美国该税率为30％，英国、德国、加拿大为25％。不过，世界上也有一些国家不征收特许权使用费的预提税，如荷兰、挪威、瑞士、瑞典等。为了减轻特许权转让的税收负担,跨国公司可以采取以下许可结构:即在一个纯避税地设立拥有最终许可权的公司,然后在一个拥有广泛税收协定并且不对特许权使用费课征预提税的国家设立二级许可公司,由该公司负责利用许可权。二级许可公司所在国如果课征较高的企业所得税,则其对外转让特许权所收取的使用费差额(二级特许的使用费收入减去向最终许可公司支付的特许权使用费后的余额)就应尽可能小,也就是说,要把大量的使用费转移给设在低税区的最终许可公司。

§79　预提税负筹划

应缴消费税及随之附征的城建税及教育费附加存在差异，在完全委托加工方式下，委托方无同类消费品时，消费税计税依据是组成计税价格。

各国对外国公司在本国境内取得的消极所得，如股息、利息、租金、特许权使用费等，往往征收预提税。在没有税收协定的情况下，预提税税率多半在20%以上，如荷兰、日本、芬兰等国的预提税税率为25%，另外一些国家的预提税税率在30%以上，如美国征税比率为30%；法国对股息征税比率为25%，对贷款、债券、证券、利息征税比率为45%，对特许权使用费征税比率为33.33%；意大利对股息征税比率32.4%。因为预提税是对毛利率所得征收的，不做任何扣除，所以如果在两国间没有税收条约或协定来相互降低税率的情况下，税负是很重的。通过转让定价，则可以在一定程度上减轻预提税的影响。

【纳税案例】

B外贸集团公司总部有成本为80万元的某设备，其在国内的市场价格为120万元，集团所得税税率为25%。总部将设备销到其海外子公司后，子公司能以140万元的价格销到集团外的当地企业，子公司因雇用残疾人被认定为福利企业，暂免征收企业所得税。不考虑其他因素，B集团应纳的所得税如下：

应纳所得税 = (1 200 000-800 000)×25%+ (1 400 000-1 200 000)×0%
　　　　　　= 100 000（元）

从B集团应负担的税收计算可以看出，B集团承担的税收很高，B集团如何通过转让定价进行节税筹划？

【筹划方案】

B集团的海外子公司因雇用残疾人被认定为福利企业，暂免征收企业所得税，B集团可以利用这一有利条件进行转让定价。B集团可以将该设备压低到按100万元作价，销售给海外子公司，子公司最后以140万元的价格出售到集团之外，则不考虑其他因素下B集团应纳的所得税如下：

应纳所得税 = (1 000 000-800 000)×25%+ (1 400 000 -100 000)×0%
　　　　　　= 50 000（元）

通过上述比较可知，采用转让价格后，B集团可以实现的节税额50 000元(100 000-50 000)，而且，如集团公司能以更低的价格，甚至使总部亏损的价格将设备销到子公司，不考虑其他因素，节税更高。

§80　来料加工节税

> 从事来料加工业务的出口企业，可以持相关的凭证资料，到税务机关申报，从而为企业节税。

来料加工是指由国外厂商提供全部或部分原料、辅料、零部件等，由进口国按照对方要求的质量、规格、款式进行加工装配，制成成品后运交对方，进口国企业仅收取加工费的贸易形式。出口企业以"来料加工"方式加工复出品货物，实行"不征不退"的办法，即在生产环节免税，出口环节不退税。在海关加工贸易管理制度下，境内企业进口的料件，无论是用外汇购买还是由外商提供，海关均准暂缓征收关税和进口环节税，并根据出口成品实际耗用的进口料件数量，免收关税和进口环节税；对经批准不出口或因故需转为内销的成品所耗用的进口料件数量，补征关税和进口环节税；加工成品出口，一律免征出口关税。

出口企业以"来料加工"贸易方式进口原料、辅料、零部件等后，凭海关核签的"来料加工进口货物报关单"和"来料加工登记手册"向主管其出口退税的税务机关办理"来料加工免税证明"，并持此证明向主管对其征税的税务机关申报办理免征其加工环节的增值税、消费税；若需要委托其他企业加工的，则由出口企业将免税证明转交加工企业，据此办理免征加工环节的增值税、消费税。货物出口后，出口企业应凭"来料加工出口货物报关单"和海关已核销的"来料加工登记手册"、收汇凭证向主管其出口退税的税务机关办理核销手续。逾期未核销的，主管出口退税税务机关将会同海关和主管征税机关及时予以补税和处罚。

出口企业以"来料加工"贸易方式免税进口原料、辅料、零部件后，凭海关签发的"来料加工进口货物报关单"和"来料加工登记手册"向主管其出口退税的税务机关办理"来料加工贸易免税证明"。加工企业凭退税机关核发的"来料加工贸易免税证明"向主管征税的税务机关申报办理免征其加工或委托加工货物的增值税、消费税。申报办理免征其加工或委托加工货物的增值税、消费税的程序是：

（1）从事来料加工业务的出口企业，持以下凭证资料，向主管退税的税务机关申报，请开具"来料加工贸易免税证明"，包括"来料加工的进口货物报关单"和"来料加工登记手册"。

（2）货物出口后，出口企业应持以下凭证向主管出口退税的税务机关办理来料加工免税核销手续，主要包括"来料加工的出口货物报关单""出口收汇核销单"，以及进、出口合同；海关已核销的"来料加工登记手册"。

【纳税案例】

深圳KL外贸公司向外商美国A进口原料30 000千克，价值300 000美元，将其作价转给W工厂安排加工。原料作价人民币3 000 000元，并按消耗定额计算应交成品10 000件，每件按410元人民币收购。KL外贸公司同时与外商日本J公司谈妥，以每件50美元的价格全部出口，汇率为1美元＝6.80元人民币，近期无波动。假设对口合同免征85％的进口税，关税税率为20％，增值税税率为17％，退税率为9％。

请问外贸企业应如何进行纳税筹划？

【筹划方案】

1. 有关进口税额的计算

进口关税＝关税的完税价格×关税税率×（1－免征率）

$\qquad$ ＝300 000×6.8×20％×（1－85％）＝61 200（元）

进口增值税＝关税的完税价格×（1＋关税）×增值税率×（1－免征率）

$\qquad$ ＝300 000×6.8×（1＋20％）×17％×（1－85％）

$\qquad$ ＝62 424（元）

（1）借：商品采购——进料加工（300 000×6.8）　　　2 040 000

　　　　贷：应付账款——美商A公司　　　　　　　　　　　　2 040 000

（2）借：商品采购——进料加工　　　　　　　　　　　61 200

　　　　贷：应交税费——进口关税　　　　　　　　　　　　　61 200

（3）借：应交税费——进口关税　　　　　　　　　　　61 200

　　　　　　　　——应交增值税（进项税额）　　　　62 424

　　　　贷：银行存款　　　　　　　　　　　　　　　　　123 624

（4）借：材料物资——进料加工　　　　　　　　　　2 688 300

　　　　贷：商品采购——进料加工　　　　　　　　　　　2 688 300

2. 作价3 000 000元拨给加工厂，凭出库单及加工厂回单计算

（1）借：应收账款——W工厂　　　　　　　　　　　3 510 000

　　　　贷：其他销售收入——作价加工　　　　　　　　　3 000 000

　　　　　　应交税费——应交增值税（销项税额）　　　510 000

（2）借：其他销售成本——作价加工　　　　　　　　2 688 300

　　　　贷：材料物资——进料加工　　　　　　　　　　　2 688 300

3. 加工完成后收购入库，凭入库单及工厂增值税计算

（1）借：商品采购——进料加工成品　　　　　　　　4 100 000

　　　　　　应交税费——应交增值税（进项税额）　　697 000

　　　　贷：应付账款——W工厂　　　　　　　　　　　4 797 000

（2）借：库存出口商品　　　　　　　　　　　　　　4 100 000

　　　　贷：商品采购——进料加工成品　　　　　　　　4 100 000

4. 出口交单

（1）借：应收账款——日商J公司（50×6.8×10 000）　3 400 000

　　　　贷：出口商品销售收入　　　　　　　　　　　　3 400 000

（2）借：出口商品销售成本　　　　　　　　　　　　4 100 000

　　贷：库存出口商品　　　　　　　　　　　　　　　　　　　　　　　4 100 000

　　5．申办出口退税

　　本例进料加工业务可退回的增值税包括两项：一是进口环节缴纳的增值税；二是作价加工环节缴纳的增值税。现分别计算如下：

　　（1）进口环节缴纳增值税的退回数额与转出额：

出口退税额＝关税的完税价格×（1＋关税税率）×（1－免征率）×退税率

　　　　　　＝300 000×6.8×（1＋20％）×（1－85％）×9％

　　　　　　＝33 048（元）

或出口退税额＝实征增值税税额÷税率×退税率

　　　　　　＝79 866÷17％×9％

　　　　　　＝42 282（元）

转出进项税额＝实征税额－出口退税额

　　　　　　＝79 866－42 282

　　　　　　＝37 584（元）

　　（2）作价加工环节支付的增值税的退税额与转出额：

出口退税额＝作价加工环节实际支付的增值税÷税率×退税率

　　　　　　＝（697 000－510 000）÷17％×9％

　　　　　　＝99 000（元）

或出口退税额＝收购价与拨付价的差额×退税率

　　　　　　＝（4 100 000－300 0000）×9％

　　　　　　＝99 000（元）

转出进项税额＝作价加工环节支付的增值税额－本环节的退税额

　　　　　　＝（69 7000－510 000）－99 000

　　　　　　＝88 000（元）

　　（3）本例出口退税额与转出进项税额：

出口退税额＝42 282＋99 000＝141 282（元）

转出进项税额＝37 584＋88 000＝125 584（元）

　　根据计算结果作如下分录：

借：出口商品销售成本　　　　　　　　　　　　　　　125 584

　　贷：应交税费——应交增值税（进项税额转出）　　　　　　125 584

借：应收出口退税　　　　　　　　　　　　　　　　　141 282

　　贷：应交税费——应交增值税（出口退税）　　　　　　　141 282

九、"营改增"后八大纳税筹划

纳税筹划是通过对商业模式、交易模式、合同条款的事先安排，合法、合理降低税负成本，"营改增"试点全面实施后，以往的增值税纳税筹划策略需要进行一定的修正，并且新政策还产生了一些纳税筹划方法，在此予以归纳总结。

§81 纳税身份筹划

作为一般纳税人纳税还是小规模纳税人，对税负影响很大，处于临界点附近的纳税人对纳税身份筹划可大大节约税负。

根据目前"营改增"的税收政策，应税服务年销售额超过500万元的纳税人为一般纳税人，未超过500万元的纳税人为小规模纳税人，500万元的计算标准为纳税人在连续不超过12个月的经营期限内提供服务累计取得的销售额，包括减、免税销售额和提供境外服务的销售额。一般纳税人则适用一般的税率，实行抵扣纳税；小规模纳税人适用3%的简易征收办法。适用何种纳税人身份更有利，不能一概而论，需要结合企业的资产、营收等财务状况具体判定，如果适用小规模纳税人更有利，可以通过分立、分拆等方式降低年销售额，适用3%的简易征收。

【纳税案例】

初先生于2010年开办了一家小企业，除去各项开支，平均利润率不超过6%。经过几年辛苦努力，企业经营有所起色，有了一批稳定的客户，工人也由最初的几名增加到20多人。每月的销售额都在40万元左右，但都是委托加工，利润空间很小，每月净利润不超过4万元。

企业经营局面打开以后，有些大客户要求开具增值税专用发票，何先生的企业大单做不了，只能做小单。部分客户建议何先生申请认定为增值税一般纳税人，一来可以做大单，另外税负还低些。初先生认为，工厂底子比较薄，担心申请增值税一般纳税人难度大，并且还不知道能不能批下来；再者自己文化水平不高，要委托中介又要请专职的财务人员做账，一年至少得好几万元，不划算。

对此，应如何筹划？

【筹划策略】

从纳税角度看申请成为一般纳税人是否划算，就要看应纳增值税的情况。增值税从本质上讲是对生产和销售在流转环节的增值额按一定比率征收的一种税，增值税额高低取决于增值额和税率两个因素，计算公式为：

应纳税额＝销项税－可抵扣进项税＝销售收入×税率－购货成本×税率

　　　　　＝（销售收入－购货成本）×税率＝增值额×税率

一般纳税人应纳增值税额的计算公式如下：

应纳税额＝增值额×税率　　　　　　　　　　　　　　　　　　　　　　　（1）

小规模纳税人应纳增值税额的计算公式如下：

应纳税额＝销售额×征收率　　　　　　　　　　　　　　　　　　　　　　（2）

对两种纳税人进行比较，如果两个纳税人的营业规模相当，（2）式的销售额通常大于（1）式的增值额；但（2）式的征收率肯定小于（1）式的税率，两者有此消彼长的关系，这就不能直接比较一般纳税人和小规模纳税人哪个税负更轻，而是在考虑转变成一般纳税人时，还要考虑相关的费用。这时企业对自己的身份筹划是很重要的。

在此，对于初先生的企业，并无结论性的意见，是选择一般性纳税人还是小规模纳税人，具体还要看实际销售额等其他因素，这里只提供进行考量时的思路和计算的依据。

选择增值税纳税人的身份对于一个企业的发展是有长远帮助的。企业应当根据自身的情况，最主要的是当前所处的发展阶段，以及合理预测未来可能的发展空间，从而去选择适合自己，并且税负最少、利润最大的纳税人身份。

【注意事项】

第一，若该公司建立健全的财务制度，那样就符合了申请认定为增值税一般纳税人的条件。公司被认定为增值税一般纳税人后，虽然税率是17%，但可以抵扣进项税额和水电费，实际缴纳的税款比按照小规模销售额的3%纳税要轻得多。

第二，虽然小规模纳税人的征收率降至3%，很多企业会有成为小规模纳税人的动力，但如果企业对增值税条例把握不好，如对视同销售收入等处理不当，就会造成这样的不良后果：税法上认可的销售收入超过50万元但企业未及时申报办理一般纳税人手续，而需要补税。

§82 递延纳税期限

> 研究国家税法的有关规定，通过合理地纳税筹划，进行延缓纳税，可以获得节税利益。

纳税期限的递延也称延期纳税，即允许企业在规定的期限内分期或延迟缴纳税款。税款递延的途径是很多的，企业在生产和流通过程中，可根据国家税法的有关规定，做出一些合理的纳税筹划，尽量地延缓纳税，从而获得节税利益。

通过税务筹划实现推迟缴纳税款，无异于获得了一笔无息贷款，因此，企业可以通过筹划合同等方式推迟纳税义务的产生，但是前提是要合法，符合以下税收政策规定：

（1）纳税人提供应税服务并收讫销售款项或者取得索取销售款项凭据的当天；先开具发票的，为开具发票的当天。

（2）纳税人提供有形动产租赁服务采取预收款方式的，其纳税义务发生时间为收到预收款的当天。

（3）纳税人发生视同提供应税服务的，其纳税义务发生时间为应税服务完成的当天。

（4）增值税扣缴义务发生时间为纳税人增值税纳税义务发生的当天。

此外，对于企业购进诸如大额固定资产时，也可根据实际情况在180天内的认证期选择恰当的认证时点，因为按照规定，增值税专用发票需要在认证的次月申报纳税，如果企业当期没有充分的销项税额，进项税额也无法及时抵扣。

《营业税改征增值税试点实施办法》第四十七条明确了增值税纳税期限的规定，主要为：

增值税的纳税期限分别为1日、3日、5日、10日、15日、1个月或者1个季度。纳税人的具体纳税期限，由主管税务机关根据纳税人应纳税额的大小分别核定。以1个季度为纳税期限的规定适用于小规模纳税人、银行、财务公司、信托投资公司、信用社，以及财政部和国家税务总局规定的其他纳税人。不能按照固定期限纳税的，可以按次纳税。

纳税人以1个月或者1个季度为1个纳税期的，自期满之日起15日内申报纳税；以1日、3日、5日、10日或者15日为1个纳税期的，自期满之日起5日内预缴税款，于次月1日起15日内申报纳税并结清上月应纳税款。

扣缴义务人解缴税款的期限，按照前两款规定执行。

从上述规定中我们不难看出，纳税期限最长只有1个季度，并且必须在次月15日内缴清税款。因此，在纳税期限上筹划余地很小，只有在推迟纳税义务发生时间上进行筹划，才能达到延期纳税的目的。

要推迟纳税义务的发生，关键是采取何种结算方式。增值税纳税期限递延上的筹划普遍采取的方式有以下两种：

1.赊销和分期收款方式的筹划

赊销和分期收款结算方式，都以合同约定日期为纳税义务发生时间。因此，企业在产品销售过程中，在应收货款一时无法收回或部分无法收回的情况下，可选择赊销或分期收款结算方式。

【纳税案例】

某电机厂（增值税一般纳税人）当月发生销售电机业务5笔，共计应收货款180万元（含税价）。其中，3笔共计100万元，货款两清；一笔30万元，两年后一次付清；另一笔一年后付25万元，一年半后付15万元，余款10万元两年后结清。企业该如何进行纳税筹划呢？

【筹划策略】

企业若全部采取直接收款方式，则应在当月全部计算销售，计提销项税额26.15万元（180÷（1+17%）×17%）；若对未收到款项业务不记账，则违反了税收规定，少计销项税额11.62万元（80÷（1+17%）×17%），属于偷税行为；若对未收到的30万元和50万元应收账款分别在货款结算中采用赊销和分期收款结算方式，则可以延缓纳税。具体销项税额及天数为（以月底发货计算）：

（30+10）÷（1+17%）×17%＝5.81（万元），天数为730天

15÷（1+17%）×17%＝2.18（万元），天数为548天

25÷（1+17%）×17%＝3.63（万元），天数为365天

毫无疑问，采用赊销和分期收款方式，可以为企业节约流动资金约11.62万元（5.81+2.18+3.63）。

2.委托代销方式销售货物的筹划

委托代销商品是指委托方将商品交付给受托方，受托方根据合同要求，将商品出售后，开具销货清单，交给委托方，这时委托方才确认销售收入的实现。因此，根据这一原理，如果企业的产品销售对象是商业企业，且货款结算方式是销售后付款，则可采用委托代销结算方式，可以根据其实际收到的货款分期计算销项税额，从而延缓纳税。

【纳税案例】

2016年7月，某计算机公司向一商城销售计算机117万元，货款结算采用销售后付款的形式，10月份汇来货款30万元，则：

应计提销项税额=117÷（1+17%）×17%=17（万元）

如不进行会计处理申报纳税，则显然违反税收法规。对此，有无纳税筹划空间？

【筹划策略】

此笔业务由于购货企业是商业企业，并且货款结算采用了销售后付款的结算方式，如果选择委托代销货物的形式，按委托代销方式结算，则7月份可不计算销项税额，10月份按规定向代销单位索取销货清单并计算销项税额，则：

应计提销项税额=30÷（1+17%）×17%=4.36（万元）

对尚未收到销货清单的货款可暂缓申报计算销项税额，计算机公司获得了10余万元资金的流动性价值。因此，此类销售业务选择委托代销结算方式对企业最有利。

3. 购进扣税法的筹划

购进扣税法是指工业生产企业购进货物（包括外购货物所支付的运输费用），在购进的货物验收入库后就能申报抵扣，计入当期的进项税额（当期进项税额不足抵扣的部分，可以结转到下期继续抵扣）。这种购进扣税法的筹划也可归为增值税纳税期限递延上的筹划。增值税实行购进扣税法，固然不会降低企业应税产品的总体税负，但却可使企业延缓缴税，利用时间价值因素为相对降低税负创造条件。

【纳税案例】

某工业企业2016年1～10月份每月购进增值税应税商品200件，增值税专用发票上记载：购进价款20万元，进项税额3.4万元。该商品经生产加工后销售单价2 400元（不含增值税），实际月销售量100件（增值税税率17％，1～10月均如此），则：

各月销项税额=2 400×100×17％=4.08（万元）

各月进项税额=3.4万元

每月应纳增值税额=4.08－3.4=0.68（万元）

2016年1～10月应纳增值税额合计=0.68×10=6.8（万元）

【筹划策略】

该工业企业如改为在2016年1月份购进增值税应税商品2 000件，则增值税专用发票上记载购进价款200万元、进项税额34万元。该商品经生产加工后销售单价2 400元（不含增值税），实际月销售量100件（增值税税率17％，1～10月均如此），则：

各月销项税额=2 400×100×17％=4.08（万元）

但由于进项税额采用购进扣税法，1～8月份因销项税额32.64万元（4.08×8）不足抵扣进项税额34万元，在此期间不纳增值税。9月、10月分别缴纳2.72万元和4.08万元税金，共计6.8万元（4.08×10－34）。企业通过纳税筹划实现流动资金利益。

尽管纳税的账面金额是完全相同的，但如果月资金成本率2％，通货膨胀率3％，则6.8万元的税款折合为1月初的金额如下：

$$2.72÷〔（1+2％）^9×（1+3％）^9〕+4.08÷〔（1+2％）^{10}×（1+3％）^{10}〕=4.2348（万元）$$

显而易见，这比各月均衡纳税的税负要轻。

【注意事项】

对税负的延缓缴纳，应该在法律允许的范围内实施。纳税人必须严格把握当期进项税额从当期销项税额中抵扣这个要点。只有在纳税期限内实际发生的销项税额、进项税额，才是法定的当期销项税额或当期进项税额。

§83 业务流程再造

> 企业集团通过将部分服务进行外包，业务再造，能够实现税负节减。

增值税较营业税的一大优势就是可以避免重复征税，有利于行业的细分化和专业化发展，提高生产效率。在此背景下，企业集团可以通过将部分服务进行外包，做自己最为擅长的领域，举个例子，"营改增"后，企业是选择委托运输还是使用自营车辆运输，可以测算一下二者的税负差异，非独立核算的自营运输队车辆运输耗用的油料、配件及正常修理费用支出等项目，按照17%的增值税税率抵扣，而委托运输企业发生的运费可以按照11%的税率进行抵扣，企业集团可根据实际测算结果，进行调整优化。

【纳税案例】

KL公司是增值税一般纳税人，因为产品运输量较大，企业投资100万元购置了几辆大货车负责运输，运输业务产生的物料和人工费用等支出每年约10万元。对于企业自营运输车辆来说，运输费作为价外费用并入销售收入计税，分担的应纳税额为：

10×17%=1.7（万元）

对此，有无纳税筹划空间？

【筹划策略】

若KL公司投资成立一家运输公司KL-Tr，以向其支付运费的方式解决产品运输问题，则按有关按"营改增"后11%的陆路运输服务业增值税税率，运输公司的应纳税额为：

10×11%=1.1（万元）

因为运输公司系KL公司设立，购置车辆费用和车辆油耗修理等完全一致。因此，实现节税0.6万元（1.7-1.1）。

进一步，如果新设的运输公司为小规模纳税人，运输公司的应纳税额为：

10×3%=0.3（万元）

节税额进一步扩大到1.4万元（1.7-0.3）。

再进一步，公司还可以考虑外雇运输的形式，计算考量是否有节税空间。

当然，在此仅考虑了增值税的情况，在实际操作过程当中，究竟采用何种形式运输，不能只考虑增值税的税负问题，还应综合考虑各种因素。例如，不仅要考虑购进固定资产、燃油、修理费等增值税专用发票取得的可能性，还要考虑企业的分拆费用，新增企业经营成本的影响，新增企业是何种纳税人时对企业生产、经营的影响等。本案例的价值在于清晰展示了业务流程再造的具体价值计量。

【注意事项】

　　企业通过成立运输公司专门负责运输，实事求是，是多少运费就据实开具多少金额的货运发票，可以合理合法地达到少缴增值税额、减少企业税负支出的目的。但是，如果企业将销售收入向低税率的运输公司转移，致使原企业税负率显著低于同类行业税负预警线、产品销售单价与成本单价相比偏低、应纳税额变动率与应税销售额变动率不配比，这就不是纳税筹划，而是偷逃税的违法行为了，要受到税法的处罚。

§84 巧分进项税额

> 企业设立"专项物资"科目，能将可抵扣进项税额的货物与不可抵扣进项税额的货物分别核算，避免缴"冤枉"税。

有些企业由于缺乏经验，常会遇到这样的事：由于没能将可以抵扣进项税额的货物与不能抵扣进项税额的货物分别核算，而当非应税项目或免税项目以及生活福利等方面货物发生领用时，因无法确定应转出的被领用货物的进项税额，只好依据《增值税暂行条例》第十条及实施细则第二十二条的规定，全额依据适用的税率转出进项税额，以致白白缴了"冤枉"税。

【纳税案例】

某大型企业2015年3月外购600万元的钢材准备用于扩建厂房，虽然取得普通发票未抵扣进项税额，但企业财务仍将该批钢材同其他生产用钢材一起核算：

借：原材料——钢材　　　　　　　　　　　　　　　　6 000 000

　　贷：银行存款　　　　　　　　　　　　　　　　　　　　6 000 000

4—12月，该企业又分13次购入钢材，价款2 003万元，均取得增值税专用发票，抵扣了进项税额。

2016年3月，税务机关在对该企业的税务稽查中发现2015年5月、9月、11月，该企业分7次领用钢材937万元用于"在建工程"，未转出进项税额，故补缴增值税159.29万元（937×17%），罚款80万元。

企业财务人员认为，"在建工程"领用了未取得进项税额的600万元钢材，转出的进项税额应该是57.29万元（（937－600）×17%），但又无法提供充分的证据证明这600万元未取得进项税额的钢材是被"在建工程"领用还是生产领用，还是仍存放在库里。而税法又明确规定：无法准确确定该项税额的，按当期实际成本计算应扣减的进项税额。所以，企业只好干吃亏，不仅补了税，还要接受罚款，可谓"冤枉"之极。

那么，如何解决缴"冤枉"税的问题呢？

【筹划策略】

对此问题，其实很好解决，企业设立一个"专项物资"科目即可。具体来说就是，将外购的用于非应税项目、免税项目以及生活福利等方面的货物，甚至所有不能取得进项税额的外购货物，都通过"专项物资"进行核算。这样，"专项物资"科目下核算的所有货物，均未抵扣进项税额。当非应税项目、免税项目以及生活福利等方面领用"专项物资"下核算的外购货物时，只须将实际成本转入对应科目，而不必转出进项税额。这样就从根本上解决了"无法确定进项税额"的情况，企业再不必缴纳"冤枉"税款了。

§85　衔接中断链条

> 征税范围和纳税人类别造成增值税链条中断，通过纳税筹划进行衔接，能避免税负损失。

理想的增值税是建立在普遍征收基础上的，各环节前后紧密相联，相互制约，形成一条增值链。任一环节的中断，都会对增值税运行产生不良影响。但作为一个对征管条件要求较高的税种，在实际实施过程中，往往存在着许多困扰征管的因素，如征税范围问题、对小规模纳税人的征税问题等，造成增值税链条的中断。增值税链条的中断处为纳税人提供了纳税筹划的空间。

具体来说，我国税制设计存在两种类型的增值税链条的中断：一种是由于征税范围过窄造成的中断；一种是由于纳税人类别造成的中断。增值税链条的中断，一方面影响了纳税人的决策，有悖于管理当局的政策意图；另一方面也加大了征管成本，降低了税务机关的征管效率。

我国对小规模纳税人采用简易征收办法，适用3%的征收率，基本实现小规模纳税人与一般纳税人税负水平的均衡。同时，由税务机关依3%的征收率代开增值税专用发票，基本上实现增值税链条的衔接。

以下主要从与增值税征税范围有关的角度来分析纳税人的纳税筹划决策。

由于增值税征税范围过窄造成的增值税链条中断又可以细分为两类：一类是增值税免税范围造成的；另一类是非增值税应税劳务造成的。两者的共同特点是增值税链条存在中断点，纳税人经营行为存在多种选择。依据我国的税收政策，农牧联合企业和经营混合销售业务的企业也面临着类似的纳税筹划。是否独立设置关联企业则取决于取得的税收利益及利润和企业分立费用的权衡。我国的政策设计中，为实现前后环节的连接，都以特定的普通发票发挥增值税专用发票的作用，以普通发票所注明的销售额和规定的进项税额扣除率计算应抵扣的进项税额。从纳税人的上述决策过程可看出，税制设计增加了社会费用支出，减少了社会福利，存在不合理因素。解决上述问题最根本的办法是拓宽增值税的征税范围，尽量减少税收优惠，实现各环节的前后衔接。

【纳税案例】

某PET瓶坯厂2016年1—6月收购废塑料瓶共计200万元，处理后出售，销售收入300万元，仅有电费、水费及少量修理用配件的进项税额可抵扣，购进的水电费取得的增值税专用发票注明的价款为35万元，税金为6万元。该企业税负情况如下：

增值税销项税额 $= 300 \times 17\% = 51$（万元）

增值税进项税额 $= 6$ 万元

税负率 $=（35-6）÷300 = 9.67\%$

如何进行纳税筹划？

【筹划策略】

如果该PET瓶坯厂将废品收购业务分离出去，成立废旧物资回收公司，依据财税〔2001〕78号文件《关于废旧物资回收经营业务有关增值税政策的通知》，自2001年5月1日起，对废旧物资回收经营单位销售其收购的废旧物资免征增值税；生产企业增值税一般纳税人购入废旧物资回收经营单位销售的废旧物资，可按照废旧物资回收经营单位开具的由税务机关监制的普通发票上注明的金额，按10%计算抵扣进项税额。

企业成立废旧物资回收公司后，收购200万元废塑料瓶，并将收购的废塑料瓶加价10%销售给PET瓶坯厂，该环节免征增值税。

废旧物资回收公司：

购进废纸=200万元

销售收入=200×（1+10%）=220（万元）

利润=220−200=20（万元）

PET瓶坯厂：

增值税销项税额=300×17%=51（万元）

增值税进项税额=220×10%+6=28（万元）

应纳增值税额=51−28=23（万元）

税负率=（51−28）÷300=7.67%

显而易见，PET瓶坯厂将收购点改为废旧物资回收公司的税负要轻，原因就是PET瓶坯厂从废旧物资回收公司购进废塑料瓶，可抵扣税金22万元（220×10%）。需要特别注意的是，设置废旧物资回收公司会相应增加工商、税务等注册费用和其他有关费用。当节税额和利润额大于上述费用时，纳税筹划才是成功的。

依据我国的税收政策，农牧联合企业和经营混合销售业务的企业也面临着类似的纳税筹划问题。是否独立设置关联企业则取决于取得的税收利益及利润和企业分立费用的权衡。这三类特殊情况的共同点是增值税链条存在中断点，企业可据此进行纳税筹划。

§86 混合销售筹划

> "营改增"试点全面实施后，混合销售从高适用增值税率，如能将混合销售合理合法分开，则可节减税负。

2016年"营改增"试点全面实施后，不少企业对多种混合销售缴纳的不同增值税感到不解，尤其是很多企业根本不能完全准确定义混合销售行为，自然就无法合理规划混合征税安排。那么，混合销售如何界定？又该如何筹划？

"混合销售"是《增值税暂行条例》中的老规定，2012年"营改增"以来，曾经从相关"营改增"文件中消失。《关于全面推开营业税改征增值税试点的通知》（财税〔2016〕36号）又重新引入了"混合销售"概念。

财税〔2016〕36号附件1《营业税改征增值税试点实施办法》第四十条规定："一项销售行为如果既涉及服务又涉及货物，为混合销售。从事货物的生产、批发或者零售的单位和个体工商户的混合销售行为，按照销售货物缴纳增值税；其他单位和个体工商户的混合销售行为，按照销售服务缴纳增值税。本条所称从事货物的生产、批发或者零售的单位和个体工商户，包括以从事货物的生产、批发或者零售为主，并兼营销售服务的单位和个体工商户在内。"至此，"混合销售"一词有了新的内涵，是在全面征收增值税条件下，一项经济行为同时涉及适用不同税率的销售货物和销售服务。

2012年在部分地区进行交通运输业和部分现代服务业的"营改增"试点起，至2013年8月1日在全国范围内进行部分行业的"营改增"，在相关"营改增"文件中没有再看到"混合销售"一词。取而代之的是"混业经营"，试点纳税人兼有不同税率或者征收率的销售货物、提供加工修理修配劳务或者应税服务的，应当分别核算适用不同税率或征收率的销售额，未分别核算销售额的，从高适用税率。

当从事货物生产的企业销售货物并负责运输送货上门时，向客户收取的款项中既有货款又有运费，在交通运输业改为缴纳增值税的条件下，销售货物和提供运输服务均是增值税应税项目，已不能按《增值税暂行条例》规定的"混合销售"计税，而需要对货物销售按17%的税率计征增值税，对提供运输服务按11%的税率计征增值税，前提是二者要分别核算。例如，K公司2016年2月销售产品不含税销售额100万元，适用税率17%，应纳增值税17万元。送货上门收取运输费用不含税价1万元，应按11%的税率缴纳增值税1 100元。

按照财税〔2016〕36号附件1《营业税改征增值税试点实施办法》第四十条的规定，K公司的上述经营行为属于一项销售行为既涉及服务又涉及货物，为混合销售。从事货物的生产的F公司的混合销售行为，应按照销售货物缴纳增值税。若上述业务发生在2016年5月1日以后，则两项收入均应按销售货物17%的税率计税。

财税〔2016〕36号附件2《营业税改征增值税试点有关事项》的规定，其中针对原增值税纳税人（指按照《中华人民共和国增值税暂行条例》缴纳税增值税的纳税人）有关政策中进一步强调"一项销售行为如果既涉及服务又涉及货物，为混合销售。从事货物的生产、批发或者零售的单位和个体工商户的混合销售行为，按照销售货物缴纳增值税；其他单位和个体工商户的混合销售行为，按照销售服务缴纳增值税。"

虽然这是一项极为普通的业务，但纳税人特别是已缴纳增值税的纳税人，2016年5月1日以后发生的混合销售业务，必须按新的规定一并按销售货物计税，或一并按销售服务计税,不再执行原"营改增"相关政策的规定。

对于新的"营改增"税法规定，仍存在一定的合法纳税筹划空间，下面以实例来进行阐释。

【纳税案例】

某建材公司在主营建材批发和零售的同时，还兼营对外承接安装、装饰业务。

该公司是增值税一般纳税人，增值税税率为17％，本月对外发生一笔混合销售业务，以120万元的价格销售建材并代客户安装和装饰设计。该公司的纳税情况为：

应纳增值税=120×17％=20.4（万元）

【筹划策略】

可将建材生产业务独立出来，成立一家专门生产销售建材的企业。结果是，一家是专门从事建材安装和装饰的服务企业，一家是生产建材的生产企业，两家企业是独立法人，都是增值税一般纳税人。然后让客户方与建材安装企业签订安装与装饰的服务合同，同时，让客户与建材生产企业签订销售合同。根据财税〔2016〕36号文件的规定，建材安装公司可以按11%的增值税率缴纳税款，钢结构销售按17%税率征收。如销售建材的收入为80万元，则两企业的纳税情况为：

生产企业应纳增值税=80×17％=13.6（万元）

安装企业应纳增值税=40×11％=4.4（万元）

应纳增值税合计=13.6+4.4=18（万元）

节税额=20.4-18=2.4（万元）

如果安装、装饰部分的收入可以调得更高，则节税效果更好。

§87　出口退税筹划

> 自营出口、自办出口退税，和把货物销售给外贸企业出口、由其办理出口退税，两者取得的退税补贴差距是较大的。

一般说来，企业出口退税可以采用两种形式，即采用自营出口、自行办理出口退税的形式和把货物销售给外贸企业出口、由外贸企业办理出口退税的形式。这两种形式因为在退税方面采用不同的退税方式，而产生了不同的结果。

（1）作为外贸企业，采购的货物是自己出口还是委托他人出口抑或是再调拨销售给他人由他人出口，需作如下进一步分析：当出口货物受出口配额或出口许可证限制时，外贸企业可将收购的货物委托他人出口或销售给其他外贸企业出口，前者仍由自己办理退税，后者由购买货物的外贸企业办理退税；而且在这两种方式下，双方都可自己结汇且谁办理结汇都不影响退税。当外贸出口企业所在地出口退税指标不足或某些人为原因影响正常的出口退税业务时，外贸出口企业可将收购的货物以调拨的方式销售给其他外贸企业，由另一外贸企业出口和办理出口退税。

（2）作为生产企业，是自营出口还是委托出口自产货物，或将自产货物销售给外贸企业由外贸企业出口，需视具体情况进行分析。

从税务筹划角度来说，企业应该采用哪种形式呢？

【纳税案例】

某中外合资企业A公司2009年以农产品为原材料生产工业品出口，自营出口23 400万元，可抵扣的进项税额为1 500万元，该公司自营出口执行先征后退，征税率为17%，退税率为13%，当年应纳增值税额为2 478万元（23 400×17%－1 500），出口环节应退增值税3 042万元（23 400×13%）。征税机关可征增值税2 478万元，退税机关应退税3 042万元，退税扣减征税后，该企业实际可得到的税收补贴为564万元。该企业应如何利用外贸出口，进行纳税筹划呢？

【筹划策略】

假设A公司有关联外贸B公司，A公司把产品以同样的价格销售给B公司，B公司再以同样的价格销售到境外，A公司开具增值税专用发票价税合计20 000万元，则：

A公司应纳增值税=23 400÷（1+17%）×17%－1 500=1 900（万元）

B公司可得到退税=23 400÷（1+17%）×13%＝2 600（万元）

征税务机关征税1 900万元，退税机关退税2 600万元，A、B两公司实际可得到的税收补贴为700万元（2 600－1 900）。可见，通过采用外贸出口这种形式，可以比自营出口方式多获得税收补贴。

§88 报销抵扣归纳

> "营改增"后，新增若干项费用可供抵扣进项税额，在此作以归纳，以帮助企业有效利用政策，降低应纳税额。

2016年5月1日起，"营改增"试点全面实施，营业税将退出历史舞台，增值税制度将更加规范。"营改增"政策的出台，影响着人们生活的方方面面，很多以前的报销项目能都抵扣增值税进项税额，如不利用则是白白浪费。

【纳税案例】

KL公司2016年10月发生如下业务费用：

1. 招待费。公司接待客户来考察，发生招待费1 000元。

2. 差旅费。员工出差一周，会发生餐费、住宿费、交通费。

3. 福利费。采购中秋节工会福利用月饼，开具了专票。

4. 会议费。公司开产品推介会，共发生会议费4 000元，其中餐饮费2 000元。

5. 办公用品。购买办公用品，供应商A开专票，价格1 170元，供应商B开普票也是1 170元。

6. 宣传费。公司购买一批宣传用品对外无偿发放，供应商A（一般纳税人）1 170元，供应商B（小规模纳税人）也是1 170元。

7. 高管出差去国外，估计要2017年5月才回来。

该公司以上各业务应作何应税处理，有无纳税筹划空间？

【筹划策略】

"营改增"后，以上很多业务都能在费用报销时进行进项抵扣，在此一一分析如下。

1. 招待费。招待费不可以抵扣，即使开了专票也不行，并且招待费超额部分须缴纳企业所得税，要慎重使用！

2. 差旅费。出差会发生的餐费、住宿费、交通费，其中只有住宿费可以凭专票抵扣。

3. 福利费。作为福利费购买的物品是不可以抵扣税金的。

4. 会议费。会议费可以抵扣，但是发票上面有餐费字样的部分，是不可以抵扣的。

5. 办公用品。办公用品专票是可以抵扣的，供应商B的普票不能抵扣，应当选择供应商A。

6. 宣传费。有关宣传费成本计算如下：

A. 一般纳税人=[1 170÷(1+17%)+销项税1 170÷(1+17%)×17%]=1 170（元）

B. 小规模纳税人代开专票=[1 170÷(1+3%)+销项税1 170÷(1+3%)×17%]=1 329.03（元）

　　小规模纳税人开普票=1 170+销项税1 170×17%=1 368.9（元）

供应商A成本最低，所以选择供应商A。计算销项税额是因为无偿赠送出去的宣传用品视同销售，所以要计算销项税额。

7.专票报销期限是有限制的。增值税专票超过180天的认证期就不能抵扣，要在规定期限内报销，否则将给公司造成损失的。该高管从2016年10月到2017年5月出差，到时回来再报销，显然票据已经过了认证期限，可将出行的机票等寄回国内就可以正常认证抵扣了。

在此，特将"营改增"后报销抵扣情况归纳如下：

1.会议费：可以抵扣进项税；

2.业务招待费：不可以抵扣进项税，"餐费"不可以抵扣进项税；

3.差旅费：酒店住宿费可以抵扣进项税，车票和餐费不可以抵扣进项税，过路费和租车费，可以抵扣；

4.培训费：培训发生的住宿、培训费可以抵扣进项税；

5.办公品、低耗和电子耗材：可以抵扣；

6.福利费：用于福利而购买的商品不可以抵扣进项税，所以不用在意开什么发票；

7.广告费：可以抵扣；

8.修理费：可以抵扣；

9.水电费：记得去电网和自来水公司换专票，可以抵扣；

10.租赁费：可以抵扣。

另外，具体可抵扣的增值税税率为：办公用品17%；电子耗材17%；车辆租赁17%；印刷费11%；水费11%、电费17%；房屋租赁11%；物业管理6%；邮费11%；手续费6%；咨询费6%；会议费6%；培训费6%；住宿费6%；劳务派遣费6%。

【注意事项】

第一，报销票面要求。专票发票抬头是需要全称的，无论普票、专票，都需要发票项目齐全、字迹清晰，不得压线、错格，尤其要注意的是，发票抵扣联加盖发票章。

第二，专票抵扣联整理要求。"营改增"后，员工持带发票联和抵扣联回公司报销时，发票联按以前报销要求粘贴，抵扣联只需用回形针与报销单夹在一起传递财务部门即可。

第三，汇总开具增值税专用发票，必须同时取得防伪税控系统开具的销售货物或者提供应税劳务清单，否则不可以抵扣进项税。例如，办公用品、低耗等，开具"货物一批"的专票，如果没有清单，是不可以抵扣的。

附录 1 企业所得税优惠政策汇编

本书以时间为序选择了部分重要企业所得税优惠政策附录于此，限于篇幅，本书没有罗列文件的全部条文，只提示了各政策的核心内容。相关企业可根据文件文号到财政部和国家税务总局网站查阅原文。随着时间的推移，有的优惠政策会废止，有的优惠政策会被新的政策所取代，适用时需作动态把握。需强调的是，享受优惠政策有着明确的条件，企业利用时一定要查明原文，吃透政策，必要时可咨询税务机构，切不可简单套用。

1. 从事符合条件的环境保护、节能节水项目的所得定期减免征收企业所得税

《中华人民共和国企业所得税法》第二十七条第三款；

《中华人民共和国企业所得税法实施条例》第八十八条、第八十九条；

《财政部 国家税务总局 国家发展和改革委员会关于公布环境保护节能节水项目企业所得税优惠目录（试行）的通知》（财税〔2009〕166号）；

《财政部 国家税务总局关于公共基础设施项目和环境保护节能节水项目企业所得税优惠政策问题的通知》（财税〔2012〕10号）；

《企业所得税优惠政策事项办理办法》（国家税务总局公告2015年第76号）。

2. 从事国家重点扶持的公共基础设施项目投资经营的所得定期减免征收企业所得税

《中华人民共和国企业所得税法》第二十七条第二款；

《中华人民共和国企业所得税法实施条例》第八十七条、第八十九条；

《财政部 国家税务总局关于执行公共基础设施项目企业所得税优惠目录有关问题的通知》（财税〔2008〕46号）；

《财政部 国家税务总局 国家发展和改革委员会关于公布公共基础设施项目企业所得税优惠目录（2008年版）的通知》（财税〔2008〕116号）；

《国家税务总局关于实施国家重点扶持的公共基础设施项目企业所得税优惠问题的通知》（国税发〔2009〕80号）；

《财政部 国家税务总局关于公共基础设施项目和环境保护节能节水项目企业所得税优惠政策问题的通知》（财税〔2012〕10号）；

《财政部 国家税务总局关于支持农村饮水安全工程建设运营税收政策的通知》（财税〔2012〕30号）第五条；

《国家税务总局关于电网企业电网新建项目享受所得税优惠政策问题的公告》（国家税务总局公告2013年第26号）；

《财政部 国家税务总局关于公共基础设施项目享受企业所得税优惠政策问题的补充通知》（财税〔2014〕55号）；

《企业所得税优惠政策事项办理办法》（国家税务总局公告2015年第76号）。

3. 从事农、林、牧、渔业项目的所得减免征收企业所得税

《中华人民共和国企业所得税法》第二十七条第一款；

《中华人民共和国企业所得税法实施条例》第八十六条；

《财政部　国家税务总局关于发布享受企业所得税优惠政策的农产品初加工范围（试行）的通知》（财税〔2008〕149号）；

《国家税务总局关于黑龙江垦区国有农场土地承包费缴纳企业所得税问题的批复》（国税函〔2009〕779号）；

《财政部　国家税务总局关于享受企业所得税优惠的农产品初加工有关范围的补充通知》（财税〔2011〕26号）；

《国家税务总局关于实施农林牧渔业项目企业所得税优惠问题的公告》（国家税务总局公告2011年第48号）；

《企业所得税优惠政策事项办理办法》（国家税务总局公告2015年第76号）。

4.动漫企业自主开发、生产动漫产品定期减免征收企业所得税

《文化部　财政部　国家税务总局关于印发<动漫企业认定管理办法（试行）>的通知》（文市发〔2008〕51号）；

《文化部　财政部　国家税务总局关于实施<动漫企业认定管理办法（试行）>有关问题的通知》（文产发〔2009〕18号）；

《财政部　国家税务总局关于扶持动漫产业发展有关税收政策问题的通知》（财税〔2009〕65号）第二条；

《企业所得税优惠政策事项办理办法》（国家税务总局公告2015年第76号）。

5.符合条件的非营利组织的收入免征企业所得税

《中华人民共和国企业所得税法》第二十六条第四款；

《中华人民共和国企业所得税法实施条例》第八十四条、第八十五条；

《财政部　国家税务总局关于非营利组织企业所得税免税收入问题的通知》（财税〔2009〕122号）；

《财政部　国家税务总局关于非营利组织免税资格认定管理有关问题的通知》（财税〔2014〕13号）；

《企业所得税优惠政策事项办理办法》（国家税务总局公告2015年第76号）。

6.符合条件的技术转让所得减免征收企业所得税

《中华人民共和国企业所得税法》第二十七条第四款；

《中华人民共和国企业所得税法实施条例》第九十条；

《国家税务总局关于技术转让所得减免企业所得税有关问题的通知》（国税函〔2009〕212号）；

《财政部　国家税务总局关于居民企业技术转让有关企业所得税政策问题的通知》（财税〔2010〕111号）；

《国家税务总局关于技术转让所得减免企业所得税有关问题的公告》（国家税务总局公告2013年第62号）；

《财政部　国家税务总局关于推广中关村国家自主创新示范区税收试点政策有关问题的通知》（财税〔2015〕62号）；

《财政部 国家税务总局关于将国家自主创业示范区有关税收试点政策推广到全国范围实施的通知》（财税〔2015〕116号）；

《国家税务总局关于许可使用权技术转让所得企业所得税有关问题的公告》（国家税务总局公告〔2015〕82号）；

《企业所得税优惠政策事项办理办法》（国家税务总局公告2015年第76号）。

7.符合条件的节能服务公司实施合同能源管理项目的所得定期减免征收企业所得税

《财政部 国家税务总局关于促进节能服务产业发展增值税营业税和企业所得税政策问题的通知》（财税〔2010〕110号）第二条；

《国家税务总局 国家发展和改革委员会关于落实节能服务企业合同能源管理项目企业所得税优惠政策有关征收管理问题的公告》（国家税务总局 国家发展和改革委员会公告2013年第77号）；

《企业所得税优惠政策事项办理办法》（国家税务总局公告2015年第76号）。

8.符合条件的居民企业之间的股息、红利等权益性投资收益免征企业所得税

《中华人民共和国企业所得税法》第二十六条第二款；

《中华人民共和国企业所得税法实施条例》第十七条、第八十三条；

《财政部 国家税务总局关于执行企业所得税优惠政策若干问题的通知》（财税〔2009〕69号）第四条；

《国家税务总局关于贯彻落实企业所得税法若干税收问题的通知》（国税函〔2010〕79号）第四条；

《企业所得税优惠政策事项办理办法》（国家税务总局公告2015年第76号）。

9.符合条件的生产和装配伤残人员专门用品企业免征企业所得税

《财政部 国家税务总局民政部关于生产和装配伤残人员专门用品企业免征企业所得税的通知》（财税〔2011〕81号）；

《企业所得税优惠政策事项办理办法》（国家税务总局公告2015年第76号）。

10.国家需要重点扶持的高新技术企业减按15%的税率征收企业所得税

《中华人民共和国企业所得税法》第二十八条；

《中华人民共和国企业所得税法实施条例》第九十三条；

《科技部 财政部 国家税务总局关于修订印发〈高新技术企业认定管理办法〉的通知》（国科发火〔2016〕32号）；

《科技部 财政部 国家税务总局关于修订印发〈高新技术企业认定管理工作指引〉的通知》（国科发火〔2016〕195号）；

《国家税务总局关于实施高新技术企业所得税优惠有关问题的通知》（国税函〔2009〕203号）；

《科技部 财政部 国家税务总局关于在中关村国家自主创新示范区开展高新技术企业认定中文化产业支撑技术等领域范围试点的通知》（国科发高〔2013〕595号）；

《企业所得税优惠政策事项办理办法》（国家税务总局公告2015年第76号）。

11.国债利息收入免征企业所得税

《中华人民共和国企业所得税法》第二十六条第一款；

《中华人民共和国企业所得税法实施条例》第八十二条；

《国家税务总局关于企业国债投资业务企业所得税处理问题的公告》（国家税务总局公告2011年第36号）；

《企业所得税优惠政策事项办理办法》（国家税务总局公告2015年第76号）。

12.集成电路线宽小于0.8微米（含）的集成电路生产企业定期减免企业所得税

《财政部　国家税务总局关于进一步鼓励软件产业和集成电路产业发展企业所得税政策的通知》（财税〔2012〕27号）第一条；

《国家税务总局关于软件和集成电路企业认定管理有关问题的公告》（国家税务总局公告2012年第19号）；

《国家税务总局关于执行软件企业所得税优惠政策有关问题的公告》（国家税务总局公告2013年第43号）；

《企业所得税优惠政策事项办理办法》（国家税务总局公告2015年第76号）；

《财政部　国家税务总局　国家发展和改革委员会　工业和信息化部关于软件和集成电路产业企业所得税优惠政策有关问题的通知》（财税〔2016〕49号）。

13.技术先进型服务企业减按15%的税率征收企业所得税

《财政部　国家税务总局　商务部　科技部　国家发展和改革委员会关于完善技术先进型服务企业有关企业所得税政策问题的通知》（财税〔2014〕59号）；

《企业所得税优惠政策事项办理办法》（国家税务总局公告2015年第76号）。

14.经济特区和上海浦东新区新设立的高新技术企业在区内取得的所得定期减免征收企业所得税

《中华人民共和国企业所得税法》第五十七条第二款；

《国务院关于经济特区和上海浦东新区新设立高新技术企业实行过渡性税收优惠的通知》（国发〔2007〕40号）；

《科技部　财政部　国家税务总局关于修订印发〈高新技术企业认定管理办法〉的通知》（国科发火〔2016〕32号）；

《科技部　财政部　国家税务总局关于修订印发〈高新技术企业认定管理工作指引〉的通知》（国科发火〔2016〕195号）；

《国家税务总局关于实施高新技术企业所得税优惠有关问题的通知》（国税函〔2009〕203号）；

《企业所得税优惠政策事项办理办法》（国家税务总局公告2015年第76号）。

15.经营性文化事业单位转制为企业的免征企业所得税

《财政部　国家税务总局中宣部关于继续实施文化体制改革中经营性文化事业单位转制为企业若干税收政策的通知》（财税〔2014〕84号）；

《企业所得税优惠政策事项办理办法》（国家税务总局公告2015年第76号）。

16.取得的地方政府债券利息收入免征企业所得税

《财政部 国家税务总局关于地方政府债券利息所得免征所得税问题的通知》（财税〔2011〕76号）；

《财政部 国家税务总局关于地方政府债券利息免征所得税问题的通知》（财税〔2013〕5号）；

《企业所得税优惠政策事项办理办法》（国家税务总局公告2015年第76号）。

17.取得企业债券利息收入减半征收企业所得税

《财政部 国家税务总局关于铁路建设债券利息收入企业所得税政策的通知》（财税〔2011〕99号）；

《财政部 国家税务总局关于2014—2015年铁路建设债券利息收入企业所得税政策的通知》（财税〔2014〕2号）；

《企业所得税优惠政策事项办理办法》（国家税务总局公告2015年第76号）；

《财政部 国家税务总局关于铁路债券利息收入所得税政策问题的通知》（财税〔2016〕30号）。

18.设在西部地区的鼓励类产业企业减按15%的税率征收企业所得税

《财政部 海关总署 国家税务总局关于深入实施西部大开发战略有关税收政策问题的通知》（财税〔2011〕58号）；

《国家税务总局关于深入实施西部大开发战略有关企业所得税问题的公告》（国家税务总局公告2012第12号）；

《财政部 海关总署 国家税务总局关于赣州市执行西部大开发税收政策问题的通知》（财税〔2013〕4号）第二条；

《西部地区鼓励类产业目录》（中华人民共和国国家发展和改革委员会令第15号）；

《国家税务总局关于执行<西部地区鼓励类产业目录>有关企业所得税问题的公告》（国家税务总局公告2015年第14号）；

《企业所得税优惠政策事项办理办法》（国家税务总局公告2015年第76号）。

19.实施清洁发展机制项目的所得定期减免企业所得税

《财政部 国家税务总局关于中国清洁发展机制基金及清洁发展机制项目实施企业有关企业所得税政策问题的通知》（财税〔2009〕30号）第二条第二款；

《企业所得税优惠政策事项办理办法》（国家税务总局公告2015年第76号）。

20.投资者从证券投资基金分配中取得的收入暂不征收企业所得税

《财政部 国家税务总局关于企业所得税若干优惠政策的通知》（财税〔2008〕1号）第二条第二款；

《企业所得税优惠政策事项办理办法》（国家税务总局公告2015年第76号）。

21.享受过渡期税收优惠定期减免企业所得税

《国务院关于实施企业所得税过渡优惠政策的通知》（国发〔2007〕39号）；

《企业所得税优惠政策事项办理办法》（国家税务总局公告2015年第76号）。

22.线宽小于0.25微米的集成电路生产企业减按15%税率征收企业所得税

《财政部　国家税务总局关于进一步鼓励软件产业和集成电路产业发展企业所得税政策的通知》（财税〔2012〕27号）第二条；

《国家税务总局关于软件和集成电路企业认定管理有关问题的公告》（国家税务总局公告2012年第19号）；

《国家税务总局关于执行软件企业所得税优惠政策有关问题的公告》（国家税务总局公告2013年第43号）；

《企业所得税优惠政策事项办理办法》（国家税务总局公告2015年第76号）；

《财政部　国家税务总局　国家发展和改革委员会　工业和信息化部关于软件和集成电路产业企业所得税优惠政策有关问题的通知》（财税〔2016〕49号）。

23.投资额超过80亿元的集成电路生产企业减按15%税率征收企业所得税

《财政部　国家税务总局关于进一步鼓励软件产业和集成电路产业发展企业所得税政策的通知》（财税〔2012〕27号）第二条；

《国家税务总局关于软件和集成电路企业认定管理有关问题的公告》（国家税务总局公告2012年第19号）；

《国家税务总局关于执行软件企业所得税优惠政策有关问题的公告》（国家税务总局公告2013年第43号）；

《企业所得税优惠政策事项办理办法》（国家税务总局公告2015年第76号）；

《财政部　国家税务总局　国家发展和改革委员会　工业和信息化部关于软件和集成电路产业企业所得税优惠政策有关问题的通知》（财税〔2016〕49号）。

24.线宽小于0.25微米的集成电路生产企业定期减免企业所得税

《财政部　国家税务总局关于进一步鼓励软件产业和集成电路产业发展企业所得税政策的通知》（财税〔2012〕27号）第二条；

《国家税务总局关于软件和集成电路企业认定管理有关问题的公告》（国家税务总局公告2012年第19号）；

《国家税务总局关于执行软件企业所得税优惠政策有关问题的公告》（国家税务总局公告2013年第43号）；

《企业所得税优惠政策事项办理办法》（国家税务总局公告2015年第76号）；

《财政部　国家税务总局　国家发展和改革委员会　工业和信息化部关于软件和集成电路产业企业所得税优惠政策有关问题的通知》（财税〔2016〕49号）。

25.投资额超过80亿元的集成电路生产企业定期减免企业所得税

《财政部　国家税务总局关于进一步鼓励软件产业和集成电路产业发展企业所得税政策的通知》（财税〔2012〕27号）第二条；

《国家税务总局关于软件和集成电路企业认定管理有关问题的公告》（国家税务总局公告2012年第19号）；

《国家税务总局关于执行软件企业所得税优惠政策有关问题的公告》（国家税务总局公告2013年第43号）；

《企业所得税优惠政策事项办理办法》（国家税务总局公告2015年第76号）；

《财政部 国家税务总局 国家发展和改革委员会 工业和信息化部关于软件和集成电路产业企业所得税优惠政策有关问题的通知》（财税〔2016〕49号）。

26.新办集成电路设计企业定期减免企业所得税

《财政部 国家税务总局关于进一步鼓励软件产业和集成电路产业发展企业所得税政策的通知》（财税〔2012〕27号）第三条；

《国家税务总局关于软件和集成电路企业认定管理有关问题的公告》（国家税务总局公告2012年第19号）；

《工业和信息化部 国家发展和改革委员会 财政部 国家税务总局关于印发〈集成电路设计企业认定管理办法〉的通知》（工信部联电子〔2013〕487号）；

《国家税务总局关于执行软件企业所得税优惠政策有关问题的公告》（国家税务总局公告2013年第43号）；

《企业所得税优惠政策事项办埋办法》（国家税务总局公告2015年第76号）；

《财政部 国家税务总局 国家发展和改革委员会 工业和信息化部关于软件和集成电路产业企业所得税优惠政策有关问题的通知》（财税〔2016〕49号）。

27.符合条件的软件企业定期减免企业所得税

《财政部 国家税务总局关于进一步鼓励软件产业和集成电路产业发展企业所得税政策的通知》（财税〔2012〕27号）第三条；

《国家税务总局关于软件和集成电路企业认定管理有关问题的公告》（国家税务总局公告2012年第19号）；

《工业和信息化部 国家发展和改革委员会 财政部 国家税务总局关于印发〈软件企业认定管理办法〉的通知》（工信部联软〔2013〕64号）；

《国家税务总局关于执行软件企业所得税优惠政策有关问题的公告》（国家税务总局公告2013年第43号）；

《企业所得税优惠政策事项办理办法》（国家税务总局公告2015年第76号）；

《财政部 国家税务总局 国家发展和改革委员会 工业和信息化部关于软件和集成电路产业企业所得税优惠政策有关问题的通知》（财税〔2016〕49号）。

28.国家规划布局内重点软件企业可减按10%的税率征收企业所得税

《财政部 国家税务总局关于进一步鼓励软件产业和集成电路产业发展企业所得税政策的通知》（财税〔2012〕27号）第四条；

《国家税务总局关于软件和集成电路企业认定管理有关问题的公告》（国家税务总局公告2012年第19号）；

《国家发展和改革委员会 工业和信息化部财政部商务部国家税务总局关于印发〈国家规划布局内重点软件企业和集成电路设计企业认定管理试行办法〉的通知》（发改高技〔2012〕2413号）；

《国家税务总局关于执行软件企业所得税优惠政策有关问题的公告》（国家税务总局公告2013年第43号）；

《工业和信息化部　国家发展和改革委员会　财政部　国家税务总局关于印发〈软件企业认定管理办法〉的通知》（工信部联软〔2013〕64号）；

《企业所得税优惠政策事项办理办法》（国家税务总局公告2015年第76号）；

《财政部　国家税务总局　国家发展和改革委员会　工业和信息化部关于软件和集成电路产业企业所得税优惠政策有关问题的通知》（财税〔2016〕49号）；

《关于印发〈国家规划布局内重点软件和集成电路设计领域〉的通知》（发改高技〔2016〕1056号）。

29.国家规划布局内集成电路设计企业可减按10%的税率征收企业所得税

《财政部　国家税务总局关于进一步鼓励软件产业和集成电路产业发展企业所得税政策的通知》（财税〔2012〕27号）第四条；

《国家税务总局关于软件和集成电路企业认定管理有关问题的公告》（国家税务总局公告2012年第19号）；

《国家发展和改革委员会　工业和信息化部　财政部　商务部　国家税务总局关于印发〈国家规划布局内重点软件企业和集成电路设计企业认定管理试行办法〉的通知》（发改高技〔2012〕2413号）；

《国家税务总局关于执行软件企业所得税优惠政策有关问题的公告》（国家税务总局公告2013年第43号）；

《工业和信息化部　国家发展和改革委员会　财政部　国家税务总局关于印发<集成电路设计企业认定管理办法>的通知》（工信部联电子〔2013〕487号）；

《企业所得税优惠政策事项办理办法》（国家税务总局公告2015年第76号）；

《财政部　国家税务总局　国家发展和改革委员会　工业和信息化部关于软件和集成电路产业企业所得税优惠政策有关问题的通知》（财税〔2016〕49号）；

《关于印发〈国家规划布局内重点软件和集成电路设计领域〉的通知》（发改高技〔2016〕1056号）。

30.内地居民企业连续持有H股满12个月取得的股息红利所得免征企业所得税

《财政部　国家税务总局　证监会关于沪港股票市场交易互联互通机制试点有关税收政策的通知》（财税〔2014〕81号）；

《企业所得税优惠政策事项办理办法》（国家税务总局公告2015年第76号）。

31.符合条件的集成电路封装、测试企业定期减免企业所得税

《财政部　国家税务总局　国家发展和改革委员会　工业和信息化部关于进一步鼓励集成电路产业发展企业所得税政策的通知》（财税〔2015〕6号）；

《企业所得税优惠政策事项办理办法》（国家税务总局公告2015年第76号）。

32.符合条件的集成电路关键专用材料生产企业、集成电路专用设备生产企业定期减免企业所得税

《财政部　国家税务总局　国家发展和改革委员会　工业和信息化部关于进一步鼓励集成电路产业发展企业所得税政策的通知》（财税〔2015〕6号）；

《企业所得税优惠政策事项办理办法》（国家税务总局公告2015年第76号）。

33.扶持自主就业退役士兵创业就业企业限额减征企业所得税

《财政部 国家税务总局 民政部关于调整完善扶持自主就业退役士兵创业就业有关税收政策的通知》（财税〔2014〕42号）第二条、第三条、第四条、第五条；

《企业所得税优惠政策事项办理办法》（国家税务总局公告2015年第76号）。

34.安置残疾人员及国家鼓励安置的其他就业人员所支付的工资加计扣除

《中华人民共和国企业所得税法》第三十条；

《中华人民共和国企业所得税法实施条例》第九十六条；

《财政部 国家税务总局关于安置残疾人员就业有关企业所得税优惠政策问题的通知》（财税〔2009〕70号）；

《国家税务总局关于促进残疾人就业税收优惠政策有关问题的公告》（国家税务总局公告2013年第78号）；

《企业所得税优惠政策事项办理办法》（国家税务总局公告2015年第76号）。

35.创业投资企业按投资额的一定比例抵扣应纳税所得额

《中华人民共和国企业所得税法》第三十一条；

《中华人民共和国企业所得税法实施条例》第九十七条；

《国家税务总局关于实施创业投资企业所得税优惠问题的通知》（国税发〔2009〕87号）；

《财政部 国家税务总局关于执行企业所得税优惠政策若干问题的通知》（财税〔2009〕69号）；

《企业所得税优惠政策事项办理办法》（国家税务总局公告2015年第76号）。

36.购置用于环境保护、节能节水、安全生产等专用设备的投资额按一定比例实行税额抵免

《中华人民共和国企业所得税法》第三十四条；

《中华人民共和国企业所得税法实施条例》第一百条；

《财政部 国家税务总局关于执行环境保护专用设备企业所得税优惠目录、节能节水专用设备企业所得税优惠目录和安全生产专用设备企业所得税优惠目录有关问题的通知》（财税〔2008〕48号）；

《财政部 国家税务总局 国家发展和改革委员会关于公布节能节水专用设备企业所得税优惠目录（2008年版）和环境保护专用设备企业所得税优惠目录（2008年版）的通知》（财税〔2008〕115号）；

《财政部 国家税务总局 安全监管总局关于公布安全生产专用设备企业所得税优惠目录（2008年版）的通知》（财税〔2008〕118号）；

《财政部 国家税务总局关于执行企业所得税优惠政策若干问题的通知》（财税〔2009〕69号）第十条；

《国家税务总局关于环境保护节能节水安全生产等专用设备投资抵免企业所得税有关问题的通知》（国税函〔2010〕256号）；

《企业所得税优惠政策事项办理办法》（国家税务总局公告2015年第76号）。

37.金融、保险等机构取得的涉农贷款利息收入、保费收入在计算应纳税所得额时减计收入

《财政部　国家税务总局关于延续并完善支持农村金融发展有关税收政策的通知》（财税〔2014〕102号）第二条、第三条；

《财政部　国家税务总局关于中国扶贫基金会小额信贷试点项目税收政策的通知》（财税〔2010〕35号）；

《财政部　国家税务总局关于中国扶贫基金会所属小额贷款公司享受有关税收优惠政策的通知》（财税〔2012〕33号）；

《企业所得税优惠政策事项办理办法》（国家税务总局公告2015年第76号）。

38.开发新技术、新产品、新工艺发生的研究开发费用加计扣除

《中华人民共和国企业所得税法》第三十条；

《中华人民共和国企业所得税法实施条例》第九十五条；

《财政部　国家税务总局　科技部关于完善研究开发费用税前加计扣除政策的通知》（财税〔2015〕119号）；

《国家税务总局关于企业研究开发费用税前加计扣除政策有关问题的公告》（国家税务总局公告2015年第97号）；

《财政部　海关总署　国家税务总局　关于继续实施支持文化企业发展若干税收政策的通知》（财税〔2014〕85号）第四条；

《企业所得税优惠政策事项办理办法》（国家税务总局公告2015年第76号）。

39.综合利用资源生产产品取得的收入在计算应纳税所得额时减计收入

《中华人民共和国企业所得税法》第三十三条；

《中华人民共和国企业所得税法实施条例》第九十九条；

《财政部　国家发展和改革委员会　国家税务总局关于印发<国家鼓励的资源综合利用认定管理办法>的通知》（发改环资〔2006〕1864号）；

《财政部　国家税务总局　国家发展和改革委员会关于公布资源综合利用企业所得税优惠目录（2008年版）的通知》（财税〔2008〕117号）；

《财政部　国家税务总局关于执行资源综合利用企业所得税优惠目录有关问题的通知》（财税〔2008〕47号）；

《国家税务总局关于资源综合利用企业所得税优惠管理问题的通知》（国税函〔2009〕185号）；

《企业所得税优惠政策事项办理办法》（国家税务总局公告2015年第76号）。

40.有限合伙制创业投资企业法人合伙人按投资额的一定比例抵扣应纳税所得额

《国家税务总局关于实施创业投资企业所得税优惠问题的通知》（国税发〔2009〕87号）；

《财政部　国家税务总局关于推广中关村国家自主创新示范区税收试点政策有关问题的通知》（财税〔2015〕62号）第二条；

《财政部　国家税务总局关于将国家自主创新示范区有关税收试点政策推广到全国范围实施的通知》（财税〔2015〕116号）；

《国家税务总局关于有限合伙制创业投资企业法人合伙人企业所得税有关问题的公告》（国家税务总局公告〔2015〕81号）；

《财政部 国家税务总局关于将国家自主创业示范区有关税收试点政策推广到全国范围实施的通知》（财税〔2015〕116号）第二条；

《企业所得税优惠政策事项办理办法》（国家税务总局公告2015年第76号）。

41.支持和促进重点群体创业就业企业限额减征企业所得税

《财政部 国家税务总局 人力资源和社会保障部关于继续实施支持和促进重点群体创业就业有关税收政策的通知》（财税〔2014〕39号）第二条、第三条、第四条、第五条；

《国家税务总局 财政部 人力资源和社会保障部 教育部 民政部关于支持和促进重点群体创业就业有关税收政策具体实施问题的公告》（国家税务总局公告2014年第34号）；

《财政部 国家税务总局 人力资源和社会保障部 教育部关于支持和促进重点群体创业就业税收政策有关问题的补充通知》（财税〔2015〕18号）；

《财政部 国家税务总局 人力资源和社会保障部关于扩大企业吸纳就业税收优惠适用人员范围的通知》（财税〔2015〕77号）；

《企业所得税优惠政策事项办理办法》（国家税务总局公告2015年第76号）。

附录2 最新"营改增"税率表（2017.7.1）

纳税人	应税行为	具体范围	增值税税率	原营业税税目	原营业税税率
小规模纳税人	包括原增值税纳税人和"营改增"纳税人，从事货物销售，提供增值税加工、修理修配劳务以及"营改增"各项应税服务		征收率3%	—	—
原增值税纳税人	销售或者进口货物（另有列举的货物除外）；提供加工、修理修配劳务		17%	—	—
		1.农产品（粮食）、食用植物油、鲜奶	11%	—	—
		2.自来水、暖气、冷气、热水、煤气、石油液化气、天然气、沼气、居民用煤炭制品		—	—
		3.图书、报纸、杂志		—	—
		4.饲料、化肥、农药、农机、农膜		—	—
		5.二甲醚、食用盐		—	—
		6.音像制品、电子出版物		—	—
		出口货物	0	—	—

续表

					税率	行业	税率
一般纳税人	销售服务	交通运输业	陆路运输服务	铁路运输服务	公路缆车索道地铁轻轨机	11%	运输业	3%
			陆路运输服务	其他陆路运输服务	特定航次			
			水路运输服务	程租业务 期租业务	配备操作人员的船 配备机组人员			
			航空运输服务	航空运输的湿租业务				
			管道运输服务	无运运输工具承运业务	气液固等			
		邮政服务	邮政普遍服务（包括邮票报刊汇款）	函件 包裹	信印刷物卡邮政小包 不超50KG，一边不超 1.5M，长宽高合计不超 3M	11%	邮电通信业	5%
			邮政特殊服务	邮政特殊服务	机要、盲人读物等			
			其他邮政服务	邮政特殊邮品销售、邮政代理等	邮册等邮品销售			
		电信服务	基础电信服务	基础电信服务	语音通话、带宽等	11%		
			增值电信服务	增值电信服务	短信、彩信、数据传输、互联网	6%		
		建筑服务	工程服务	工程服务	新建改建	11%	建筑业	3%
			安装服务	安装服务	各类设备、台榜架、电			
			修缮服务	修缮服务	话水汽等出装费等 补固养改等美化			
			装饰服务	装饰服务	修饰美化			
			其他建筑服务	其他建筑服务	钻、拆、平、绿、爆、清等			
		金融服务	贷款服务	贷款	利息、反利息性收入	6%	金融保险业	5%
			直接收费金融服务	融资性售后回租	承租方A卖给B再从B 租回			
			保险服务	人身保险 财产保险	其他所有相关收费项目 入			
			金融商品转让	金融商品转让	外汇、有价证券、期货 基金、信托、理财、金融衍生			

续表

一般纳税人					税率		税率
	销售服务	现代服务	研发和技术服务	研发服务	新技术、工艺、产品、材料	6%	服务业 5%
				合同能源管理服务	节能环保		
				工程勘察勘探服务	地形地质地下的实地调查		
				专业技术服务	气象地震规划测绘		
			信息技术服务	软件服务	软件开发维护相关	6%	服务业 5%
				电路设计及测试服务	电路设计测试相关		
				信息系统服务	系统网络电脑服务器等维护		
				业务流程管理服务	人力财务审计税务等的管理		
				信息系统增值服务	数据处理分析存储等		
			文化创意服务	设计服务	图文声传递设计规划构想等	6%	服务业 5%
				知识产权服务	登记鉴定评估认证认可等		
				广告服务	图报荣广视牌招等发布播映		
				会议展览服务	商品等流展示交流综合		
			物流辅助服务	航空服务　航空地面服务 通用航空服务	航拍培训测量勘探雨降消毒停泊护林 调度通航统疏灯塔理货停泊清污	6%	服务业 5%
				港口码头服务	消毒安保		
				货运客运场站服务	装卸转运票运包挂引调		
				打捞救助服务	捞人物船水上施救		
				装卸搬运服务	运输工具间的搬运装卸		
				仓储服务	存放保管		
				收派服务	收件服务 分拣服务 派送服务		
			租赁服务	融资租赁服务（注意区分融资性售后回租）	有形动产	17%	金融保险业 5%
					不动产	11%	
				经营租赁服务	有形动产经营租赁服务	17%	服务业 5%
					过路停车过桥费、光租干租、车机船身广告位 不动产经营租赁服务	11%	
			鉴证咨询服务	认证服务	专业资质监测计量证明	6%	服务业 5%
				鉴证服务	鉴定后出具证明		
				咨询服务	提供信息策划调查翻译		
			广播影视服务	广播影视节目（作品）制作服务	拍采写编写剪辑字幕修改及确权	6%	文化体育业 3%
				广播影视节目（作品）发行服务	分账头买断委托等方式		
				广播影视节目（作品）播映服务	影院剧院网络电视台合等播放		

续表

纳税人	销售类别	服务项目	明细	内容说明	税率	原税目	原税率
一般纳税人	销售服务	现代服务	商务辅助服务	企业管理服务	内部市场物业日常等管理	6%	服务业	5%
				经纪代理服务	货物运输代理服务 代理报关服务			
				人力资源服务	劳务招聘劳力外包			
				安全保护服务	人身及财产的保护			
			其他现代服务		除上述以外	6%		
	生活服务	文化体育服务	文化服务	创作表演图书演图书档案文物展览等	6%	文化体育业	3%
			体育服务	比赛活动训练指导管理			
		教育医疗服务	教育服务	学历和非学历、教育辅助		服务业	5%
			医疗服务	检查诊断冶疗保健生育及使用药品器材救护车等			
		旅游娱乐服务	旅游服务	游览场所购物娱乐			
			娱乐服务	娱乐场所的各类娱乐		娱乐业	5-20%
		餐饮住宿服务	餐饮服务	提供饮食及饮食场所		服务业	5%
			住宿服务	提供住宿			
		居民日常服务		家政婚庆养老殡葬，容发按桑足浴洗摄印			
		其他生活服务		除上述以外			
	销售无形资产	技术	专利技术		所有权、使用权的转让	6%	转让无形资产 商标、著作权、商誉	5%
			非专利技术					
		商标						
		著作权						
		商誉						
		其他权益性无形资产		经营权、特许、经销、分销、代理、会员、网络虚拟、肖像、转会、冠名		11%		
		自然资源使用权	海域使用权					
			采矿权					
			取水权					
			其他自然资源使用权					
			土地使用权	转让有限产权、永久产权以及其一并转让的土地使用权				
	销售不动产	建筑物		宅房楼等可供住工作活动等	11%	销售不动产	5%
		构筑物		路桥隧道水项等			